BIBLIOTECA DE DERECHO CONSTITUCIONAL

Lex

SANA CRÍTICA

LA GARANTÍA DEL DEBIDO PROCESO CONSTITUCIONAL Y SEGURIDAD JURÍDICA

JOSE LUIS CUSI ALANOCA

Ediciones Olejnik

BIBLIOTECA DE DERECHO CONSTITUCIONAL

DOMINGO GARCÍA BELAUNDE
(Director)

Carlos Antonio Agurto Gonzáles
Sonia Lidia Quequejana Mamani
María-Pía Guadalupe Díaz Díaz
Benigno Choque Cuenca
(Coordinadores Generales)

José Luis Cusi Alanoca

SANA CRÍTICA, LA GARANTÍA DEL DEBIDO PROCESO CONSTITUCIONAL Y SEGURIDAD JURÍDICA

"Una aproximación al lenguaje del sistema de protección de los derechos fundamentales"

Prólogos
José Bonet Navarro
Jeffry José Mora Sánchez
Jorge Omar Mostajo Barrios

Ediciones Olejnik

SANA CRÍTICA, LA GARANTÍA DEL DEBIDO PROCESO CONSTITUCIONAL Y SEGURIDAD JURÍDICA. Una aproximación al lenguaje del sistema de protección de los derechos fundamentales

Huérfanos 611, Santiago-Chile
E-mail: contacto@edicionesolejnik.com
Web site: http://www.edicionesolejnik.com

Primera edición en Ediciones Olejnik: 2022

ISBN: 978-956-407-166-4

Diseño de Carátula: Ena Zuñiga
Diagramación: Janett Ruiz Rebaza

Impreso en Argentina 2022 Printed in Argentina

A mi amado señor padre: Juan Ramos Ferrufino (+), a quien se lo debo todo.

ÍNDICE

LA GARANTÍA DEL DEBIDO PROCESO CONSTITUCIONAL

LA SEGURIDAD JURÍDICA COMO PRINCIPIO RECTOR DEL ESTADO CONSTITUCIONAL DE DERECHO

PRÓLOGO

La presente obra trata de tres temas jurídicos clave: sana crítica del juez, la garantía del debido proceso constitucional y seguridad jurídica como principio rector del estado constitucional de derecho. Temas afrontados con solvencia por un investigador del derecho que, a pesar de su relativa juventud, además de ser director de la Revista boliviana "Literatura Jurídica", cuenta ya con una amplia experiencia en temas de Filosofía del Derecho, Teoría General del Derecho, Teoría Constitucional, Derecho Constitucional y Procesal y que ha sido coautor de libros y numerosos artículos publicados en países como España, Ecuador, Chile, Perú, Argentina, Colombia, México, Brasil y Bolivia.

La valoración mediante la llamada "sana crítica", supondrá que la fijación de los hechos se determinará a través de una operación intelectual de apreciación de la prueba realizada conforme a métodos de razonamiento ordinarios para llegar a conclusiones de convicción acerca de determinados datos, o, en otros términos, para que el juez acepte la probabilidad de que las afirmaciones fácticas se corresponden con la realidad. Por supuesto, esto no significa arbitrariedad, entre otras cosas, porque la misma suele estar prohibida expresamente (como es el caso del artículo 9.3 de la Constitución española). Por el contrario, supone, por exclusión, no sometimiento al sistema legal de valoración, pues la fijación del material fáctico se producirá en función de la convicción judicial, alcanzada mediante criterios de razonamiento común, mediante determinadas reglas científicas o técnicas, como normas comunes a todo ser humano, basadas en la razón, la lógica y en las máximas de la experiencia. Numerosas son las cuestiones que se generan y se derivan, como la constancia del relato de hechos en la sentencia, las hipotéticas sanciones en caso de incumplimiento, la apreciación conjunta de la prueba, o las posibilidades de revisión mediante los medios de impugnación. Con todo, lo que resulta patente es que la valoración o apreciación de la prueba tiene una utilidad práctica fundamental. Como operación intelectual por la que el juzgador determinará la eficacia de los medios de prueba practicados con el objetivo de fijar los datos en el proceso fácticos mediante convicción o constatación de presupuestos legalmente previstos, se basará en criterios psicológicos y humanos, constatará si la prueba ha logrado el fin de fijar el material fáctico base, lo que permitirá la aplicación del derecho y, por ese camino, que pueda dictarse una decisión judicial favorable.

El llamado "debido proceso", se considera derecho fundamental, complejo, instrumental e integrado por numerosas garantías. Se reconoce generalmente en las distintas constituciones y en todo caso en instrumentos supranacionales. Quizá lo más relevante sea su extraordinario contenido, derecho a la tutela judicial efectiva, y todo lo que implica, que un órgano jurisdiccional decida si debe pronunciarse sobre la tutela, que el órgano jurisdiccional se pronuncie sobre el fondo si se dan los requisitos, con el sentido estimatorio o desestimatorio que proceda. Igualmente, alude a las características de la jurisdicción y, con particular interés práctico, sus garantías. Así, la independencia e imparcialidad judicial como atributo personal de los jueces y magistrados, o, en otros términos, la sumisión exclusiva de los jueces y magistrados a la ley con equidistancia a las partes, con las garantías para ello, como métodos objetivos de selección judicial así como la existencia de una carrera judicial, la inamovilidad aunque sea como mínimo temporal, régimen de incompatibilidades y prohibiciones, o la regulación del deber de abstención y del derecho a la recusación. También resulta de significativo interés el principio de juez legal o juez ordinario predeterminado por la ley, así como otras cuestiones que el autor afronta, como el denominado principio de legalidad, presunción de inocencia que, dicho sea de paso, entre otras cosas, más que una verdadera presunción no es más que una norma específica sobre carga de prueba, derecho a un proceso que se resuelva en un plazo razonable, derecho a la prueba, a la motivación de las resoluciones, el deber judicial de congruencia y el respeto a la libertad de las partes, el respeto al derecho de defensa, o los diversos principios del procedimiento. Entre estos últimos, como el de publicidad, se entiende que respecto a terceros puesto que el secreto en relación con las partes supondría indefensión, quizá algún día se estudiará el principio de ductilidad, que permite al procedimiento adaptarse, dilatándose más o menos, a las eventuales fluctuaciones de asuntos que entren en los tribunales. En fin, la mayor parte de todo este múltiple conjunto de temas esenciales del derecho procesal, y alguno más, es objeto de atención como integrante del debido proceso.

Por último, se cierra la obra con una referencia a la seguridad jurídica, como principio que sustenta la potestad de impartir justicia.

En fin, la obra que el lector tiene entre sus manos ofrece una aproximación, panorámica pero completa, a todo este elenco de temas imprescindibles en el Derecho Procesal, de lectura recomendable para todo aquel que pretenda introducirse en esta tan fundamental disciplina.

Valencia, España, 20 de noviembre de 2021

José Bonet Navarro
Profesor de Derecho Procesal de la
Universitat de Valéncia
(España)

PRÓLOGO

Los Estados Latinoamericanos, en términos generales y con contadas excepciones, atraviesan en la actualidad un proceso de franca deflagración del modelo procesal garantista tradicional, cuya génesis se remonta a la instauración de estructuras eficientistas consustanciales a sistemas económicos capitalistas[1], con febles o inexistentes bases empíricas en cuanto a su eficacia en la lucha contra la delincuencia[2]; pese a esto, habida cuenta de su utilidad como bastión político efectista, en la caza de electores ávidos por respuestas inmediatas a los crecientes problemas de desigualdad estructural en nuestros países, estos modelos mantienen su marcha con paso firme, amenazando con ello la estabilidad social tan duramente trabajada en la región.

En este complejo contexto, la intrínseca e irreductible vaguedad de ciertos conceptos jurídicos abona condiciones para que suelan ser utilizados como verdaderos *términos bandera*, distorsionándose -no en pocas ocasiones- su significado a conveniencia de cúpulas o grupúsculos de poder, según sea el caso. Es por lo anterior que el libro que el lector tiene en sus manos, *Sana critica, la garantía del debido proceso constitucional y seguridad jurídica. "Una aproximación al lenguaje del sistema de protección de los derechos fundamentales"*, escrito con rigor por el joven y prolífero jurista José Luis CUSI ALANOCA, cobra especial relevancia, pues posiciona bajo los reflectores nociones que constituyen el instrumental básico para que el jurista pueda ajustar su actuación en el proceso -desde la trinchera que ocupe, sea como juez, defensor o fiscal- a partir de una lectura integrada de lo expuesto por la doctrina clásica y moderna, las normas positivas internas, el bloque constitucional y convencional aplicable, así como el criterio jurisprudencial de los altos tribunales bolivianos y de los órganos contenciosos supranacionales más

---

1 Aunque no se trata de una situación privativa de estos modelos, siendo palpable este fenómeno en muchos Estados en donde rige una estructura que podría considerarse socialista o, mejor dicho, modelos abiertamente opuestos al tradicional capitalismo norteamericano.

2 Hablo acá del diseño procesal penal, sin embargo, mucho de lo expuesto en el libro es trasladable a otras áreas del derecho.

relevantes, incluyendo por supuesto a la Corte Interamericana de Derechos Humanos y su homóloga europea[3].

El libro se divide en tres grandes bloques, sobre los que quisiera efectuar un breve comentario, a manera de *abrebocas* para el lector, y sin pretensión de incurrir en odiosos *spoilers*, los que, además de innecesarios, suelen ser cansinos. El primer capítulo se enfoca en uno de los conceptos más manoseados por los procesalistas a lo largo de nuestra historia reciente: La sana crítica. Se trata de un concepto tan poroso[4] que, en la práctica, puede ser utilizado casi para cualquier cosa, desde resoluciones judiciales con efectiva clave garantista, hasta para encubrir -a fuerza de su sola enunciación[5]- las más groseras afrentas a derechos fundamentales, como simples coletillas que fungen como alusiones programáticas, en lo que GALEANO describiera como una simple dignidad de tinta y protección de papel[6].

En Costa Rica la célebre resolución 1739-1992, de la Sala Constitucional de la Corte Suprema de Justicia[7], se ocupó de establecer los elementos integrantes del debido proceso, refiriendo, en cuanto a la sana crítica racional, en materia penal, que sus reglas "*reconocen su discrecionalidad* [del juez] *pero la someten a criterios objetivos,*

---

3 Debe recordarse que los criterios vertidos por el TEDH, desde vieja data, han sido receptados por la CIDH, en lo que podría considerarse como un verdadero diálogo jurisprudencial. Sobre este tema resulta interesante lo expuesto en: Miranda Bonilla, Haideer. *Derechos fundamentales en América Latina.* San José: Editorial Jurídica Continental, 2015; principalmente lo referido en los capítulos cuarto y quinto de la obra.

4 Se pregunta SENTIS MELENDO "¿Qué será la sana crítica, además de una expresión idiomática? Nadie nos lo ha podido decir: ni las Leyes, ni la jurisprudencia, ni la doctrina". Sentis Melendo, S. (2008). Valoración de prueba. En: *Valoración judicial de las pruebas* (3ª ed., págs. 41-60). Bogotá: Editora Jurídica de Colombia, p. 52. Véase también: Mora Sánchez, Jeffry y Tapia Salazar, John. *Proposición y admisión de pruebas: una aproximación desde la epistemología adversarial*. En: Revista IUDEX, 8, septiembre 2020, San José, p. 30.

5 Esto puede considerarse como una expresión del llamado *wishful thinking* o pensamiento por deseos, en donde las palabras tendrían vida, al margen de lo que representan o significan en el plano real. Sobre este tema puede verse: Mora Sánchez, Jeffry. *Prisión preventiva y control de convencionalidad.* San José: Editorial Juritexto, 2015, pp. 28-29, así como la bibliografía allí citada.

6 Galeano, Eduardo. *Las venas abiertas de América Latina.* Buenos Aires: Siglo Veintiuno Editores, 2004, p. 59.

7 Esta resolución es, hasta el día de hoy, la más relevante en la historia judicial de Costa Rica. No solamente por la integración que la Sala tenía en ese momento -Rodolfo Piza Escalante, Jorge Baudrit, Jorge Castro, Luis Fernando Solano, Luis Paulino Mora, Fernando del Castillo y Vernor Perera- que incluía algunos de los más prominentes juristas costarricenses, siendo una sentencia redactada por Piza Escalante -quien fuera el primer presidente de la CIDH- sino por la amplitud y solidez jurídica de esta.

por lo tanto, invocables para impugnar una valoración arbitraria o errónea. Desde luego, la arbitrariedad o el error pueden darse, tanto al rechazar indebidamente elementos o posibilidades de convicción pertinentes, como al atribuir a las pruebas recibidas un contenido inexacto o al desdeñar el verdadero - errores de hecho-, como, finalmente, al otorgarles un valor probatorio del que razonablemente carecen o negarles el que razonablemente tienen, como, en síntesis, al violar los principios de la sana crítica conducentes a una correcta determinación de la verdad de los hechos relevantes del caso. En este sentido, la afirmación usual de que "el juez de la causa es soberano en la apreciación y valoración de la prueba" resulta claramente violatoria del derecho del reo al debido proceso y, por ende, inconstitucional". Como puede verse, en el ejercicio jurisprudencial de llenar de contenido este tipo de conceptos suele dejarse abierto un enorme portillo para su utilización fútil, lo que apareja, como ya se ha dicho, un *fraude de etiquetas* pernicioso.

Conociendo esta problemática, CUSI ALANOCA, a partir de una noción amplia de la sana crítica, contemplada como *"una categoría intermedia entre la prueba legal o tasada y la libre convicción (...) Sin la excesiva rigidez de la primera y sin la excesiva incertidumbre de la última"*, afronta su ineluctable imprecisión por medio de otras áreas del conocimiento -como la epistemología, psicología cognitiva, sociología, etc.-, siempre incrustado dicho análisis en el esquema normativo y jurisprudencial de referencia, lo que efectiviza la utilidad práctica de la obra, todo lo cual se refleja, por ejemplo, al incorporarse como tema específico de estudio, una problemática tan actual como el tratamiento de la violencia en razón del género[8] o la motivación de las sentencias[9].

---

8 En este punto, coincido con el autor en cuanto a que *"El Estado y la sociedad no terminan de reaccionar, colocan a las víctimas ante un sistema de justicia que, lejos de dar soluciones, les enrostra que su última posibilidad de detener y sancionar al violento se verá diluida en una superposición de trámites que provocará un estado de revictimización, provocada por la variedad de vías procesales de protección desarticuladas"*, no obstante, tal y como expuse en otro sitio, estimo falaz la ratio impunidad/garantismo, que se ha instalado desde la prensa y los agentes políticos, a fin de reducir, aún más, las ya de por sí devaluadas garantías procesales de las personas imputadas en procesos relacionados con violencia de género. Véase: Mora Sánchez, Jeffry. *Estándares probatorios (¿diferenciados?) en delitos contra las mujeres. Apuntes sobre la construcción de un proceso penal con perspectiva de género.* En: Revista El Foro, 18, 2019. San José: Colegio de Abogados de Costa Rica.

9 Sobre la motivación de las resoluciones, uno de los aspectos más debatidos ha sido el de la justificación de un enunciado que se tiene por probado procesalmente, siendo correcta, a mi criterio, la postura de FERRER BELTRÁN relativa a que una hipótesis sobre ciertos hechos puede estimarse probada pese a ser falsa, siempre que se asiente la decisión en un conjunto de elementos de prueba que rebasen el umbral probatorio determinado. Véase: Ferrer Beltrán, Jordi. Prueba y verdad en el derecho. Madrid: Marcial Pons, 2005, pp. 35-38; Ferrer Beltrán, Jordi. Prueba sin convicción. Estándares de prueba y debido proceso. Madrid: Marcial Pons, 2021.

El segundo capítulo de la obra se concentra en la garantía del debido proceso constitucional. En este apartado el autor apuesta por una construcción *taruffiana* del concepto de verdad, en oposición a la *veriphobia*[10] que postulan algunos sectores, o bien a actitudes abiertamente relativistas sobre el particular, todo lo cual se estima correcto. Dentro del complejo entramado de aspectos ínsitos en la definición de debido proceso, el autor se decanta por un papel activo del juzgador -también muy acorde con las ideas de TARUFFO y la llamada Escuela de Girona- en procura de dotar de eficacia a las garantías de juez natural, derecho de defensa, igualdad de armas, *non bis in ídem*, correlación entre acusación y sentencia, publicidad, plazo razonable, presunción de inocencia e independencia judicial, entre otros.

Los dos últimos aspectos referidos, sea la presunción de inocencia y la independencia judicial son cuestiones que hoy en día se encuentran en una fatal encrucijada, lo que aumenta el mérito de su tratamiento doctrinario. Las decisiones que toman los policías, fiscales y jueces penales, principalmente en las etapas iniciales del proceso[11], reciben una altísima presión por parte de los órganos del Poder Ejecutivo, los medios de prensa, la colectividad -por medio de las redes sociales- y del propio Poder Judicial, siendo esta última situación quizá la más preocupante[12].

No obstante, quizá el aspecto más visible de esta sensible disfuncionalidad del modelo de administración de justicia penal lo sea, lo que podría llamarse, la *dimensión social de la presunción de inocencia*[13], y su inmediata vulneración con la cobertura mediática. Resulta ocioso ahondar en la escasa rigurosidad periodística que se presenta -generalmente- en el abordaje de los fenómenos criminales con impacto social, siendo ilustrativa aquella caricatura de Antonio MINGOTE, en donde una persona pregunta a la otra "¿Llueve mucho en Madrid?", y el otro responde "Según

---

10 El término se le atribuye a Alvin GOLDMAN, véase: Taruffo, Michele. *Simplemente la verdad. El juez y la construcción de los hechos.* Madrid: Marcial Pons, 2010, p. 92.

11 Se concuerda con ZAFFARONI en que, ante la palestra pública, cada vez tiene menos relevancia la decisión final de los procesos penales, la cuál se ve desplazada por la cobertura inicial de las capturas y allanamientos efectuados por los agentes depositarios del *ius puniendi* estatal, a la mejor manera de un *reality show.*

12 Uno de los problemas, que permean la independencia judicial, es precisamente la estructura vertical de control dentro del Poder Judicial. En el ámbito costarricense, como lo ha expuesto ANTILLÓN, la propia Constitución Política parece prohijar una condición jerárquica entre la Corte Suprema de Justicia -órgano administrativo de conformación política- y los demás integrantes del sistema judicial. Véase: Antillón, Walter. *El Poder Judicial. Crónica de una debacle.* San José: Investigaciones Jurídicas, 2019, pp. 147-149.

13 Ello frente a los enfoques sustantivo y procesal de la presunción de inocencia. Véase: Stumer, A. *La presunción de inocencia. Perspectiva desde el Derecho probatorio y los derechos humanos* (W. Reifarth, Trans.). Madrid: Marcial Pons, 2018, pp. 78-114.

qué periódico", dejando clara la ausencia de objetividad de los medios de comunicación de masas[14].

En el tercer apartado, destinado a la seguridad jurídica, CUSI ALANOCA expone el tránsito que se efectúa, de la consideración de este aspecto desde su establecimiento como derecho fundamental, hasta su actual matización como principio informador, afirmando la relevancia del consabido principio en la construcción de un Estado de derecho o de un modelo de Estado totalitario. En efecto, la inseguridad jurídica puede derivar, por ejemplo, en los casos de decisiones impopulares, en la faceta más violenta del escarnio público contra los funcionarios reacios a alinearse con la ideología imperante (¡más aún en sistemas en donde los jueces son electos por voto popular!) y esto, sin duda alguna, podría tener la virtualidad de alterar el sano desarrollo del proceso y vulnerar irredimiblemente los derechos de personas aún cubiertas por el principio de presunción de inocencia.

Además, en la actualidad, la resistencia por parte de la judicatura, ante las presiones advertidas, ha evolucionado en un fenómeno que bien podría denominarse *criminalización del garantismo*[15], en donde las agencias represivas ya no se conforman con la instrucción de causas disciplinarias contra los funcionarios refractarios de las políticas criminales imperantes, sino que se apropian de la plataforma judicial para hostigar a esos *elementos indeseables*, con el conocimiento de que, en la palestra pública, no hay proceso, la sentencia es inmediata y no hay recurso alguno.

---

14 La referencia se toma de BARBERO SANTOS, M. *Medios de comunicación y proceso penal*. En: Criminalidad, medios de comunicación y proceso penal. Ediciones Universidad Salamanca, p. 138. Este mismo autor refiere, con cita de SARTORI, que entre más descabellada sea una tesis, más exposición tendrá, pues "Las mentes vacías se especializan en el extremismo intelectual y, de este modo, adquieren notoriedad (difundiendo, se entiende, vaciedades). El resultado de ello es una formidable selección a la inversa. Destacan los charlatanes, los pensadores mediocres, los que buscan la novedad a toda costa, y quedan en la sombra las personas serias, las que de verdad piensan" (2000, p. 138).

15 La frase hace alusión a la persecución penal de funcionarios públicos, particularmente jueces, en razón de motivos ideológicos y a partir de circunstancias fácticas tergiversadas, concretando acciones de investigación con alta cobertura mediática, permitida e incentivada por las propias agencias de represión. El vocablo garantismo se utiliza acá con cierta pretensión de neutralidad, es decir, como simple opuesto ideológico del eficientismo imperante en las sociedades de riesgo, sin que sea de interés en este momento decantarse por las posturas críticas del llamado *garantismo extremo* (Aguilera, E. El germen contraepistémico del garantismo penal extremo. En: Hechos y razonamiento probatorio. México: Editorial CEJI S.A, 2018) o por el tradicional modelo garantista de Luigi FERRAJOLI, afincado en la idea del Estado de derecho y la democracia liberal como un entramado de límites al *ius puniendi estatal*. Véase: Ferrajoli, L. *Principia iuris. Teoría del derecho y de la democracia. 1. Teoría del derecho*. Editorial Trotta, 2011, p. 347.

Finalmente, espero que estas dilucidaciones, quizá expuestas de forma más extensa de lo habitual, pero que han surgido espontáneamente con la lectura del libro de CUSI ALANOCA, sirvan como punta de lanza para invitar a su mesurada y crítica lectura. Los libros que no acarrean dudas, que no suscitan ideas y que no requieren ser rayados o anotados probablemente tampoco merezcan ser leídos. Sin duda alguna la obra que usted amigo o amiga lectora tiene en sus manos no es uno de esos desgraciados ejemplares cuya existencia esta predestinada a recibir polvo en un anaquel. Por el contrario, la presente obra deja abiertas muchas aristas para posteriores investigaciones y con seguridad será de gran utilidad para los profesionales en derecho, tanto en Bolivia como en Latinoamérica en general.

San José, Costa Rica, 20 de diciembre 2021

JEFFRY JOSÉ MORA SÁNCHEZ
Juez Penal en la República de Costa Rica
Director del Centro de Estudios Jurídicos y
Razonamiento Probatorio de Costa Rica

PRÓLOGO

"La administración de la justicia es un área del sistema jurídico en la cual se plantea con una mayor y más dramática evidencia el problema de la verdad y sus conexiones con el derecho. Ocurre en todo tipo de proceso, ya sea civil, penal, administrativo o incluso constitucional, que la decisión involucra la averiguación de los hechos que son relevantes para la aplicación del derecho. Es más, en muchos casos, el verdadero y esencial problema que el juez debe resolver concierne – mucho más que la interpretación de la norma que tiene que aplicar como regla de decisión – a los hechos que determinaron el objeto del litigio para los que la norma tiene que ser aplicada".

Michele TARUFFO

El libro que tengo el honor de prologar pertenece al prestigioso jurista boliviano José Luis Cusi Alanoca, quien, al margen de representar a nuestro país en varios foros internacionales, cuenta con varias obras escritas, acompañado de prestigiosos juristas de la talla de los Profesores: Claus Roxin, Lothar Kuhlen, Luigi Ferrajoli, Robert Alexy, Riccardo Guastini, y otros juristas.

El presente libro analiza cuatro puntos fundamentadas en el debate contemporáneo del Derecho Procesal, la Teoría General del Proceso, el Razonamiento Probatorio y en algunos casos de la Filosofía del Derecho: la valoración de la prueba, la motivación de las resoluciones, el debido proceso y la seguridad jurídica.

Siguiendo la epistemología y teoría del maestro Michele TARUFFO (+) sobre la relación entre proceso y verdad, la primera parte del libro analiza la decisión judicial desde el punto de vista de los hechos a ser juzgados, curiosamente una materia olvidada por el procesalismo clásico y convencional enfocado únicamente en el análisis *cuasi* hermenéutico de la norma procesal, conjugándose de manera, una armónica la interrelación entre la valoración de la prueba y la fundamentación de la Sentencia.

Los cierto es que, la cuestión sobre la valoración de la prueba y la fundamentación de la resolución se transformó en la *quaestio facti* y *quaestio iuris* de los jueces, al ser un tema tocado desde el pensamiento jurídico de la ilustración, tanto por Becaria, Voltaire y Bentham, constituye en un punto de divergencia entre los modelos procesales del *cammon law* y del *civil law,* no dejando de lado incluso el debate principista sobre la argumentación incorporado en los textos de Dworkin y Alexy.

Sobre la valoración, se analiza en particular el sistema de la sana crítica típica en los sistemas iberoamericanos y modelo imperante en la legislación boliviana, tal como refiere el artículo 1286 del Código Civil, artículo 145 del Código Procesal Civil, artículo 173 del Código de Procedimiento Penal, artículo 332 del Código de las Familias y del Proceso Familiar, artículo 219 del Código de la Niña, Niño y Adolescente, artículo 3.j del Código Procesal del Trabajo y artículo 47 de la Ley del Procedimiento Administrativo.

El texto analiza la sana crítica, como sistema derivado del principio alemán de *freie Beweiswürdigung* (libre convicción), siendo su principal discusión, los parámetros sobre los cuales el Juez tiene la libertad de emplear su propia razón a la hora de valorar las pruebas, desarrollándose de manera, de forma muy completa los principios de racionalidad (lógica) y razonabilidad (experiencia, conocimiento científico, psicología, historia), como parámetros.

Sin embargo, como lo diría el profesor italiano Guilio UBERTIS, la sana crítica: *"allude ad un metodo divalutazione delle prove in cui la discrecionalita implica la razionalità, e questa implica a sua volta un apprezzamento analitico e completo di tutti gli elementi che, incidendo sul valore conoscitivo che il giudice attibuisce alla prova, sono in ultima analisi determinati ai fi ni dell'accertamento giudiziale dei fatti" (alude a un método de valoración de las pruebas en las que la discrecionalidad implica la racionalidad, que a su vez implica una apreciación analítica y completa de todos los elementos que, incidiendo en el valor cognoscitivo que el juez atiene a la prueba, se determinan en última instancia a efectos de la comprobación judicial de los hechos) (La prova penale. Profi li giuridici ed epistemologici,* UTET Librería, Torino, 1999, p. 89), determinándose ese claro nexo entre la sana crítica y la motivación de la resolución judicial.

La motivación de la resolución judicial es abordada, como no podía ser de otra forma, desde la valoración de la prueba, sin duda poniendo en relieve el debate contemporáneo (iniciado desde el tránsito del Derecho Probatorio al Razonamiento Probatorio) entre las concepciones subjetivistas y objetivistas sobre la asignación del valor probatorio del juez por medio de la motivación, presentes como nexo entre prueba y verdad.

Está por demás hacer referencia, la preminencia de las posiciones subjetivas en nuestro país, basadas en criterios de la *experiencia* y la *psicología,* expuestas por la jurisprudencia ordinaria penal, teniendo como hito principal lo determinado por la Sala Penal Primera, en el Auto Supremo No 214/2007 del 15 de Febrero de 2007 que estableció: *"...los Tribunales de Alzada tienen como objetivo verificar si el iter* lógico expresado en la fundamentación del fallo se encuentra acorde con las reglas del recto entendimiento humano; analizando si la motivación es expresa, clara, completa y emitida con arreglo a las normas de la sana crítica, cuales son, la lógica, la experiencia común y la psicología; también señala que para demostrar la violación a las reglas de la sana crítica es preciso que la motivación de la sentencia esté fundada por un hecho no cierto, ...''; sin embargo, el libro refiere posiciones muy cercanas al razonamiento probatorio, dando énfasis en su posición objetiva, al analizar como parámetros a la víctima, el concepto de violencia y en particular tocando el tema de la violencia contra las mujeres.

En la segunda parte del libro se analiza como la valoración de la prueba y la motivación de la resolución judicial deben converger en un análisis integral del debido proceso y la seguridad jurídica, como bases del Órgano Judicial, descritas los artículos 115, 178 y 180 de la Constitución Política del Estado.

Sobre el debido proceso, se analiza su aparición histórica en 1215 en la Carta Magna, su paso a las Constituciones, pero principalmente su inclusión en los Tratados Internacionales sobre Derechos Humanos que forman parte del bloque de constitucionalidad según el artículo 410.II de la Constitución Política del Estado, realizándose una análisis pormenorizado de sus principales garantías: juez natural, legalidad, presunción de inocencia, juzgamiento en un plazo razonable, licitud de la prueba, non bis in ídem, igualdad entre partes, defensa, motivación y fundamentación de las sentencias; finalmente analizándose el desarrollo jurisprudencial del principio de seguridad jurídica como fundamento del Estado Constitucional de Derecho.

Se podría afirmar como hipótesis que el presente libro es un gran aporte al debate contemporáneo, sobre los temas tratados, por la claridad de su exposición y la relevancia del autor.

Ciudad de La Paz, primavera de 2021

JORGE OMAR MOSTAJO BARRIOS
Profesor de la Universidad Mayor de San Andrés
(Bolivia)

PREFACIO

En el presente, se incluye algunos artículos que ya he presentado en revistas de Bolivia, Argentina, Chile, Perú y Ecuador,[16] sin embargo, el presente librito ha sido superado y ampliamente modificado en términos (fue redefinido), asimismo, se suprimió algunos conceptos que me parecían inútiles. En tal sentido, se puede afirmar que, el presente trabajo, en su mayoría, contiene información inédita.

Habiendo aclarado, y en palabras de Mostajo,[17] el presente libro analiza cuatro puntos fundamentadas en el debate contemporáneo del Derecho Procesal, la Teoría General del Proceso, el Razonamiento Probatorio y en algunos casos de la Filosofía del Derecho.

El presente libro, intitula: SANA CRÍTICA, LA GARANTÍA DEL DEBIDO PROCESO CONSTITUCIONAL Y SEGURIDAD JURÍDICA. *"Una aproximación al lenguaje del sistema de protección de los derechos fundamentales". Sobre* el mismo, consta de tres capítulos; a). sana critica, b) La garantía del debido proceso constitucional y, c) seguridad jurídica como principio rector del estado constitucional de derecho.

A). Sobre la sana critica, se puede afirmar que, "es una categoría intermedia entre la prueba legal o tasada y la libre convicción (...) Sin la excesiva rigidez de la primera y sin la excesiva incertidumbre de la última", por lo cual, corresponde señalar que la sana critica es un "sistema de valoración de la prueba" que constriñe al juez ha "no" apreciar la prueba de forma arbitraria, es decir, el juez acepte la probabilidad de que las afirmaciones fácticas corresponden con la realidad de los hechos más allá de toda duda razonable.

---

16 La Sana Crítica del Juez como método de aplicación en los procesos contra la violencia a las mujeres, debido proceso, plazo razonable, juez natural y presunción de inocencia, son las que circulan por revistas jurídicas (ya mencionadas), pero, déjeme aclararle respetado lector, que esta presentación y edición es superada a las cortas presentaciones que he realizado con conceptos y jurisprudencia nacional (Bolivia) e internacional.

17 Véase en Prólogo de Jorge Omar Mostajo Barrios, del presente libro.

A).1. La sana critica como medio de valoración de la prueba en los casos de violencia contra las mujeres; es un sistema razonable de verificación de la verdad, es decir, la correcta identificación del hecho concreto y de la norma jurídica, para luego, argumentativamente explicar más allá de toda duda razonable que la violencia de genero se ejerció.

B). El "debido proceso", se considera un verdadero derecho fundamental, complejo, instrumental e integrado por numerosas garantías. Se aprecia generalmente en las constituciones de los Estados Constitucionales. Entre los elementos, principios y Derechos del Debido proceso, están: juez natural, derecho de defensa, igualdad de armas, *non bis in ídem*, publicidad, plazo razonable, presunción de inocencia e independencia judicial, entre otros.

C). Sobre, la seguridad jurídica, expongo el tránsito que se efectúa desde su establecimiento como derecho fundamental hasta su actual matización como principio que sustenta la potestad de impartir justicia. Lo contrario de la seguridad jurídica es la inseguridad jurídica que puede derivar, por ejemplo, en decisiones injustas.

Estoy seguro que el presente librito será de mucha utilidad para los juristas prácticos y teóricos para posteriores investigaciones, críticas y comentarios del mismo.

La Paz (Bolivia), 30 enero de 2022

José Luis Cusi Alanoca

LA SANA CRÍTICA DEL JUEZ

1. INTROITO

Aristóteles se encargó de estudiar la prueba con una concepción ajena a los prejuicios de la religión y de la sociedad de la época. Aristóteles considera dos tipos de pruebas: las *inartísticas*, es decir, que no son propias del arte retórica y las *artísticas (písteis éntechnoi)* o propias de la retórica. Aristóteles examina la prueba desde su aspecto intrínseco y extrínseco, la clasifica y luego considera que está constituida por el llamado silogismo y la inducción, es decir, crea el proceso inductivo para explicar la prueba que va de lo particular para llegar a lo general.[18]

Dice Aristóteles:

> *"llamo sin arte a las [pruebas] que no son logrados por nosotros, sino que preexisten, como los testigos, confesiones en tormento, documentos y otras semejantes; objetos del arte, las que mediante el método y por nosotros pueden ser dispuestas, de manera que es preciso de aquellas servirse, éstas inventadas". Sobre el silogismo como un instrumento de la retórica, es el entimema y, la inducción, el ejemplo (paradigma). La definición más propia del entimema no es pues, como a veces se ha pretendido, como ser la del razonamiento incompleto, sino la de silogismo retorico. Aristóteles es categórico: "llamo entimema al silogismo oratorio y ejemplo a la inducción oratoria".*[19]

Esta distinción, refiere dos aspectos importantes, el primero, está ligado a la retórica al ámbito de los tribunales, parece dejar la fuerza de las pruebas propias del arte como elementos importantes dentro el proceso judicial. El segundo, se in-

---

18 Cfr. SAN MARTÍN HERNÁNDEZ, María Ignacia, en Tesis: *El control de la sana critica a través del recurso de casación*. Universidad Andrés Bello Facultad De Derecho, Santiago de Chile, 2013. Véase completo en: https://studylib.es/doc/5558266/visualizar--guardar---home-e-tesis.

19 Cfr. CASTAÑARES Wenceslao, "La prueba y la probabilidad retórica", CiC. No. 433-52 Servicio de Publicaciones UCM. 2012, p. 37.

cluye entre las pruebas artísticas los indicios y los ejemplos, ninguno de las cuales parecen estar construidos por el arte de la retórica. Sin embargo, la explicación de Aristóteles es clara. Es propio del arte, la invención, la elaboración de argumentos que prueban de acuerdo con un método de esa época.[20]

2. CRITERIO DE SANA CRÍTICA

El criterio fundamental e ideológico del concepto de "sana crítica", se encuentra en las concepciones ideológicas insertadas en la segunda mitad del siglo XVIII, cuando ya el renacimiento había dado sus frutos y los pensadores renacentistas como *Telesio, Bruno y Campanello, Descartes y Francis Bacon*, habían desarrollado sus ideas, el renacimiento abrió una época en que los pensadores se plantearon distanciarse de la teología medieval; según enseñanzas de *San Agustín*, y de la escolástica que seguía las enseñanzas de *Santo Tomás de Aquino.*[21]

Luego de la escuela del pensamiento iusnaturalista,[22] surge la Escuela racionalista de Immanuel Kant, el cual, distingue, un elemento objetivo y otro subjetivo como contenido del conocimiento, esto, porque hay una inseparable relación entre el dato objetivo y el sujeto que experimenta o pone en práctica el conocimiento.[23]

Por dato objetivó, se entiende a la realidad que es percibida por nuestros sentidos, los cuales pueden ser modificados por nuestros propios principios, razones y convicciones. En este sentido, el dato o hecho objetivo que viene a ser la realidad aprehendida recibe la influencia de la experiencia del sujeto.

La concepción del sistema de la "sana crítica" como método de valoración de la prueba, se presenta a partir de los años que antecedieron a la Ley de Enjuiciamiento Civil Española de 1855.

---

20 CASTAÑARES Wenceslao, Óp. Cit.

21 BARRIOS GONZALEZ, Boris, *Teoría de la sana critica,* Panamá, 2006, p. 11.

22 El Renacimiento abre las puertas al "iusnaturalismo" y se hace discurrir las nuevas concepciones: Hugo Grocio: 1583-1645; (Del Derecho de la Guerra y de la Paz), Tomás Hobbes: 1588-1679; (Del Ciudadano, Leviatán), Benito Spinoza: 1632-1677; (Tratado Teológico Político, Ética), Samuel Pufendorf: 1632-1694; (Del Derecho Natural y de Gentes. Estudio las doctrinas de Hobbes y Grocio), John Locke: 1632-1704; (Dos Tratados Sobre el Gobierno), Christian Thomasius: 1655-1728; (Fundamentos del Derecho Natural y de Gentes), Gottfried Wilhelm Leibniz: 1646-1716; (Método moderno para enseñar el derecho, Código diplomático del derecho de gentes), Cristián Wolf: 1679-1754; (Ius Naturae método científico Per Tractum) y Jean Jacques Rousseau: 1712-1778; (Discurso sobre el origen y los fundamentos de la dignidad entre los hombres, El Contrato Social).

23 BARRIOS GONZALEZ, Boris, Óp. Cit. p. 13.

3. PRIMERA REGULACIÓN POSITIVA DE LA SANA CRITICA

La primera consagración normativa del sistema de la sana crítica, se encuentra en la Ley de amnistía número 27 del año de 1831, a partir de entonces ha tomado relevancia en el campo procesal.[24]

Seguidamente, y en sentido fuerte, la sana critica fue positivada en Europa, específicamente en el Derecho procesal español, me refiero, al Reglamento del Consejo Real en los negocios contenciosos de la Administración, de fecha 30 de diciembre 1846.

La sana critica, como método de valoración probatoria, tiene sus orígenes en los Artículos 147 y 148, del Real Reglamento del Consejo Español, el cual establecía que el Consejo debía apreciar *"según las reglas de la Sana Crítica, las circunstancias conducentes a corroborar o disminuir la fuerza probatoria de las declaraciones"*;[25] previsión normativa que sirve de antecedente inmediato a la Ley Española en Enjuiciamiento Civil de 1855, en cuyo Art. 317, estableció que:

> *"Los jueces y tribunales apreciaran según las reglas de la Sana Crítica, la fuerza probatoria de las declaraciones de los testigos".*

En tal sentido, y como reconocimiento, se debe referir que el jurista José Vicente y Caravantes, es considerado el más insigne de los comentadores de la Ley de Enjuiciamiento Civil Española de 1855.[26]

BARRIOS, extrae una cita de la clásica obra de Aguilera de Paz y Rivas Martí, contemporáneos y comentadores de la Ley Española de Enjuiciamiento Civil de 1855, el cual refiere lo siguiente:

> *"se intentó formularlas dos veces en la Comisión Codificadora, cuando se discutió la vigente Ley de Enjuiciamiento Civil española, más hubo de desistirse de este propósito ante la imposibilidad de fijarlas de una manera taxativa, y por eso no se hallan determinadas ni en ése ni en ningún otro texto legal".* [27]

---

24 BENFELD, Johann, *Los orígenes del concepto de "sana critica"*, Revista de estudios históricos- jurídicos, Sección historia de los dogmas jurídicos, XXXV, Valparaíso, p 570. Citado en, ÁLVAREZ GONZÁLEZ, Jesús Carlos (2016), *La sana crítica y la argumentación del estado constitucional moderno en la sentencia del nuevo código nacional de procedimientos penales,* Tesis Doctoral, Universidad Autónoma de Nuevo León Facultad de Derecho y Criminología, 2013, p. 149.

25 Óp. Cit. pág. 7.

26 CARAVANTES, José de Vicente, *Tratado Histórico, Crítico Filosófico de los Procedimientos Judiciales en Materia Civil, Según la Nueva Ley de Enjuiciamiento Civil,* Madrid, Imprenta de Gaspar y Roig, Editores, 1856. (Consta de 4 tomos, "La presente Obra, forma parte de la Biblioteca personal del Ensayista José Luis Cusi Alanoca").

27 BARRIOS GONZALEZ, Boris, Óp. Cit. pág. 5.

Al respecto, el origen de la sana critica, según, Sentis Melendo, al expresar que, "el concepto y la expresión nos pertenecen: son netamente hispánicos, como sistema de valoración de la prueba, o mejor como expresión de esa valoración, no se encuentra".[28]

Este criterio, expresa manifiestamente que la sana critica fue acuñada en la legislación española, esta afirmación se sostiene en la Ley de Enjuiciamiento Civil de 1855 que influye directamente en las legislaciones latinoamericanas.

La nueva Ley de Enjuiciamiento Civil Española de 1881, disponía en su artículo 659 que:

> *"los jueces y tribunales apreciarán la fuerza probatoria de las declaraciones de los testigos conforme a las reglas de la sana crítica, teniendo en consideración la razón de la ciencia que hubieren dado y las circunstancias que en ellos concurran".*

El legislador ha establecido que, el sistema de valoración de la prueba por medio de las reglas de la sana crítica, parece conformado por primera vez por dos reglas, siendo: La razón de la ciencia y las circunstancias concurrentes.[29]

4. CAMPO DE APLICACIÓN DE LA SANA CRITICA

COUTURE, entiende que, "las reglas de la sana crítica son, ante todo, las reglas del correcto entendimiento humano. En ellas intervienen la experiencia, la psicología y la lógica. La Sana Crítica, es la unión de la experiencia, psicología y la lógica, sin excesivas abstracciones de orden intelectual, pero también sin olvidar esos preceptos que los filósofos llaman de higiene mental, tendientes a asegurar el más certero y eficaz razonamiento". Contingentes y variables con relación a la experiencia del tiempo y del lugar; pero estables y permanentes en cuanto a los principios lógicos en que debe apoyarse la sentencia".[30]

Al respecto, ALSINA manifiesta que, "Las reglas de la sana crítica, no son otras que las que prescribe la lógica y derivan de la experiencia, las primeras con carácter permanente y las segundas, variables en el tiempo y en el espacio".[31]

---

28 SENTIS MELENDO, Santiago, *La Prueba,* Buenos Aires-Argentina, Ed. EJEA, 1979, p. 259.

29 ÁLVAREZ GONZÁLEZ, Jesús Carlos, *La sana crítica y la argumentación del estado constitucional moderno en la sentencia del nuevo código nacional de procedimientos penales,* Tesis Doctoral, Universidad Autónoma de Nuevo León Facultad de Derecho y Criminología, 2016, p. 151.

30 COUTURE, Eduardo, *Fundamentos del Derecho Procesal Civil,* Buenos Aires, Ediciones Depalma, 1966, p. 270.

31 ALSINA, Hugo, *Tratado Teórico Práctico de Derecho Procesal Civil y Comercial,* Buenos Aires, Ediar S. A. Editores, v. I: p. 760.

En suma, las reglas de la sana critica, son las que prescribe la lógica, las máximas de experiencia, conocimientos científicos, la psicología, sociología e historia, las dos primeras son indisolubles, es decir, la lógica es permanente y las máximas de experiencia varían en el tiempo y el espacio, mientras las cuatro últimas se aplican conforme requiera la diligencia intelectual del juez en un caso concreto.

4.1. Regla de lógica

A mediados del siglo XIX, la lógica, fue acuñándose, no solamente por especialistas sino por matemáticos y filósofos, el cual, crece paralelamente el desarrollo de la lógica, en cuanto a la extensión de su problemática, al perfeccionamiento de sus métodos y a la multiplicación de sus ramas.[32]

KALINOWSKI, refiere que:

> *"(...) La lógica como una ciencia normativa y que se viera en ella el ars recte cogitandi prueba, sin embargo, que se pensaba ante todo en las reglas del raciocinio. Según los teóricos contemporáneos de la lógica, el nombre de lógica designa en primer lugar una ciencia (para ser más precisos llamémosla ciencia teórica a fin de que nos entiendan los que persisten en dar el nombre de la ciencia normativa a los conjuntos de regla), y secundariamente el arte que encuentra en ella su fundamento".*[33]

Al respecto, ÁLVAREZ GONZÁLEZ, menciona que: "La lógica como un sistema el cual permite verificar la corrección de los razonamientos, mas esta no se limita a enseñar a razonar, sino que pretende hacerlo en forma correcto, por lo que se erige como un control de calidad del razonamiento, por lo que se puede afirmar que la lógica es el estudio de los métodos y principios usados para distinguir el razonamiento correcto del incorrecto".[34]

Asimismo, el objeto del estudio de la lógica es la forma de los pensamientos; es decir, los conceptos, juicios y raciocinios, desde el punto de vista de su estructura o de su forma lógica, además de las clases o especies de pensamientos.[35]

La lógica como toda ciencia se rige por principios propios de la materia que establecen los fundamentos de los conocimientos y su aplicación. Respecto de la re-

---

32 KALINOWSKI, Georges, *Introducción a la lógica jurídica,* Trad. Juan A. Casaubon, EUDEBA-editorial Universitaria de Buenos Aires, 1973.

33 KALINOWSKI, Georges, *Op. Cit.* p. 1 y 2.

34 ÁLVAREZ GONZÁLEZ, Jesús Carlos, *La sana crítica y la argumentación del estado constitucional moderno en la sentencia del nuevo código nacional de procedimientos penales,* Tesis Doctoral, Universidad Autónoma de Nuevo León Facultad de Derecho y Criminología, 2016, p. 161.

35 ÁLVAREZ GONZÁLEZ, Jesús Carlos, Óp. Cit. p. 161.

lación entre la sana crítica y la lógica, COUTURE, hace ver que las reglas de la sana crítica consisten en su sentido formal en una operación lógica. Existen algunos principios de lógica que no podrán ser nunca desoídos por el juez, porque son afirmaciones de validez universal que hacen posible el pensamiento mismo.[36] Se debe entender que los principios lógicos son las leyes que gobiernan el pensamiento, cuyo cumplimiento, formal, llevan a la certeza como propósito del trabajo intelectual.[37]

La sana crítica, es, además de lógica, la correcta apreciación de ciertas proposiciones de experiencia, que todo hombre se sirve en la vida; esas conclusiones no tienen la estrictez de los principios lógicos tradicionales, sino que son contingentes y variables con relación al tiempo y al lugar. El desarrollo de la ciencia se construyó en base de una serie de máximas de experiencia derogadas por otras más exactas; y aun frente a los principios de la lógica tradicional, la lógica moderna muestra cómo el pensamiento humano se halla en constante progreso en la manera de razonar. Lo anterior lo lleva a concluir que es necesario considerar en la valoración de la prueba el carácter forzosamente variable de la experiencia humana, tanto como la necesidad de mantener con el rigor posible los principios de lógica en que el derecho se apoya.[38]

4.1.1. Principios de la Lógica

LINARES SAN ROMÁN, citado por SALGADO CÓRDOVA, refiere que: "Los principios básicos que rigen el pensamiento lógico, se apoyan en el principio de contradicción, el principio de tercero excluido, el principio de identidad y el principio de razón suficiente; principios lógicos que permiten reafirmar que el eje vertebrar de la libre valoración de la prueba exige una opción racional de análisis e interpretación y no permite la arbitrariedad del juzgador en la fundamentación de sus resoluciones judiciales".[39]

Al respecto, ÁLVAREZ GONZÁLEZ, refiere lo siguiente:

A. ***Principio de Identidad:***

Este principio se ha enunciado con el término de "todo ser es igual a sí mismo", simbolizándose como "A es A" o "A=A". Aristóteles sostenía que la identidad

---

36 ALVARENGA VÁSQUEZ, José Salomón, *Aplicación ética de la Sana Critica en la Valoración de la Prueba en el Proceso Civil y Mercantil salvadoreño,* en Tesis, para obtener el grado de maestro judicial, Universidad del Salvador, Facultad de Jurisprudencia, San Salvador, 2017. p. 131.

37 BARRIOS. Óp. Cit. p. 17.

38 Cfr. ALVARENGA VÁSQUEZ, José Salomón, Óp. Cit. p. 132.

39 SALGADO CÓRDOVA, Eulalia, *Limitaciones del sistema legal y de libre valoración probatoria para obtener la verdad procesal,* en tesis de Maestría, Universidad Católica de Santiago de Guayaquil, Ecuador, 2019, p. 38.

es una especie de unidad del ser, o de varias cosas, o de una cosa considerada como varias, por lo tanto, este principio significa "una cosa es una cosa", pero esta afirmación es con respecto a las cosas, pero la lógica no estudia las cosas, sino pensamientos y la ciencia que estudia cosas o entes es la ontología.

Por lo tanto, al hablar del principio lógico de identidad, es necesario que se enuncie de tal manera que diga algo con respecto a los pensamientos, que al fin de cuenta es lo que estudia la lógica y este principio dice que "todo juicio analítico es verdadero".[40]

B. *Principio de Contradicción:*

Este principio dice que ninguna cosa real puede ser contradictoria consigo misma, así lo blanco y lo negro no puede coexistir en la misma pared y al mismo tiempo. De lo que se deriva que todo ser es lo que es y no puede ser igual a lo que no es o bien es imposible ser y no ser a la vez, y esto aplicado desde el punto de vista jurídico se puede decir que dos normas de derecho contradictorias no pueden ser validas ambas.[41]

C. *Principio de Tercero Excluido:*

Conforme a este principio, cuando dos juicios se oponen, uno debe ser verdadero y el otro falso, excluyendo una tercera posibilidad que pueda establecer la verdad o falsedad de los dos anteriores. Como consecuencia en un juicio, solo se puede afirmar o negar su falsedad o verdad, no existe una tercera posibilidad; o en otras palabras entre verdad o falsedad no existe un término medio. Este principio sirve de base a los razonamientos y de la demostración de lo contrario.[42]

D. *Principio de razón suficiente:*

El principio de razón suficiente consistente en que "Todo objeto debe tener una razón suficiente", "Toda cosa debe tener una causa que explique en forma suficiente su existencia" y "Todo pensamiento debe encontrar un principio en el que su validez se apoye suficientemente"; es decir, la relación es de dos especies, una absolutamente necesaria, de manera que su contrario implica contradicción, y tal relación se verifica en verdades eternas como es la geometría y la segunda es un "hipothesi", y es contingente en sí misma, ya que su contrario no implica contradicción; Leibniz considero este principio como fundamento de las verdades contingentes.

40 Cfr. ÁLVAREZ GONZÁLEZ, Jesús Carlos, óp. Cit. p. 162.

41 Cfr. óp. Cit. 163.

42 Ídem., p. 163.

> *Este principio desde el punto de vista jurídico, debe de considerar que una norma de derecho solo puede ser válida si posee un fundamento convincente, pero el fundamento no reside en la norma, sino en algo que con ella se relaciona y le sirve de base.*[43]

4.1.2. El lenguaje de los jueces

Si hablamos de lenguaje de los jueces, alude específicamente a quienes ejercen el Derecho en una jurisdicción de manera práctica. El juez, emite sentencias judiciales declarativas, de condena, constitutivas, cautelares, etc., en un caso concreto, es decir, las sentencias que pronuncia el juez acogiendo o rechazando la demanda, afirma la existencia o la inexistencia de una voluntad concreta de la ley, que garantiza un bien o lo que es igual, en suma, se deduce la existencia o inexistencia de la voluntad de la ley que garantice un bien demandado,[44] tiene que ver con un poder específico del juez cuando administra justicia a través del Derecho.

Las resoluciones judiciales, en sentido lato, son todas aquellas declaraciones emanadas por el órgano jurisdiccional, "jueces", que producen una determinada consecuencia jurídica a los restantes sujetos del proceso.

Al respecto, SILVA DUARTE, refiere que:

> *Las declaraciones judiciales, se dictan en forma de; Providencias, Autos Interlocutorios, Autos Definitivos, Sentencia, Auto de Vista y Auto Supremo. Su idoneidad y posibilidad jurídica, constituyen un requisito objetivo de la validez jurídica. Se consideran idóneas si su contenido se adecua a la petición o al tema considerado por el órgano judicial y resultan, además, coherentes (no autocontradictorias) en sus declaraciones. Se estiman jurídicamente posibles cuando su pronunciamiento, en el caso concreto, no está vedado por ley (razonabilidad normativa). Los jueces, deben aplicar el principio de razonabilidad en cada una de las decisiones que adopten.*
>
> *Las providencias son resoluciones que tienden al desarrollo del proceso o a ordenar actos de mera ejecución, por lo cual no necesitan formalidades especiales ni sustanciación previa. Se dictan sin necesidad de contradicción anterior (efectiva o legalmente prevista) entre las partes o entre cualquiera de éstas y un tercero. Solo requieren de fundamentación cuando causan gravamen irreparable. Esto último sucede cuando generan un perjuicio no susceptible de repararse por los medios de impugnación en el curso posterior del proceso o en la sentencia, por ejemplo, cuando impiden o extinguen el ejercicio de una*

---

43 Ídem., p. 165 y 166.

44 Ver en, HERRERA CARBUCCIA, Manuel Ramón, La sentencia, Gaceta Laboral, 14(1), 133-156. Recuperado en 08 de mayo de 2021, de http://ve.scielo.org/scielo.php?script0=sci_arttext&pid=S1315-85972008000100006&Ing=es&tIing=es.

facultad o derecho procesal, imponen el cumplimiento de un deber, o aplican una sanción.

Las providencias, entre otras cosas, tienen por interpuestas acciones y confieren traslado a la adversa, disponen la apertura de una causa a prueba o el diligenciamiento o agregación de una prueba, o fijan fechas para audiencias. Se trata de resoluciones que el órgano jurisdiccional puede dictar de oficio o proveyendo a peticiones que no requieren vista o traslado a la adversa.

El auto interlocutorio, resuelven conflictos suscitados en el marco del proceso, por lo cual, requieren sustanciación y fundamentos. Su pronunciamiento debe precederse de una contradicción (efectiva o legalmente prevista) entre los partícipes del pleito. La doctrina es clara en cuanto a la obligación de que enuncien sus fundamentos, es decir que invoquen las normas o principios jurídicos que aplican a la controversia resuelta, tanto como que justifiquen porque lo hacen. No es necesario que refieran los denominados resultandos, o sea la relación de las cuestiones planteadas por las partes y sometidas a pronunciamiento. Entre otras cosas, su validez está condicionada de conformidad con las cuestiones descrita por ambas partes en sus escritos. Este tipo de resoluciones, por ejemplo, resuelven excepciones previas, recusaciones con causa, acuses de negligencia en la producción de pruebas, e incidentes suscitados en el marco del proceso en general.

En cuanto a las sentencias, la ley exige que estas consideren las cuestiones de hecho y de derecho referentes al objeto del juicio, y que estén debidamente fundamentadas. En el sesgo de que irrazonabilidad equivale a arbitrariedad, la jurisprudencia ha determinado que una sentencia arbitraria importa un desconocimiento del orden constitucional. Si bien no existen parámetros legales u objetivos que permitan precisar la tipificación de una sentencia arbitraria ante su irrazonabilidad, se otorga éste carácter a aquellas que, prescinden de la ley aplicable al caso sin razón valedera; cuya fundamentación argumental o de derecho es autocontradictoria; que deciden en contra de lo que expresamente establece la ley; que carecen de fundamento legal; que se basan sobre afirmaciones dogmáticas sin respaldo normativo; que se basan sobre criterios excesivamente genéricos cuando están en vigencia normas específicamente aplicables al caso; que se basan sobre una interpretación arbitraria de las normas aplicables al caso; y, sentencias en las cuales no se efectuó una interpretación razonable y global del ordenamiento legal.[45]

Los jueces, tienen la obligación de estudiar la norma jurídica, clasificarla, aplicarla y explicarla en la sentencia. Todos estos prácticos del Derecho, utilizan un

---

45 Cfr. SILVA DUARTE, Federico, El Principio de Razonabilidad como límite del Poder Público, cita online: PY/DOC/16/2014.

lenguaje "claro" en sus sentencias que contiene nombres, hechos objetivos y normas jurídicas. El mismo debe ser justificado mediante la Argumentación.

Por ejemplo;

El juez debe verificar a través de las pruebas que Jorge ha cometido homicidio en contra Juan Daniel, que, Andrea no ha pagado los 10.000 dólares que debía a José Luis, que Nicole ha incumplido con los salarios de José Luis, que José Luis ejerció violencia psicológica y física en contra de Andrea, que José Luis desea el divorcio de Andrea Nicole.

Al respecto, LASO CORDERO, analiza y describe las siguientes sentencias dictadas por el tribunal superior:

Sentencia 1: (Corte de Apelaciones de Temuco, Rol 670-2005):

"...esta libre convicción -se refiere a la libertad con que cuentan los jueces penales para valorar la prueba- no puede tener más límite que los de la lógica y la recta razón, no se rige por ninguna tabla valorativa -sin que ello signifique arbitrariedad o puros sentimientos- sino que debe fundar su decisión en los elementos de prueba incorporados al debate, valorados de acuerdo con lo que dispone la disposición citada".

En esta parte la sentencia se limita a repetir algo obvio: la sana crítica no es sinónimo de arbitrariedad. Luego agrega: "conforme a los antecedentes de prueba que más adelante se indican, producidos durante la audiencia de debate y apreciados en conformidad a las reglas impuestas por el art. 297 del Código Procesal Penal, le han permitido a los sentenciadores tener por acreditado, más allá de toda duda razonable, tanto la materialidad de los sucesos objeto del presente juicio, como la autoría y responsabilidad de Cristian Alejandro Cortés Bustos en su ejecución". Lo interesante de este párrafo es que nos está informando la estructura de toda sentencia para que sea considerada "lógica": que tenga una premisa y una conclusión, y que esa premisa lleve necesariamente a esa conclusión.

En este caso, la premisa consistiría en los hechos probados a través de los distintos medios de prueba que se rindieron en juicio, mientras que la conclusión consistiría en tener por probado el delito y la responsabilidad que le cupo al acusado en él. Al respecto, se observa:

a) que, puestas, así las cosas, el razonamiento en base a la sana crítica sigue el modelo de argumento deductivo válido (inferencia científica): si la premisa es válida, entonces la conclusión necesariamente lo será. Confirma esta observación el siguiente pasaje de la sentencia, que incluso usa derechamente la palabra "premisa": "En suma, no se aprecia de qué modo las reflexiones de la sentencia sobre la valoración de la prueba puedan contradecir algún principio lógico, puesto que no aparece conclusión alguna fundada en una premisa falsa o inexistente...".

b) pero lo anterior debe ser aceptado con una advertencia: a diferencia del modelo deductivo clásico de razonamiento, para que el razonamiento sea válido en un proceso judicial, el contenido de la premisa no es indiferente. Aquí entra como límite de la propia lógica lo que los textos legales citados denominaban "máximas de la experiencia". Dicho de otro modo, se exige validez pero esta no es independiente del contenido. Tal vez se trate de una manifestación de la "teoría de la verdad como correspondencia" porque la validez del razonamiento judicial ha de corresponderse con los hechos probados en el proceso.

Lo anterior, sin embargo, debe ser contrastado con el siguiente pasaje de la misma sentencia: "No es ilógico concluir que se ingresó por una ventana que aparece con señales de fuerza y en la que se había violentado su sistema de seguro, de modo tal que no es necesario la comparecencia de testigos presenciales del ingreso, como lo pretende el recurrente, para arribar a ella".

Hay aquí un claro ejemplo de razonamiento por defecto, que puede resumirse así:

"Si la ventana y su seguro aparecen con señales de fuerza es razonable concluir que se entró al inmueble por ella y no por la puerta".

Esta parte de la sentencia es una respuesta al argumento del defensor, quien quiso cuestionar la consistencia lógica del razonamiento del tribunal inferior al concluir que su defendido entró por una ventana para cometer delito de robo, pero sin haber sido sorprendido flagrantemente. Sin embargo, la Corte de Apelaciones desecha ese argumento señalando que, a partir de otros hechos sí probados (señales de fuerza en la ventana y violación de su sistema de seguro), es perfectamente "lógico" concluir que el acusado ingresó por la ventana y no por la puerta –que es la vía normalmente destinada a ese efecto– para responsabilizarlo del delito que finalmente se le imputó.[46]

Sentencia 2: (Corte Suprema, Rol 740-2005):

Este fallo usa un lenguaje más comprometido con los conceptos que hemos revisado: "El nexo entre el hecho base y el hecho en consecuencia debe ser coherente, lógico y racional. Su falta de concordancia con las reglas del criterio humano, que puede tener su origen tanto en la falta de lógica o de coherencia en la inferencia como por el carácter excesivamente abierto, débil o indeterminado de la misma, harán que las presunciones sean inaptas para lograr la convicción necesaria para hacer desaparecer la presunción de inocencia del imputado y, en definitiva, establecer su culpabilidad". (...) Lo interesante

46 LASO CORDERO, Jaime, "Lógica y sana crítica", Revista Chilena de Derecho, vol. 36 N0 1, 2009, pp. 143 - 164.

es que el tribunal oral llegó a esa conclusión porque hacerlo era "de sentido común" dada la situación del acusado (entre otras, ser empleado de quien lo habría convencido de cometer delito, el que a su vez era beneficiario de un seguro). Sin embargo, la Corte Suprema plantea una serie de interrogantes que ponen en cuestión la obtención del supuesto beneficio –un asunto de hechos– agregando que este nunca estuvo probado en el juicio, lo que los lleva a concluir que el razonamiento del tribunal inferior carecía "de toda lógica".

Pues bien, el paradigma de racionalidad que subyace en este fallo es no monotónico pues se exige adecuación al "criterio humano", entendido como sentido común. Por otra parte, existe en este caso un compromiso más fuerte en tratar de avanzar acerca de "lo lógico" en el razonar de un juez porque:

a) se exige "coherencia", que aunque distinta, evoca la idea de "consistencia", esto es, dar un significado a las partes del razonamiento,

b) se exige "racionalidad", elemento que estaría puesto aquí desde un ángulo lógico, independiente de las peculiaridades de cualquier auditorio,

c) se alude derechamente a la "inferencia" como parte del razonamiento judicial, exigiéndose que este no puede ser abierto, débil o indeterminado de manera que la conclusión sea necesariamente aquella a la cual se llega. Esto produce un poco de perplejidad pues evoca un razonamiento monotónico. Sin embargo, la sensación de perplejidad queda disuelta del siguiente modo: la exigencia de necesariedad de la conclusión se hace a propósito de la presunción de inocencia del imputado, e implícitamente, al estándar probatorio de la duda razonable, que es el límite cuyo traspaso permite condenarlo rompiendo esa presunción.

A pesar de esto el razonamiento en sede penal, que usa la sana crítica, sigue siendo no monótono porque lo que se exige para destruir la presunción de inocencia no es llegar a la certeza absoluta sino a una explicación lo suficientemente plausible en términos tales que el margen de duda que pueda quedar sea irrelevante.[47]

4.2. Regla de las Máximas de Experiencia

FRIEDRICH STEIN, acuño el concepto de máximas de experiencia, el mismo, refiere que; *"son definiciones o juicios hipotéticos de contenido general, desligados de los hechos concretos que se juzgan en el proceso, procedentes de la experiencia, pero independientes de los casos particulares de cuya observación se han inducido y que, por encima de esos casos, pretenden tener validez para otros nuevos"*.[48]

---

47 Ídem.

48 STEIN, Friedrich, *El conocimiento privado del juez*, traducción de Andrés de la Oliva Santos, Bogotá, Editorial Temis, 1988, Pág., 27 y 188

Las máximas de experiencia son un conjunto de conocimientos, esos conocimientos son generalizados con base a determinada experiencia, experiencia general de vida o especiales conocimientos en la materia.[49]

La aplicación de las máximas de experiencia en la valoración de las pruebas y con ese propósito las estudió Stein, como máximas generales, en oposición a juicios narrativos, y las redujo a dos formas fundamentales:

1. Son definiciones en forma de juicios aclaratorios que descomponen una palabra o un concepto en sus notas constitutivas;
2. Son tesis hipotéticas que expresan las consecuencias que cabe esperar a partir de determinados presupuestos.

Estas dos características básicas permiten tener una explicación simplificada de cualidades esenciales de dichas máximas facilitando su identificación y por ende su aplicación en la difícil tarea de valoración.[50]

Al respecto, MONTERO AROCA, citado por LIMARDO, refiere que:

> *Las máximas de experiencia son el equivalente a las reglas de la sana crítica y se obtienen de la experiencia vital de cada juez:*
>
> *En el sistema de prueba libre las máximas de la experiencia se aplican por el juez, se extraen por este de su experiencia de la vida, y se deben aplicar a cada uno de los medios de prueba. No se trata de que el juez decida en conciencia sino de [que] aplique las [...] reglas de la sana crítica y estas reglas son simplemente máximas de experiencia.*[51]

Al referirse sobre la libre valoración de la prueba, no se está manifestando literalmente que el juez, debe valorar la prueba arbitrariamente, sino que la valoración de la prueba debe efectuar, «según las reglas del criterio racional», es decir, según las normas de la lógica, las máximas de experiencia común.[52]

Por su parte, Couture, refiere que:

> *La sana crítica es, además de lógica, la correcta apreciación de ciertas proposiciones de experiencia de que todo hombre se sirve en la vida. Esas conclusiones no tienen la estrictez de los principios lógicos tradicionales, sino que*

---

49 Vid. BARRIOS, Óp. Cit. pág. 5.

50 Cfr. ALVARENGA VÁSQUEZ, José Salomón, Óp. Cit. p. 203 y 204.

51 LIMARDO A., «Repensando las máximas de experiencia», en *Quaestio facti,* 2: 115-153. Madrid: Marcial Pons Ediciones Jurídicas y Sociales. DOI: http://dx.doi.org/10.33115/udg_bib/qf.i2.22464.

52 DE LA OLIVA SANTOS, A.; ARAGONESES MARTÍNEZ, y Otros, *Derecho procesal penal.* 8° edición. Madrid: Editorial Universitaria Ramón Areces, 2007, p. 486.

son contingentes y variables con relación al tiempo y al lugar. El progreso de la ciencia está hecho de una serie de máximas de experiencia derogadas por otras más exactas.[53]

4.2.1. Elementos de las máximas de experiencia

Según Oberg, citado por ÁLVAREZ GONZÁLEZ,[54] los elementos comunes que conforman las máximas de experiencia son:

I. Son valoraciones con contenido general, propio e independiente, lo que permite darle a la valoración un carácter lógico;

II. Tienen vida propia, la cual se genera de hechos particulares y reiterados de la vida en sociedad, mediante la inducción que realiza el juez que las aplica;

III. No nacen ni mueren con los hechos a partir de los cuales se obtienen, se prolongan más allá de los mismos, teniendo validez para otros nuevos;

IV. Son razones inductivas, que se acreditan en la regularidad o normalidad de la vida y por lo mismo implican una regla susceptible de ser utilizada por el juez para un hecho similar.

V. Las máximas carecen de universalidad, se encuentran restringidas por el medio físico en que actúa el juez.

4.3. Regla de los conocimientos científicos

Al respecto, ALVARENGA VÁSQUEZ, refiere que:

La forma de valorar la prueba, lo hacen en el mismo rango de los principios lógicos y las máximas de la experiencia, a tal figura la denominaron conocimientos científicos afianzados; para tener una idea clara de qué se trata, es necesario previamente comprender que los saberes descubiertos o elaborados por los científicos son llamados conocimientos científicos para distinguirlos cualitativamente de otros saberes en razón de quien accedió a ellos; de la forma en que fueron adquiridos o del modo en que fueron fijados.

Para afrontar el problema de la prueba científica, en opinión de Taruffo, es preciso establecer cuando es oportuno o necesario la utilización de conocimientos científicos para conformar un elemento probatorio o para la valoración de los hechos; o, por el contrario, la utilización de la prueba científica puede ser evitado, considerándose suficiente la adquisición de otras pruebas o el empleo de la ciencia privada del juez. Pero si no es posible evitarlos, lo que se requiere del juez, no es

---

53 COUTURE, Eduardo, *Fundamentos de derecho procesal civil.* 3ª edición, Buenos Aires: Depalma, 1958, p. 272

54 ÁLVAREZ GONZÁLEZ, Jesús Carlos, Óp. Cit. p. 172.

> *que sea un científico, sino que sea capaz de valorar la prueba la prueba científica, atendiendo a su validez y a los métodos de investigación utilizados, y si se han aplicado correctamente los protocolos científicos correspondientes.*[55]

ÁLVAREZ GONZÁLEZ, refiere que, "*Los conocimientos científicamente afianzados descartan la subjetividad, por medio del uso de la ciencia, lo que implica que el juez respete los conocimientos científicos que resultes prevalentes de parte de quienes los manejen*".[56]

Los conocimientos científicos, concentran una gran importancia en la actividad intelectual del juez respecto a la valoración de las pruebas y es un referente obligado en la correcta apreciación de los conocimientos científicos, por lo que el órgano jurisdiccional no puede otorgar valor alguno a las pruebas que contradigan el conocimiento vigente aprobado y reconocido por la ciencia. La ciencia como el proceso tienen un objetivo común, el cual es la investigación de la verdad.[57]

En tal sentido, MARIO BUNGE, citado por ÁLVAREZ GONZÁLEZ, refiere que las principales características de las ciencias se dividen de la siguiente manera:

> *a.- El conocimiento científico es fáctico, esto es porque parte de los hechos, y vuelve a ellos, la ciencia describe los hechos, independientemente de su valor emocional o comercial;*
>
> *b.- El conocimiento científico trasciende los hechos; es decir, descarta los hechos, produce nuevos hechos, y una vez hecho lo anterior los explica;*
>
> *c.- La ciencia es analítica, esto es la investigación científica aborda problemas circunscriptos, uno a uno, y trata de descomponerlo todo en elementos. Trata, en cambio, de entender toda situación total en términos de sus componentes; intenta descubrir los elementos que explican su integración;*
>
> *d.- La investigación científica es especializada, en este punto menciona el autor que la consecuencia del enfoque analítico de los problemas es su especialización, la cual no impide la formación de campos interdisciplinarios como lo son: La biofísica, la bioquímica, la psicofisiología, la psicología social, la teoría de la información, la cibernética, o la investigación operacional.*[58]

Conforme esta regla, se requiere de un juez que sea capaz de analizar y valorar la prueba científica; atendiendo los métodos, principios científicos, validez, eficacia, y se haya aplicado correctamente los protocolos científicos correspondientes. Es decir, que el juez tenga la capacidad suficiente para analizar y valorar la prueba científica: prueba pericial y pruebas científicas en general.

---

55 Vid. ALVARENGA VÁSQUEZ, José Salomón, Óp. Cit. p. 266.

56 ÁLVAREZ GONZÁLEZ, Jesús Carlos, Op. Cit. p. 178.

57 Ídem, p. 178 y 180.

58 Ídem., p. 181.

4.4. Regla de la psicología

La psicología, en general, recoge múltiples y muy variados temas y perspectivas implicados sobre la mente y el comportamiento humano, pero todos ellos abordados científicamente.[59]

Al respecto, HERRERO, refiere que:

> *La referencia a la psicología cognitiva, como otros ámbitos disciplinares, supone una perspectiva y no únicamente unas temáticas concretas, nos sitúa ante el estudio científico de los procesos mentales por los que las personas perciben, almacenan, procesan, recuperan y utilizan la información.*
>
> *La psicología social, y su perspectiva psicosocial, pone el acento en la interacción recíproca y el estudio de las relaciones entre los procesos psicológicos individuales y los sociales. La literatura se refiere a ella como el estudio científico de cómo los pensamientos, sentimientos y conductas de las personas están influidas por la presencia real, imaginada o implícita de otros, del contexto y de las situaciones en las que se encuentran los sujetos. Por ello se habla también de cognicion social para poner el acento en el mismo tipo de procesos referidos previamente, pero aplicados fundamentalmente al mundo social. Esto es, cómo pensamos sobre nosotros mismos y los demás y los comportamientos, así como sobre las relaciones sociales, y cómo damos sentido y construimos todo ello. De hecho, mucha de la literatura psicosocial diría que toda cognición es necesariamente social, que nuestra mente está socialmente estructurada.*
>
> *Mientras que la psicología social se centra en mayor medida en las semejanzas entre los sujetos fruto, entre otras cosas, del contexto, de las situaciones sociales y cómo se construyen, la psicología de la personalidad presta más atención al estudio de las peculiaridades y diferencias individuales entre las personas.*
>
> *Por su parte, la psicología jurídica se considera un campo aplicado que estudia todas las temáticas y procesos relevantes en la interacción entre la Psicología y el Derecho, incluidos todos los que afectan a los actores implicados. El campo se nutre principalmente de los conocimientos de la psicología básica, de la psicología cognitiva o de la psicología social, pero también de la psicología del desarrollo, entre otras. Cuando el ámbito de aplicación se concreta aún más y se centra en el estudio, por ejemplo, de la exactitud y credibilidad de las declaraciones, así como de todo lo que ello implica, se habla de psico-*

---

59 Cfr. HERRERO, Carmen, «Los conocimientos de la psicología más allá de la prueba pericial», in *Quaestio facti*, 2: 2021, 363-408. Madrid: Marcial Pons Ediciones Jurídicas y Sociales. DOI: http://dx.doi.org/10.33115/udg_bib/qf.i2.22533.

logía del testimonio. Por otra parte, cuando los profesionales de la psicología auxilian al sistema de justicia, generalmente como peritos, podríamos hablar de psicología forense.[60]

En suma, la Psicología es la ciencia de la conducta y los procesos mentales.[61] En el caso concreto, solo me centrare en estas dos premisas que considero importante en el caso particular, el primero, es la conducta, puede utilizarse como sinónimo de comportamiento que refiere a las acciones de las personas en relación con su entorno o con su mundo de estímulos. En este sentido, Juez debe tener un comportamiento intachable con las partes del proceso, con sus dependientes, con su entorno etc., y, el segundo, los procesos mentales, corresponden al almacenamiento, elaboración y traducción de los datos aportados por los sentidos para su utilización inmediata y un eventual uso posterior.

La memoria y también la percepción juegan un importante rol entre los procesos cognitivos básicos. La inteligencia, el lenguaje y pensamiento en general son de gran importancia para los seres humanos, ya que forman parte de los procesos cognitivos superiores, ayudándonos a tener procesos mentales que nos diferencian de los animales, como el pensamiento lógico, la utilización de símbolos lingüísticos para transmitir el pensamiento, y la resolución de problemas.

En tal sentido, es una operación de pensamiento capaz de actuar sobre estímulos concretos, situaciones o representaciones mentales para generar nuevas representaciones mentales o acciones motoras.[62]

4.4.1. Principios de la psicología

Al respecto, ALVARENGA VÁSQUEZ refiere que:

La valoración de la prueba es una operación mental con la que se pretende precisar el mérito de la prueba para formar el convencimiento del juez o su valor de convicción; llamando a los argumentos de la prueba, los motivos que hacen reconocer el valor y la fuerza probatoria de un medio de prueba o de varios en su conjunto; operación que requiere de la aplicación de algunos principios de la Psicología con mayor énfasis en la prueba testimonial, declaración de partes y pericial porque en una audiencia oral muy poco se le puede aplicar psicología a un documento, salvo a su contenido por estar redactado por humanos que imprimen su psicología en él, dicha operación

60 Ibídem.

61 MORRIS Charles G. y MAISTO Albert A., *Introducción a la Psicología*, Pearson Educación, Duodécima Edición México, 2005, p. 4.

62 Psicología, Procesos Mentales, véase completo en: https://planetahola.jimdo.com/psicolog%C3%ADa/procesos-mentales/.

meramente intelectual, va dirigida a poner el material fáctico en relación con el probatorio y determinar en cada caso la eficacia de la prueba para acreditar la certeza de los hechos; por supuesto que tal actividad no es perfecta desde luego que es humana, por lo que la posibilidad de error siempre es latente con independencia de estar frente a un sistema de valoración tarifario o de libre convicción (sana crítica), ya que todo depende del factor humano y, de la calidad y capacidad de los jueces para aplicar conocimientos psicológicos, por lo que para facilitar esta labor se proponen algunas líneas de orientación para su aplicación.[63]

En suma, la SSCC 0238/2018-S2, refiere que:

"(…) La Sana Crítica racional, emana del principio de la verdad real o material; este sistema, como señala José Cafferata Nores, si bien establece la plena libertad de convencimiento de los jueces, empero esa libertad tiene un límite infranqueable: "El respeto a las normas que gobiernan la corrección del pensamiento humano"; es decir, las normas de la lógica, psicología, de la experiencia común. En ese sentido, la actuación del juez no es discrecional o arbitraria; prima la razonabilidad de la valoración de la prueba, de ahí que también recibe el nombre de persuasión judicial; pues, si bien el juez tiene mayor libertad con relación a la prueba tasada; empero, también tiene más responsabilidad".[64]

4.5. Regla de la sociología

La sociología como ciencia social empírica tiene por objeto el estudio de los fenómenos sociales que implican a individuos, grupos o colectividades y que se producen en el tiempo y que se derivan de la interrelación humana, es una ciencia empírica, esto no significa más que una forma de producir verdad, es a través de la formulación y la verificación de hipótesis sociológicas.[65]

4.5.1. Principio de la sociología

Según la jurisprudencia y la doctrina, cuando se valora la prueba, se debe aplicar las reglas y los principios de la sociología, a lo que se hace referencia es a la sociología jurídica, llamada también sociología del derecho, y es la ciencia que estudia el derecho como fenómeno social y la conducta del ser humano inmersa en

63 Cfr. ALVARENGA VÁSQUEZ, José Salomón, Óp. Cit. p. 165 y 166.

64 Tribunal Constitucional Plurinacional de Bolivia, Sentencia Constitucional Plurinacional 0238/2018-S2 Sucre, 11 de junio de 2018, del p. 9.

65 CLEMENTE DÍAZ, Miguel, *Psicología Aplicada a la Labor Judicial.* Programa de Formación Inicial para Jueces. Escuela de Capacitación Judicial. Consejo Nacional de la Judicatura de El Salvador. 2008, p. 20.

las relaciones jurídicas y también es de aplicación en la valoración de las pruebas mediante los siguientes principios:[66]

- El principio de socialización.
- El principio de conflictividad por las diferencias.
- El principio de comunicación y contacto.
- El principio de resocialización.

En palabras de ALVARENGA,[67] la Infracción a los principios de la sociología podría darse cuando el juez se aparta de los postulados de dicha ciencia en relación a los hechos sociológicos y a los comportamientos de la vida en sociedad, en la valoración de la prueba; así por ejemplo no consideró que el ser humano en sociedad en su proceso de interacción o en situaciones específicas, tiende a mentir ya sea para obtener algún provecho o para librarse de un castigo, no quiere decir que esta sea la regla general, pero es una razón para hacer una valoración de prueba mucho más cuidadosa, especialmente en aquellos casos que se mienta por razones fútiles como es el caso de la mentira para causar una buena impresión o protegerse de la desaprobación ajena, o incluso los que mienten por hacer agradable la vida social; si no se tomaran en cuenta estos aspectos para la apreciación de la prueba puede incurrirse en una infracción a los principios de la sociología. Las demandas individuales, a fines del juzgamiento de su viabilidad axiológica, deben ser subsumidas en una de las categorías de los intereses sociales.[68]

4.6. Regla de la historia

Se entiende por historia al conjunto de hechos sociales del hombre, que tienen un encadenamiento causal e influyen en el desarrollo colectivo (...). El historiador identifica algo más que una simple narración de los hechos y la inducción de los mismos de máximas morales. Para él los acontecimientos son un todo orgánico, íntimamente ligado, cuya orientación o destino es necesario indagar.[69]

Para Holmes, la historia debe ser objeto de estudio, porque sin ella no podemos conocer el alcance preciso de las reglas que debemos saber. Es parte del estudio racional del derecho, porque es el primer paso hacia un escepticismo ilustrado, o sea hacia una reconsideración deliberada del valor de esas reglas.[70]

---

66 Cfr. ALVARENGA VÁSQUEZ, Óp. Cit. p. 236.

67 Ídem. p. 242.

68 DAVID, Pedro R., *Sociología Jurídica*, Editorial Astrea, Buenos Aires (Argentina), 1980, p. 106.

69 Cfr. EYZAGUIRRE, Jaime, *Historia del Derecho*, El Saber y la Cultura, Décimo Séptima Edición, 1967, p. 9.

70 DAVID, Pedro R., Óp. Cit. p. 101.

La utilización del principio de la historia para la valoración de la prueba no es de uso frecuente en la jurisprudencia boliviana, es decir, que aún no se tiene una tradición en la implementación de la historia como un deber del Juez en el momento de valorar las pruebas conforme a la sana critica. La Republica de El Salvador, conforme expresa la Sala de lo Contencioso Administrativo de la Corte Suprema de Justicia, según infiere su "Sentencia con Referencia número *S.91-S-99 15-04-04* y la Sentencia con referencia *117-R-1999* de fecha 21 de agosto del año 2001", introduce la historia como un deber del juzgador para valorar las pruebas; se puede decir que es influenciada por la doctrina colombiana, el tratamiento carece de explicaciones sobre su concepto, alcances y aplicación. En todo caso este elemento de la historia deberá aplicarse en base al principio del precedente, por lo que es necesario darle tratamiento teórico que oriente su aplicación.[71]

La historia como principio en la aplicación de la valoración de la prueba, es precisamente la convicción tan viva que el juez tiene como certeza de lo que observa y oye en el proceso. De ninguna manera el juez imparcial e independiente podría narrar en sus escritos falacias que no observar (expediente) y no pudo oír (audiencias y declaraciones).

5. OTROS SISTEMAS DE VALORACIÓN DE LA PRUEBA: PRUEBA LEGAL Y LIBRE CONVICCIÓN

En este punto tratare sobre la Íntima Convicción y la Prueba Tasada o Tarifa Legal.

Sobre la primera. *La Íntima Convicción;* se puede referir sobre este método que, surge ante la reacción de la prueba legal, tiene como objeto erradicar los excesos en el lenguaje jurídico, la ambigüedad o la inconstitucionalidad de una norma en el que ha cometido el legislador. Se otorgó al juez amplias facultades sobre la apreciación de la prueba al no estar sometido a reglas. Además, la libertad al momento de la formación de su convencimiento, claro está, que dicha libertad debe ser entendida en sus justos términos y no como arbitrariedad. ALVARENGA VÁSQUEZ,[72] refiere que, algunos autores caen en la confusión de darle cualidades de sistema y al calificarlo como un sistema ecléctico, y al respecto consideran a la sana crítica como sistema intermedio entre el sistema de la prueba tasada y el de íntima convicción, al respecto, COUTURE, dice que este concepto configura una categoría intermedia entre la prueba legal y la libre convicción. Sin la excesiva rigidez de la primera y sin la excesiva incertidumbre de la última, configura una feliz formula, elogiada alguna vez por la doctrina, de regular la actividad intelectual del juez frente a la prueba.[73]

---

71 Vid. ALVARENGA VÁSQUEZ, José Salomón, Óp. Cit. p. 243 y 244.

72 Óp. Cit. p. 51.

73 COUTURE, Eduardo, *Teoría General del Proceso,* Ediciones Despalma, Buenos Aires, 1977, pp. 268 - 269.

Sobre el segundo punto. La *Prueba tasada o Tarifa Legal;* sobre este método, la norma positiva refiere por anticipado, el valor o grado de eficacia que tiene cada medio probatorio, el mismo debe cumplir con el umbral que establece la ley, a efectos de ordenar que simplemente dé por probado la demanda si el hecho condice con la prueba.

El Juez no tiene libertad de apreciación, sino que, ante determinada prueba le deberá atribuir el valor o eficacia que índica la ley; con lo cual queda determinada la decisión sobre la reconstrucción del hecho, transformada así en una operación jurídica. El origen histórico del sistema está en el primitivo derecho germano y predominó en el mundo occidental durante la Edad Media y la Edad Moderna, dando lugar a la formulación de principios rígidos y extravagantes, con la revolución francesa se eliminó este sistema mediante un decreto de la Asamblea Constituyente de septiembre de 1790 que estableció el Jurado, cuyos miembros debían decidir conforme la íntima convicción, que luego fue acogido en las codificaciones procesales del siglo pasado especialmente en materia penal.[74]

Al respecto, COUTURE, describe que:

> "Los criterios de valoración de la prueba son, a nuestro modo de ver, tres: a). pruebas legales: imputación anticipada en la norma, de una medida de eficacia; b). sana critica: remisión a criterios de lógica y de experiencia, por acto valorativo del juez; c). libre convicción: remisión al convencimiento que el juez se forme de los hechos, en casos excepcionales en los cuales la prueba escapa normalmente al controlador de la justicia, por convicción adquirida por la prueba de autos, sin la prueba de autos o aun contra la prueba de autos."[75]

6. CONCEPTO DE SANA CRITICA RACIONAL

Al respecto, ALVARENGA VÁSQUEZ, refiere que:

> *"(...) el concepto de sana crítica, es preciso ver qué han dicho los autores en la doctrina, el legislador en las leyes procesales y los tribunales de justicia en sus sentencias, cuándo se han referido a este método de valoración de la prueba. No son numerosos o abundantes los autores que tratan el tema de forma exhaustiva como un tema específico, la mayoría de ellos la tratan como un punto dentro de un texto de orden procesal y se limitan a mencionar que las reglas de la sana crítica son las derivadas de los Principios Lógicos, la Psicología y la experiencia, ignorando otros saberes que son parte de la*

---

74 ALVARENGA VÁSQUEZ, José Salomón, Óp. Cit., p. 51.

75 COUTURE, Eduardo, Estudios de Derecho procesal civil, Tomo II, Ediar Soc. Anon. Editores. Buenos Aires. Argentina, 1999, p. 221.

epistemología, así por ejemplo Hugo Alsina dice que "Las reglas de la sana crítica, no son otras que las que prescribe la lógica y derivan de la experiencia, las primeras con carácter permanente y las segundas, variables en el tiempo y en el espacio". Previo a entrar a intentar aproximaciones respecto del concepto de sana crítica, corresponde precisar que la evaluación que hace un juez acerca de los medios de prueba producidos en cualquier procedimiento, es un problema de política procesal y se vincula, con la mayor o menor confianza que tiene en los jueces quien ejerce el verdadero poder en lugar y tiempo determinado."[76]

En este sentido:

La sana critica, es un sistema razonable de verificación de la verdad en la correcta apreciación del hecho concreto. En el cual, el juez, debe apreciar las reglas de la sana critica, conforme ciñe las reglas de la lógica, las máximas de experiencia, conocimientos científicos, la psicología, sociología y la historia, a efectos de fundamentar y motivar la sentencia, el cual debe ser explicado mediante la argumentación. Se aplica las reglas cuando estas ajusten el sentido lógico de los hechos.

La sana crítica es un sistema de valoración motivada, instituido por reglas y métodos a la hora de apreciar la prueba, por lo cual, este tiene por objeto razonar la prueba conforme la lógica y la sana diligencia procesal a efectos de garantizar y proteger los derechos fundamentales.

Acerca de las características de este sistema racional, la Corte Constitucional Colombiana, ha señalado que:

"De conformidad con lo establecido en el artículo 187 del Código de Procedimiento Civil (colombiana), las pruebas deberán ser apreciadas en conjunto, de acuerdo con las reglas de la sana crítica, sin perjuicio de las solemnidades prescritas en la ley sustancial para la existencia o validez de ciertos actos, debiendo el juez exponer razonadamente el mérito que le asigne a cada una de ellas.

"Es decir, que dicha norma consagra, como sistema de valoración de la prueba en materia civil, el de la sana crítica:

"Ese concepto configura una categoría intermedia entre la prueba legal y la libre convicción. Sin la excesiva rigidez de la primera y sin la excesiva incertidumbre de la última, configura una feliz fórmula, elogiada alguna vez por la doctrina, de regular la actividad intelectual del juez frente a la prueba.

"Las reglas de la sana crítica son, ante todo, las reglas del correcto entendimiento humano. En ellas interfieren las reglas de la lógica, con las reglas de

---

76 ALVARENGA VÁSQUEZ, José Salomón, Óp. Cit. 22.

> *la experiencia del juez. Unas y otras contribuyen de igual manera a que el magistrado pueda analizar la prueba (ya sea de testigos, peritos, de inspección judicial, de confesión en los casos en que no es lisa y llana) con arreglo a la sana razón y a un conocimiento experimental de las cosas.*
>
> *"El juez que debe decidir con arreglo a la sana crítica, no es libre de razonar a voluntad, discrecionalmente, arbitrariamente. Esta manera de actuar no sería sana crítica, sino libre convicción. La sana crítica es la unión de la lógica y de la experiencia, sin excesivas abstracciones de orden intelectual, pero también sin olvidar esos preceptos que los filósofos llaman de higiene mental, tendientes a asegurar el más certero y eficaz razonamiento".*[77]

La sana crítica racional, es un sistema de libre valoración de la prueba que no permite la discrecionalidad ni la arbitrariedad del juez en la valoración de la prueba, el juzgador no está supeditado a normas rígidas que le señalen el alcance que debe reconocerse de ella, y sin la excesiva incertidumbre; es el conjunto de reglas establecidas para orientar la objetividad y la actividad intelectual del juez en la valoración de la prueba. En tal sentido, la sana critica es el sistema de libre valoración de la prueba en la que se interrelacionan reglas, las cuales influyen de igual forma en la actividad intelectual del juez.

La sana crítica debe configurarse en una categoría intermedia entre la prueba legal o tasada y la libre convicción. Sin la excesiva rigidez de la primera y sin la excesiva incertidumbre de la última. Este criterio, se apoya en un sistema de valoración razonable, que no limita la actividad intelectual del juez, y este siempre debe apoyarse en la lógica y en la experiencia al momento de valorar la prueba para buscar la verdad.

La sana crítica es el arte de juzgar atendiendo la bondad, la razón y verdad de los hechos, es la sana diligencia procesal, el cual, emplea correctamente el procedimiento más expeditivo, sin que estos medien vicios ni errores con el fin de remediar males o conflictos mediante la lógica formal y las reglas de la sana critica.

La sana critica, debe ser un sistema razonable de verificación de la verdad, es decir, la correcta apreciación del hecho objetivo subsumido a la norma jurídica (Ley específica). Es decir, el juez que razona en cuanto a los hechos objetivos y la prueba aportada al proceso busca la verdad, este criterio es distorsionado cuando los jueces hacen prevalecer, a título de la sana crítica, sus propios valores y concepciones sobre el deber ser.

La sana crítica es el arte de juzgar atendiendo la razón y la verdad de los hechos, es emplear el procedimiento más expeditivo, sin que estos medien vicios ni errores, esto, con el fin de remediar males o conflictos producidos por el hombre y

---

77 CORTE CONSTITUCIONAL DE COLOMBIA, expediente D-5336, Sentencia C-202/05, Bogotá, D. C., ocho (8) de marzo de 2005.

en algún sentido, las de la naturaleza, a efectos de alcanzar y establecer, argumentativamente, la certeza de la prueba (que se produce en el juicio y las que se haya aportado en el juicio).

En cuanto a las reglas de la sana crítica deben condecir con las reglas del correcto entendimiento humano. En ellas interfieren las reglas de la lógica, con las reglas de la experiencia del juez, conocimientos científicos, así como las reglas de la sociología y la historia. Unas y otras contribuyen en la diligencia intelectual del juez a efectos de analizar la prueba (prueba documental, testifical, pericial, etc.) con arreglo al conocimiento dogmático y científico de los casos.

Las reglas de la sana crítica limitaran la posibilidad de que el juez resuelva las controversias de manera arbitraria e irreflexiva. Las reglas de la sana crítica tienen referencias lógicas que las hacen objetivas y razonables a efectos de diferenciar sustancialmente la subjetividad de la prueba como la objetividad de la misma, por lo cual excluyen la arbitrariedad del juez.

La sana crítica racional se ajusta al deber ser del Derecho, y no deberá ajustarse a la discrecionalidad, arbitrariedad e irreflexiva valoración de la prueba. Las reglas de la sana critica limitan la posibilidad de que el juez vulnere el derecho constitucional a la prueba, a la vulneración de los derechos fundamentales el juez o la autoridad administrativa será responsable conforme a Ley.

Por sana critica racional, se entiende, a un juez liberado de las reglas de la prueba legal, pero, al juez no se lo ha liberado de las reglas de la razón, principios de la lógica, la responsabilidad y a la indemnización, reparación y resarcimiento de daños.

El juez que aplica el método de la sana crítica en la valoración de la prueba, no es libre de razonar discrecionalmente, arbitrariamente e irreflexivamente. La libertad de valoración de la prueba en los jueces no significa que los jueces harán prevalecer, a título de la sana crítica, sus propios valores, principios y concepciones sobre el deber ser.

7. SANA CRÍTICA Y APORTACIÓN DE LA PRUEBA

La sana critica racional, es un sistema de libre valoración de la prueba, el cual es reflexionado por un conjunto de reglas establecidas para orientar la objetividad y la actividad intelectual del juez, el cual le permite verificar la verdad de los hechos elucubrados en el proceso.

Desde el Derecho Romano, según los aforismos *"onus probandi incumbit actori"*, a decir, la carga de la prueba le incumbe al demandante, es decir, debe probar los hechos en que funda su acción, y *"reus in excipiendo fit actor"*, es decir que el demandado cuando excepciona o se defiende se convierte en demandante para el efecto de tener que probar los hechos en que funda su defensa.[78]

---

78 CORTE CONSTITUCIONAL DE COLOMBIA, expediente D-5336, Sentencia C-202/05, Bogotá, D. C., ocho (8) de marzo de 2005.

Al respecto, Sentencia C-202/05 (Colombia), cita al Prof. CARNELUTTI, que refiere:

> *"Probar indica una actividad del espíritu dirigida a la verificación de un juicio. Lo que se prueba es una afirmación; cuando se habla de probar un hecho, ocurre así por el acostumbrado cambio entre la afirmación y el hecho afirmado. Como los medios para la verificación son las razones, esta actividad se resuelve en la aportación de razones.*
>
> *"Prueba, como sustantivo de probar, es, pues, el procedimiento dirigido a tal verificación. Pero las razones no pueden estar montadas en el aire; en efecto, el raciocinio no actúa sino partiendo de un dato sensible, que constituye el fundamento de la razón. En lenguaje figurado, también estos fundamentos se llaman pruebas; en este segundo significado, prueba no es un procedimiento, sino un quid sensible en cuanto sirve para fundamentar una razón".*[79]

El juez deberá analizar e interpretar (cuando sea ambiguo u oscuro) la prueba aportada en el proceso, y buscara la verdad a través de la verificación, este criterio es distorsionado cuando los jueces hacen prevalecer a título de la sana crítica, sus propios valores y concepciones sobre el deber ser.

8. LIBRE VALORACIÓN Y RAZONAMIENTO

No se debe confundir la libre valoración de la prueba con arbitrariedad del juez, "el principio de la libre convicción ha liberado al juez de las reglas de la prueba legal, pero no lo ha desvinculado y liberado de las reglas de la razón[80] y la responsabilidad". La valoración libre debe ser razonada en Derecho, y el juez debe explicar, ¿el cómo y por qué?, ha otorgado credibilidad al testimonio de las partes, a la prueba, al perito, a los testigos, etc., en observancia del deber de motivación de las resoluciones judiciales.

El juez decide con arreglo a la sana crítica, no decide arbitrariamente e irreflexivamente, la decisión que expresa el juez no debe contradecir al Derecho, ni a la *justicia*, que, por cierto, este último, es la virtud más elocuente que persigue el Derecho al que considero; *virtud al servicio de pueblo.* De lo contrario no sería sana crítica, sino, discrecionalidad o arbitrariedad con interés particular, incluso, en sentido opuesto al rol que debe asumir el juez.

---

79 Véase, CARNELUTTI, Francisco. *Sistema de Derecho Procesal Civil.* Trad. de Niceto Alcalá-Zamora y Castillo y Santiago Sentís Melendo. Buenos Aires, Editorial Uteha Argentina, 1944, Tomo II, Ps. 398-399. Citada por la Sentencia C-202/05, de la Corte Constitucional Colombiana.

80 TARUFFO, Michele, "Conocimiento científico y estándares de prueba judicial, en Rev. Jueces para la democracia, Información y Debate", núm. 52, marzo de 2005, p.67.

La sana critica es un sistema razonable de verificación de la *verdad*, verdad que está sujeta a la aplicación correcta de un hecho concreto a la norma jurídica (subsunción).

La valoración de la prueba no es una cuestión privada del Juez; porque en el momento en que la codificación iberoamericana determina el sistema de la *Sana Crítica* como el método para valorar la prueba, la Ley le impone al Juez u operador de justicia el empleo o aplicación de principios lógicos y reglas para cumplir con el procedimiento de valoración; pero, además, ese procedimiento de valoración ya no solo debe ser justificado mediante "motivación" sino explicado mediante la "argumentación".

La sana crítica debe configurarse en una categoría intermedia entre la prueba legal o tasada y la libre convicción (como se expuso arriba). Sin la excesiva rigidez de la primera y sin la excesiva incertidumbre de la última. Este criterio, se apoya en un sistema de valoración razonable que no limita la actividad intelectual del juez al momento de valorar la prueba para buscar la verdad de los hechos.

Las reglas de la sana crítica deben condecir con las reglas del correcto entendimiento humano y los principios de la psicología. En ellas interfieren las reglas de la lógica, con las reglas de la experiencia del juez, conocimientos científicos, así como las reglas de la sociología y la historia. Unas y otras contribuyen de igual manera a que el Juez pueda analizar la prueba (prueba documental, testifical, pericial, etc.) con arreglo al conocimiento dogmático y científico de los casos.

El juez, con base a las reglas que mencione (supra), debe sistematizar y apreciar todos los elementos de prueba incorporados al proceso a efectos de verificar la verdad, es decir, el juez examinará el hecho objetivo y la prueba frente a la previsión abstracta de la norma, reconstruirá el hecho con base a la prueba, allí el elemento de certeza o convicción. A este efecto, procede la subsunción (la adecuación de los hechos "concretos" a la normativa) o la ponderación (Concretamente, cuando se produce una colisión entre principios[81] "y, por tanto, entre derechos fundamentales" el juez va a disponer de un amplio razonamiento a la hora de resolverlo y de otorgar prioridad a uno sobre el otro).

9. FUNCIÓN Y FINALIDAD DE LA SANA CRÍTICA

ALVARENGA VÁSQUEZ, al respecto, refiere que:

> *"(...) la función principal de la sana critica, y podemos iniciar diciendo que la función principal es la de encontrar la verdad o llegar al menos a la cer-*

---

81 Se aplica en casos especiales o en raras ocasiones, el juez, no debe obsesionarse por los principios, los jueces que pretendan eliminar una regla por un principio, solo por estar de moda o por alguna oscura intención, contradice el verdadero papel del juez, aquí no se trata de ponderar más, sino de cumplir la ley hasta agotar las instancias y buscar el final más conveniente.

teza; para lograr esto hay que valorar la prueba aplicándole algunas reglas y principios, pero esto pasa por contraponer los conceptos de conocimiento e ignorancia, verdad y error, certeza y duda, ignorancia y error, falsedad y error; este ejercicio nos permite precisar que un conocimiento verdadero puede ser dudoso y que un conocimiento erróneo puede ser cierto. Esto es lo que contribuye el objeto de la sana crítica y la podemos definir como la investigación científica del valor probatorio de lo dicho por un testigo, un perito o de un documento presentado en juicio, para obtener el conocimiento verdadero o cierto de un hecho.[82]

Asimismo,

[L]a valoración de la prueba en el proceso, pues el punto de inicio es la sana critica, el mismo debe ser juzgado atendiendo la bondad y a la verdad de los hechos; luego, la razonabilidad y racionalidad. Este sistema debe estar sin vicios ni error; porque la concurrencia del vicio o del error es la negación no sólo de todo valor ético sino de la misma verdad histórica como finalidad específica del proceso. Como el procedimiento de valoración afecta bienes e intereses extremos, tutelados por normas de derecho público, el razonamiento por medio del cual el juzgador llega a la certeza para dilucidar el conflicto de intereses no puede expresarse sino en virtud de explicar los motivos que, racionalmente, llevan a la decisión que se vierte, y esta es la función de la sana crítica".[83]

10. RAZÓN, RACIONALIDAD Y RAZONABILIDAD EN LA SANA CRITICA DEL JUEZ: VALORACIÓN DE LA PRUEBA

10.1. Principio de la razón

La «razón», como concepto lingüístico, es la facultad de, juzgar, ordenar, relacionar y estructurar ideas, pensamientos y conocimientos; o «toda acción intelectual que nos pone en contacto con la realidad, por medio de la cual topamos con lo trascendente»,[84] esto configura en una actividad intelectual.

CUNO CRUZ, refiere que:

La razón, puede ser definida, entonces, como aquel sistema de coordenadas dotado de la máxima objetividad y universalidad posibles, y por encima del cual no existe posibilidad de búsqueda de mayores y mejores explicaciones, pues, «como el ojo, que lo ve todo, menos a el mismo», es el principio de toda explicación y sobre él se fundan todos los juicios válidos o correctos. Y en tal

82 ALVARENGA VÁSQUEZ, José Salomón, Óp. Cit. 46 y 47.

83 Ibídem.

84 RECASÉNS SICHES, Luis, *Nueva Filosofía de la Interpretación del Derecho,* Fondo de Cultura Económica, México, 1956, p. 130.

sentido, «puede servir como un tribunal de apelaciones no sólo contra las opiniones aceptadas y los hábitos de nuestra comunidad, sino también contra las peculiaridades de nuestra perspectiva personal».

Empezaremos refiriéndonos a la distinción más común que surge a partir de los modos fundamentales con los que opera la razón. Me refiero a la razón teórica y la razón práctica.

a) ***Razón teórica***

La razón es teórica «cuando quiere saber las causas y las razones por las cuales ocurren las cosas; esto es, en términos generales, cuando conoce». Dicho de otra manera, la razón es teórica, cuando busca mediante el ejercicio intelectual, conocer la naturaleza, cualidades y relaciones -expresadas en leyes, axiomas, conceptos, etc.- de un determinado objeto.

Su denotación conceptual, se circunscribe al uso explicativo y comprensivo de la razón, y es por ello que ***sólo se limita a determinar su objeto, sin relacionarse con él. Lo que se pretende destacar con esta afirmación, es que a través del conocimiento teórico no actuamos ejerciendo algún cambio en la realidad, sino que nos limitamos a determinar los objetos*** *de acuerdo a ciertos conceptos y reglas del entendimiento.*

En conclusión, la razón teórica o teorética, busca la adecuación entre la cosa u objeto que se pretende conocer y el entendimiento humano, o lo que es lo mismo, busca el dominio consciente de la realidad, intelectualmente.

b) ***Razón práctica***

La razón práctica es la razón en su uso práctico (moral) o función práctica, y en tal sentido, se dirige a la elección de acuerdo con la ley moral y, cuando ello es físicamente posible, a la realización de la decisión en la acción.

A diferencia de lo que sucede con la razón teórica, la razón práctica sí se relaciona con su objeto, convirtiéndolo en realidad, pues el conocimiento práctico es aquel que tenemos con relación a la facultad que determina nuestras acciones en conformidad con ciertos motivos, razones o principios para actuar. Esa facultad activa y generadora es una voluntad racional que nos permite presuponer que sabemos lo que hacemos cuando actuamos.

En conclusión, la razón práctica, busca la adecuación racional de la operación con el principio rector de la inclinación apetitiva dirigida a alcanzar un fin, es decir, se busca el dominio de la realidad a través de la acción, o si cabe la expresión, una razón para la acción.[85]

---

85 CUNO CRUZ, Humberto Luis Razón, racionalidad y razonabilidad. ¿qué los identifica y diferencia?, Rev. Trib. Reg. Trab. 3ª Reg., Belo Horizonte, v.51, n.81, pp. 205-218, jan./jun.2010. (Consultado última vez en, 05/04/2021).

10.2. Principio de la racionalidad

La racionalidad puede ser vista y analizada desde varios puntos de vista. Según, Erich Fromm, en su libro "El arte de amar", define la racionalidad en el siguiente sentido; "*La facultad de pensar objetivamente; la actitud emocional que corresponde a la razón es la humildad*". Ser objetivo, utilizar la propia razón, sólo es posible si se ha alcanzado una actitud de humildad, si se ha emergido de los sueños de omnisciencia y omnipotencia de la infancia.[86]

> *La vinculación existente entre las expresiones «razón» y «racionalidad», esta última no hace sino referencia a un estado, como consideración estática de la razón, - mientras que la expresión «racionalización» haría referencia a un proceso, como consideración dinámica de ella.*[87]

CUNO CRUZ, refiere que:

> *Popper, refiriéndose al racionalismo, sostiene que este concepto «supone [...] la idea de que nadie debe ser su propio Juez, y también la idea de imparcialidad. (Esto se halla íntimamente relacionado con la idea de la «objetividad científica» [...]). La fe en la razón - continúa refiriendo este autor - no solamente es una fe en nuestra propia razón, sino también - y más aún - en la de los demás.», «pues el racionalismo se halla íntimamente relacionado con la creencia en la unidad del género humano.»*
>
> *Entonces ¿resulta indistinto usar las expresiones «razón» y «racionalidad»? En principio habría que decir que sí, pues no existiría inconveniente alguno en utilizar expresiones tales como «razón jurídica» o «racionalidad jurídica», «razón instrumental» o «racionalidad instrumental». Además, no debemos perder de vista que «lo racional» es simplemente aquello que está dotado de razón.*
>
> *No podemos, por tanto, afirmar que el uso indistinto de estas expresiones sea incorrecto, por el contrario, así lo haremos en adelante; ni tampoco pretendemos sostener que la «razón» esté desligada necesariamente de toda ideología. Lo único que aquí hacemos notar es la tendencia que parece existir al momento de hacer empleo de esas expresiones, pues tal como sostiene Aarnio, «las raíces de la racionalidad [y lo mismo cabría decir de la razón] se encuentran en nuestra cultura, es decir en las formas como usamos este concepto en el lenguaje ordinario».*[88]

En todo caso, es importante dejar en claro, que, la idea de racionalidad ha de tenerse para controlar la valoración de la prueba que se materializa en la decisión judicial cuando esta se construye a partir de materiales externos y perceptibles que

---

86 FROMM, Erich, *El arte de amar*, Paidós Studio, Traducción de Noemí Rosenblatt, España, 1959, pp. 90 y 91.

87 Ídem.

88 Ídem.

entreguen noticias de los acontecimientos, y exige la concurrencia de elementos controlables y verificables mediante criterios intersubjetivos de las pruebas aportadas por los sujetos procesales (apartándose a toda ideología política y moral). Todo esto equivale a decir que el juez tiene el deber preciso de extraer, de su contacto directo con la prueba, *"los factores epistémicamente aceptables (…), donde debe construir inferencias racionales, fundadas sobre reglas o estándares de valoración que deben ser claramente identificables, sobre todo por el propio juez que los usa".*[89]

Cuando vinculamos racionalidad y valoración de la prueba, debemos entender dos cosas:[90]

1. La valoración racional de la prueba nos ubica en sentido estricto en un Estado garantista o Constitucional de Derecho, y
2. El sujeto que tiene la obligación de valorar racionalmente la prueba por excelencia y exclusividad es el juez jurisdiccional.

Se puede reflexionar que la racionalidad no solo debe descansar en la valoración de la prueba, sino, en un instrumento que dé cuenta dicha valoración racional, que es precisamente el último acto jurisdiccional, la decisión judicial. Es aquí donde, "la motivación constituye una exposición del razonamiento justificativo de las bases en las cuales se fundamenta la decisión judicial", comprendida esta categoría particularmente como la valoración racional de la prueba que realiza el juez.

10.3. Principio de razonabilidad

CUNO CRUZ, refiere que:

> *Aunque lo «razonable» y lo «racional» son, ambas, propiedades que se desprenden de la «razón», no son identificables por completo. Y si bien -como ya se hizo notar- no existe inconveniente alguno en emplear indistintamente las expresiones «razón» y «racionalidad», no sucede lo mismo con las expresiones «razón» y «razonabilidad».*
>
> *Refiriéndose precisamente a esta distinción, Perelman afirma que «mientras las nociones de "razón" y de "racionalidad" se vinculan a criterios bien conocidos de la tradición filosófica, como las ideas de verdad, de coherencia y de eficacia.*
>
> *En igual sentido, von Wright, sostiene que «la racionalidad […] tiene que ver primariamente con la corrección formal del razonamiento, con la eficacia*

---

89 ASDRÚBAL RODRÍGUEZ-SERPA, Ferney, y otros, "De la valoración racional de la prueba en la verdad procesal a la teoría de la probabilidad preponderante, JURÍDICAS CUC, vol. 14 no. 1, Enero - Diciembre, 2018, pp. 259-286. Véase completo en: DOI: http://dx.doi.org/10.17981/juridcuc.14.1.2018.12.

90 SERPA RODRÍGUEZ, Ferney, y TUIRÁN GUTIÉRREZ Juan Pablo, "La Valoración Racional de La Prueba", Jurídicas CUC 7 (1):, 2011, pp. 191-208. Véase completo en: https://dialnet.unirioja.es/descarga/articulo/4919245.pdf.

de los medios para un fin, la confirmación y la puesta a prueba de las creencias. Está orientada a fines. [...] Los juicios de razonabilidad, a su vez, están orientados a valores. Ellos se ocupan de la forma correcta de vivir, de lo que se piensa que es bueno o malo para el hombre.»[91]

La razonabilidad se ha estudiado desde muchos frentes académicos: Desde la filosofía como parte de la hermenéutica y desde el Derecho Constitucional como respeto por las garantías y derechos constitucionales. En tal sentido, la razonabilidad *"solo se refiere a la elaboración del juicio de valor que hace el juez desde la razón"*.[92] A este efecto, la razonabilidad, es la cualidad de un acto o decisión que se ajusta a lo esperable o aceptable en atención a su motivación y a los antecedentes conocidos, y que ha sido adoptado, por tanto razonablemente y en atención a criterios razonables.[93]

Bidart Campos refirió que "lo opuesto a la razonabilidad es la arbitrariedad". Así entendido, el principio es una exigencia de justicia jurídica. "La razonabilidad y lo razonable superan las formalidades para internarse en un contenido sustancia que no es "puesto" discrecionalmente por quien dicta la norma y adopta las medidas "razonables", sino que se anuda a patrones axiológicos superiores y objetivos" o, lo que es lo mismo, que el derecho válido se supone razonable por cuanto se arregla a ciertos valores y principios.[94]

MERCADER UGUINA, siguiendo al profesor ZAGREBLESKY, ha señalado que "La razonabilidad alude, en todo caso, a la capacidad de «adaptación» de alguien respecto de algo, con el fin de evitar conflictos mediante soluciones que satisfagan a todos en el mayor grado que las circunstancias permitan. Se trata pues, «no del absolutismo de una sola razón y tampoco del relativismo de las distintas razones (una u otra, iguales son), sino del pluralismo (unas y otras a la vez, en la medida que sea posible)»".[95]

La razonabilidad, además, resguarda el valor de la justicia en el contenido de todos los actos de poder que haya satisfecho a los sujetos del proceso, lo contrario sería la arbitrariedad o "no cumplimiento de la Constitución y la Ley" que supondría la responsabilidad en el grado que establezca el jugador especial respecto al juez infractor de los derechos fundamentales y garantías.

---

91 CUNO CRUZ, Humberto Luis Razón, racionalidad y razonabilidad. ¿qué los identifica y diferencia?, Rev. Trib. Reg. Trab. 3ª Reg., Belo Horizonte, v.51, n.81, p.205-218, jan./jun.2010. (Consultado última vez en, 05/04/2021).

92 SERPA RODRÍGUEZ, Ferney, y TUIRÁN GUTIÉRREZ Juan Pablo, Op. Cit.

93 Real Academia Española y Consejo General del Poder Judicial, en Diccionario del Español Jurídico, véase en: https://dej.rae.es/lema/razonabilidad.

94 MALDONADO MUÑOZ, Mauricio, "El principio de razonabilidad y su aplicación al estudio de validez de las normas jurídicas", Ius Humani. Revista de Derecho Vol. 3, (2012/2013), págs. 139-174. ISSN: 1390-440X –ISSN: 1390-7794.

95 Ídem.

En tal sentido, la razonabilidad en el ámbito de la sana critica alude a la capacidad y experiencia del juez desde el ámbito de la razón y el debido proceso, su finalidad será la de "resguardar la justicia a través del Derecho en todo el contenido de los actos que ejerce el juez".

11. MOTIVACIÓN

11.1. ¿Qué es motivar?

Al respecto, FERRER BELTRÁN refiere que:

Podemos distinguir dos grandes respuestas a esta pregunta, que corresponden, grosso modo, a las concepciones "psicologista" y "racionalista" de la motivación. La primera de ellas identifica a la motivación con la expresión lingüística de los motivos que han llevado a una decisión. La segunda, en cambio, entiende la motivación como justificación: una decisión motivada es, pues, una decisión que cuenta con razones que la justifican. Las dos concepciones cuentan con el apoyo lingüístico de la ambigüedad del término "motivar", que denota tanto la expresión de los motivos como de las razones de una decisión. Pero ambas cosas no deben ser confundidas (...).

Además, refiere que la motivación concebida como expresión de los motivos, las causas, de una decisión es un discurso lingüístico descriptivo. Como tal, no es capaz de justificar la decisión, puesto que la justificación pertenece al ámbito de lo normativo y no hay salto posible que permita fundar una conclusión normativa en un conjunto de premisas descriptivas. Con ellas podremos entender, como máximo, qué llevó al juez a decidir cómo decidió, pero no aportará nada a la justificación de su decisión. No es extraño pues que, en general, los realistas no hayan puesto el acento en la necesidad de que el juez motive sus decisiones, sino en que la sociología del derecho estudie los factores causales que llevan a esas decisiones (...).

La justificación del fallo, de la decisión contenida en la sentencia, dependerá ahora de las premisas formuladas en el propio documento judicial. Entre ellas, contaremos con premisas fácticas (relativas a los hechos del caso) y normativas (relativas a las normas aplicables). Y del conjunto de las premisas fácticas y normativas se obtendrá por derivación lógica el fallo de la sentencia. Una decisión, en este sentido, no estará justificada si no se deriva lógicamente de las premisas expresadas en el razonamiento.[96]

---

96 FERRER BELTRÁN, Jordi, "Apuntes sobre el concepto de Motivación de las Decisiones Judiciales" ISONOMÍA No. 34, 2011, p. 88. Recuperado, en: http://www.scielo.org.mx/pdf/is/n34/n34a4.pdf.

11.2. Motivación de las decisiones Judiciales

Los fallos judiciales deben contener expresiones lingüísticas razonables y sustentadas objetivamente sobre el caso concreto. La expresión judicial en sentido razonable y objetiva establece premisas fácticas (relativas a los hechos del caso concreto) y normativas (relativas a las normas aplicables al caso concreto), y en algunos casos, jurisprudenciales. Por expresión jurisprudencial, se comprenderá, al lenguaje normativo que corresponde al poder judicial.

La motivación racional tiene que ver con el debido proceso, el mismo, es establecido por el Estado Constitucional de Derecho como un Derecho fundamental, así lo reza:

"La SCP 0712/2015-S3 de 3 de julio,[97] señaló que:

"El debido proceso como derecho fundamental, contiene entre sus elementos constitutivos la obligatoriedad de la debida fundamentación y motivación de los fallos judiciales; los cuales, deben estar fundados en derecho, conforme lo señala Manuel Atienza: '...la motivación de las resoluciones judiciales se apoya en la necesidad de que el tribunal haga públicas las razones que le han conducido a fallar en uno u otro sentido, demostrando así que su decisión no es producto de la arbitrariedad, sino del correcto ejercicio de la función jurisdiccional que la ha sido encomendada, es decir, resolviendo el problema jurídico sometido a su conocimiento, precisamente, en aplicación del Derecho".

11.3. Justificación racional de la Motivación

La motivación judicial en un sentido de justificación racional y jurídica de la decisión del juez imparcial puede identificarse con la aportación legal de las pruebas al proceso. Por otro lado, la razonabilidad de la decisión se refiere a la elección valorativa realizada entre las varias opciones legítimas que el juez debe analizar en un proceso, pero esto, no debe ser arbitrario, sino, con estricto apego al Derecho.

La racionalidad y la razonabilidad aluden a un papel fundamental al hablar de motivación, ya que se manifiestan como requisito fundamental y límite de la actividad del juzgador. Todo juez tiene un cierto método en el ejercicio de su función y este debe justificar su decisión racionalmente en términos jurídicos, lógicos y científicos. En tal sentido, se le debe exigir, al juez, que justifique su sentencia o decisión, a través de la "argumentación", a esto lo he llamado como, expresión lógica en la decisión judicial.

La motivación como contenido de la argumentación permite al juez expresar los fundamentos racionales y el control de las decisiones tanto en derecho, por vio-

97 Tribunal Constitucional Plurinacional de Bolivia, Sentencia Constitucional Plurinacional 0782/2015-S3 Sucre, 22 de julio de 2015, del, p. 7.

lación de la Ley o defectos de interpretación, como en los hechos, por defecto o insuficiencia de pruebas o bien por inadecuada explicación del texto entre convicción y pruebas. Y no sólo en apelación sino también en casación, y tanto la argumentación jurídica como la fáctica responden, efectivamente a la lógica judicial, deductiva e inductiva, respectivamente. Son vicios lógicos, censurables también en casación, no sólo los que violan la lógica deductiva de la subsunción legal, sino también los que contrastan con la lógica inductiva de la inducción probatoria: por ausencia de argumentos suficientes para confirmar por *"Modus Ponens"* las hipótesis acusatorias, o por la presencia de argumentos idóneos para invalidar por *"Modus tollens"*, o por no haber sido desvirtuadas por *"Modus Tollens"* las contra hipótesis defensivas.[98]

En la cultura jurídica contemporánea, tanto en los sistemas de *"Statutory"* como en los de *"Common Law"*, se cuenta con que la decisión legal sea una decisión justificable. Esto significa que una decisión legal podría justificarse identificando los argumentos que la sustentan (justificación interna), justificando estos argumentos como buenas razones y los razonamientos justificativos como razonamientos apropiados (justificación externa).[99]

12. ARGUMENTACIÓN JURÍDICA EN LAS SENTENCIAS JUDICIALES

MANUEL ATIENZA, refiere que,

> *"Una teoría de la argumentación jurídica debe ser capaz de contestar a estas tres preguntas básicas: cómo analizar una argumentación; cómo evaluarla; cómo argumentar. Por lo demás, la argumentación se entiende aquí como un acto de lenguaje complejo, como una actividad, que comienza con el planteamiento de un problema (por ejemplo, ¿se debe declarar inconstitucional el artículo A de la ley L?) y termina con una solución (el artículo A debe declararse inconstitucional). La actividad consta, entonces, de una serie de argumentos (aunque en una argumentación no todos los pasos son argumentativos) vinculados entre sí de muy diversas formas. Por consiguiente, evaluar una argumentación quiere decir tener en cuenta todo ese conjunto, aunque los problemas evaluativos puedan (suelan) focalizarse en algún argumento en particular. Por otro lado, cuando se trata de una argumentación judicial, lo que se toma en consideración no es la actividad en cuanto tal, sino el resultado de la misma: la argumentación plasmada en la motivación de la sentencia"*.[100]

---

98 TARUFFO, Michele, "Conocimiento científico y estándares de prueba judicial", en Rev. Jueces para la democracia, Información y Debate, núm. 52, marzo, 2005, pp. 67.

99 WRÓBLEWSKI, Jerzy, Constitución y Teoría General de la Interpretación Jurídica, Madrid (España): Civitas, 2002, pág. 57.

100 ATIENZA, Manuel, "Cómo evaluar las argumentaciones judiciales", Diánoia, volumen LVI, número 67 (noviembre): 2011, pp. 113–134.

La argumentación jurídica puede constituirse en las ideas y razones por las cuales se justifica una decisión judicial con relevancia jurídica, pues es un escenario de derecho positivo analítico, y determina en qué medida las pretensiones han de merecer una respuesta razonada por los intérpretes autorizados, entonces, la importancia de la argumentación jurídica radica en que ella permite la plasmación razonable y racional del juzgador a propósito de su decisión.

La sentencia debe estar debidamente fundamentada, la decisión judicial debe estar construida con argumentos lógicos y justos.

Los argumentos que realiza el juez son construcciones lingüísticas lógicas que buscan reflejar la "verdad" y, no falacias argumentativas.

13. LA SANA CRITICA DEL JUEZ: COMO SISTEMA DE VALORACIÓN DE LA PRUEBA EN LOS PROCESOS CONTRA LA VIOLENCIA A LAS MUJERES

Al criterio de este pequeño ensayo, estableceré el momento en el que el juez razona en cuanto a la sana crítica *como sistema de* valoración libre de la prueba en los procesos por violencia contra las mujeres.

La sana critica es un sistema razonable de verificación de la *verdad*, es decir, la correcta identificación del hecho concreto y de la norma jurídica, para luego, argumentativamente explicar más allá de toda duda razonable que la violencia de genero se ejerció. Se explica a través de la sentencia con datos objetivos (hecho concreto) y norma jurídica específica.

El juez que razona en cuanto a los hechos objetivos y la prueba aportada al proceso, busca la verdad, este criterio es distorsionado cuando los jueces hacen prevalecer, a título de la sana crítica, sus propios valores, principios y concepciones sobre el deber ser.

La sana crítica racional es un sistema de libre valoración de prueba (no es arbitrariedad) el juzgador no está supeditado a normas rígidas que le señalen el alcance que debe reconocerse de ella, y sin la excesiva incertidumbre; es el conjunto de reglas establecidas para orientar la objetividad y la actividad intelectual del juez en la apreciación de la prueba.

Las reglas de la sana crítica limitaran la posibilidad de que el juez resuelva las controversias de manera arbitraria e irreflexiva. Las reglas de la sana crítica tienen referencias lógicas que las hacen objetivas y razonables a efectos de diferenciar sustancialmente la subjetividad de la prueba como la objetividad de la misma, por lo cual excluyen la posible parcialidad o arbitrariedad del juez.

13.1. Diligencia, medidas, criterio de valoración y regla jurídica

La violencia contra las mujeres, es producto de una miopía Estatal (en las políticas púbicas de prevención y educación), asimismo, de la sociedad *("labeling approach")*, ya que el Estado, según los índices que arroja en cuanto a los casos de "feminicidios y violencia", no hace nada más que agravar la pena y estigmatizar al hombre (solo por su condición de hombre). El Estado, debe generar medidas de prevención y control social a efectos de reducir los casos de violencia contra las mujeres, y con mayor razón las de feminicidio, e incluso la violencia contra los hombres.

El Estado no termina de reaccionar, colocan a las víctimas ante un sistema de justicia que, lejos de dar soluciones, les enrostra que su última posibilidad de detener y sancionar al violento se verá diluida en una superposición de trámites que provocará un estado de revictimización, provocada por la variedad de vías procesales de protección desarticuladas. La división actual del trabajo judicial frente a la violencia de género es inadecuada, ya que ella tiene manifestaciones penales, familiares y patrimoniales de distinto tipo, no obstante de tratarse de un problema que gira en torno de un denominador común, que luego precipita diversos efectos que requieren un tratamiento único por parte de las autoridades judiciales.[101] Esto responde a una excesiva desprotección a las víctimas de violencia por parte del sistema de protección judicial.

Al respecto, la Corte Interamericana (Corte IDH) ha resuelto, en algún sentido, esta obligación en dos momentos, el de prevenir y el de sancionar. Por primera vez aplicó esta Convención en el caso *Maria Da Penha Maia Fernandes vs Brasil* en el que una víctima de violencia doméstica quedó parapléjica en 1985 como consecuencia del abuso físico y los atentados de homicidio perpetrados por su esposo pese a varias denuncias que había realizado y determinó que el Estado había incumplido su obligación de ejercer la debida diligencia al no condenar y sancionar al victimario durante 15 años.[102]

En el caso *González y otras (Campo Algodonero) vs. México*[103] la Corte IDH resolvió que la obligación del Estado de investigar debe cumplirse diligentemente y a la luz de ese deber, una vez que las autoridades estatales tengan conocimiento del hecho, deben iniciar de oficio y sin dilación, una investigación seria, imparcial y efectiva por todos los medios legales disponibles y orientada a la determinación de la verdad y a la persecución, captura, enjuiciamiento y eventual castigo de todos los autores de los hechos, especialmente cuando están o puedan estar involucrados agentes estatales.

Los compromisos del Estado de prevenir y sancionar la violencia contra las mujeres, que surgen de las Convenciones, la Constitución, y demás leyes es-

---

101 OTEIZA Eduardo y MOSMANN Victoria M., *Violencia de Genero: Vías procesales para mitigar sus efectos en argentina (Instrumentos para evitar la revictimización),* pp. 280 a 294, en AA. VV., *Homenaje a Michele Taruffo un Jurista del futuro. El legado Taruffo para Latinoamérica,* Fondo editorial "IUE", Colombia, 2021.

102 Ídem.

103 Ídem.

pecíficas, exigen una real comprensión del conflicto, tanto como suceso particular como social. La Corte IDH en esa dirección sostuvo que las reparaciones en casos de violencia contra la mujer deben tener una vocación transformadora de dicha situación, de tal forma que las mismas tengan un efecto no solo restitutivo sino también correctivo.[104]

El artículo 7 de la Convención de Belem do Para impone al Estado el deber de actuar con la debida diligencia para investigar y sancionar, adoptar medidas jurídicas para conminar al agresor a abstenerse de hostigar, intimidar, amenazar, dañar o poner en peligro la vida de la mujer de cualquier forma que atente contra su integridad o perjudique su propiedad; tomar todas las medidas apropiadas, para modificar prácticas jurídicas o consuetudinarias que respalden la persistencia o la tolerancia de la violencia contra la mujer; establecer procedimientos legales justos y eficaces para la mujer que haya sido sometida a violencia, que incluyan, entre otros, medidas de protección, un juicio oportuno y el acceso efectivo a tales procedimientos; establecer los mecanismos judiciales y administrativos necesarios para asegurar que la mujer objeto de violencia tenga acceso efectivo a resarcimiento, reparación del daño u otros medios de compensación justos y eficaces.[105]

El juez, tiene el poder, deber y la responsabilidad que la Ley le ha otorgado a efectos de resguardar la integridad psicológica y física de la mujer que ha sido objeto de violencia, desde el primer momento de su conocimiento, el juez, establecerá medidas de seguridad e impondrá inmediatamente aislamiento seguro a efectos de limitar al "agresor o feminicida" el acercamiento con la víctima.

Por aislamiento seguro, se entenderá a la protección efectiva de la presunta víctima, el Estado por medio de métodos y estrategias dispondrá medios o instituciones para el aislamiento seguro de la mujer objeto de violencia. A efectos del mismo, debe realizarse una investigación rápida y efectiva para buscar la verdad de los hechos sin vulnerar el debido proceso del presunto agresor o feminicida, empero, cuando la situación es dudosa en el caso concreto, y no se haya demostrado objetivamente que las pruebas condicen con la verdad de los hechos, es decir, que en el desarrollo de la investigación no se haya verificado la verdad de los hechos, debe rechazarse la denuncia o querella elucubrada por la "presunta víctima".

En tal sentido, el juez en el caso concreto apreciará las reglas de la sana crítica, e impondrá medidas de seguridad a favor de la víctima e impondrá una pena, conforme establece la ley especifica

En Bolivia, el sistema de la sana crítica es positivada por el Código de Procedimiento Penal (Banzer). La Sana Crítica es incorporada en el artículo 173 del Código de Procedimiento Penal, que refiere: (Valoración*): El "Juez o tribunal asignará*

104 Ídem.

105 Ídem.

el valor correspondiente a cada uno de los elementos de prueba, con aplicación de las reglas de la sana crítica (...)".

El Código Procedimiento Penal, asume el sistema de valoración de la sana crítica, que obliga al juez o tribunal a considerar las reglas de la sana critica en la verificación de la verdad.

13.2. Presunta víctima

13.2.1. Victima

Víctima, es la persona que ha sido lesionado. El mismo, requiere de la restitución de la violación de sus derechos fundamentales, así lo ha dispuesto el sistema universal de protección de los derechos fundamentales.

El actual reglamento de la Corte IDH, ha definido que la víctima, es aquella persona cuyos derechos han sido violados de acuerdo a la sentencia proferida por los Tribunales.[106]

13.2.2. Presunta Víctima

El actual reglamento de la Corte IDH, ha definido que la presunta víctima estipula: la expresión "presunta víctima", significa la persona de la cual se alega han sido violados los derechos protegidos en la convención. [107]

13.3. Concepto de Violencia

Anceschi,[108] señala que la violencia es un concepto subjetivo de definición compleja, ya que puede adquirir diversos tipos de acepciones según el punto de vista desde el que lo analicemos. Es decir, la definición no será la misma desde una perspectiva o criterio moralista o jurídica y dentro del ámbito jurídico un penalista no la definirá de la misma manera que un Constitucionalista. Es por ello, que realmente su definición es compleja identificando casos en los que incluso esta es "legítima" como método de resolución de conflictos.[109]

Según Anceschi, como una experiencia de tipo comparativa, manifiesta que, ninguna norma del ordenamiento italiano define el concepto de violencia en senti-

---

106 Disposiciones Preliminares, Articulo 2. Definiciones, punto 31 del Reglamento de la Corte Interamericana de Derechos Humanos. Ver en: FERIA TINTA, Mónica, La Victima ante la Corte Interamericana de Derechos Humanos a 25 años de su funcionamiento, Revista IIDH, Vol. 43, 2006, pp. 159 a 163.

107 Idem.

108 ANCESCHI, A., *La violenza familiare: aspetti penali, civil e criminologici.* Torino: G. Giappichelli. 2009.

109 VIDAL F., F, *Los nuevos aceleradores de la violencia remodernizado,* en García-Mina F., A. (Coord.) (2008) *Nuevos escenarios de violencia.* Reflexiones Comillas Ciencias Sociales I. Madrid: Universidad Pontificia Comillas de Madrid. Welzer-Lang.

do general a excepción de la ley penal militar, la cual define solamente algunas de las formas más graves de violencia física aplicables al ámbito militar.

Calabrese,[110] indica que, "la violencia y la agresión son dos caras de la misma moneda que tradicionalmente ha sido aceptada como mecanismo de control por los individuos que han ostentado el papel hegemónico dentro del grupo social que de uno u otro modo se han visto justificados y por lo tanto, legitimados en el ejercicio de esa violencia y de ese poder arbitrario".

En este sentido Gorjón[111] señala que, conceptualmente la violencia se presenta como un estadio más avanzado de la agresividad. No hay violencia en sentido técnico, por una agresión aislada, esporádica, sino que esa agresión debe producirse en un contexto de sometimiento de la víctima. El agresor (sujeto dominante) se mueve en un ambiente en el cual la víctima se encuentra subordinada. Ello se produce paulatinamente en un contexto de continua agresión y correlativo deterioro de la personalidad de la víctima. En este sentido puede hablarse de relaciones de dominación.

13.4. La violencia de genero

La violencia es un fenómeno extremadamente difuso y complejo cuya definición no puede tener una exactitud científica, ya que es una cuestión de apreciación, está influenciada por la cultura y está sometida a una continua revisión en la medida en que los valores y las normas sociales evolucionan.[112]

La violencia es un fenómeno complejo de definición "inexacta", esta complejidad puede ser desechada solo cuando existe un medio legítimo y legal de prueba infalible. La violencia tiene que ver con el sometimiento y control de la víctima que paulatinamente en un contexto de continua agresión y correlativo deterioro de la personalidad de la víctima, como resultado posible o real un daño físico, sexual o psicológico, incluidas las amenazas, la coerción o la privación arbitraria de la libertad, ya sea que ocurra en la vida pública o en la vida privada.

La violencia contra las mujeres es ejercida en distintos ámbitos: el de la intimidad, Familia, el laboral, el de la cultura, el del ocio... No afecta a todas las mujeres por igual, ya que algunas la sufren o la han sufrido directamente, mientras que otras la padecen de manera más indirecta (al haber presenciado o al conocer casos

---

110 CALABRESE, E., "La Violencia en el hogar" Leviatán, Revista de hechos e ideas, II Época, N°. 69 Madrid, España. 1997.

111 GORJÓN BARRANCO, M. C., *La respuesta penal frente al género. Una revisión crítica de la violencia habitual y de género.* Tesis doctoral dirigida por Gómez de la Torre, I. B. Salamanca: Universidad de Salamanca. 2010.

112 Organización Panamericana de la Salud, Oficina Regional para las Américas. Informe mundial sobre la violencia y la salud: Washington: OMS.

de violencia contra sus iguales, al limitar sus movimientos por miedo a ser objeto de violencia sexual o de otro tipo).

La Declaración sobre la eliminación de la violencia contra la mujer (1993), define la violencia contra la mujer como:

Se entiende todo acto de violencia en la pertenencia al sexo femenino que tenga o pueda tener como resultado un daño sufrimiento físico, sexual o psicológico para la mujer, así como las amenazas de tales actos, la coacción o la privación arbitraria de la libertad, tanto si se producen en la vida pública como en la vida privada.

De la misma forma, La Convención interamericana para prevenir, castigar y erradicar la violencia contra la mujer ("convención de Belem do Para"), afirma que: "*La violencia contra la mujer constituye una violación de los derechos humanos y las libertades fundamentales y limita total o parcialmente a la mujer el reconocimiento, goce y ejercicio de tales derechos y libertades*" y define que:

"*Debe entenderse por violencia contra la mujer cualquier acción o conducta, basada en su género, que cause muerte, daño o sufrimiento físico, sexual o psicológico a la mujer, tanto en el ámbito público como en el privado*".

En cuanto a los tipos de violencia de genero se establece las siguientes actitudes; malos tratos emocionales, malos tratos sociales, malos tratos ambientales, malos tratos económicos, violencia física, violencia por omisión, violencia patrimonial, violencia sexual y violencia psicológica. Este último, es un abuso no físico, la más sistemática y frecuente, pero al mismo tiempo la más "invisible".

13.4.1. ¿Violencia a los hombres?

La violencia de género debe asociarse en la concepción social de lo que significa ser hombre o mujer. Cuando una persona se desvía de lo que se considera un comportamiento normal o acorde a Ley en cuanto al trato (deber ser), en sentido estricto, con un hombre o mujer, o las que la Ley determine, se convierte en objetivo central de investigación de violencia.[113]

Al respecto, Hundek, citado por BUITRAGO BARRERA, refiere que:

Culturalmente es complicado que los hombres denuncien el maltrato, por un sentimiento de vergüenza ante la sociedad. Sin embrago, se puede decir que, en los estratos bajos, es donde más se presenta este fenómeno, aclarando, que en los estratos altos también existen casos pero son menos denunciados y visibilizados.[114]

---

113 BUITRAGO BARRERA, Yuly Shirley, *El maltrato hacia el hombre: una problemática invisible en Iberoamérica*, Universidad Cooperativa de Colombia Facultad de Psicología Programa de Psicología Bucaramanga, 2016, p. 26.

114 Ídem., p. 29.

Asimismo, BUITRAGO BARRERA, refiere que:

Rojas Andrade et al (2013), en su artículo titulado: "Los hombres también sufren. Estudio cualitativo de la violencia de la mujer hacia el hombre en el contexto de pareja", plantea que la violencia conyugal se ha centrado mayoritariamente en la relación hombre-agresor/mujer víctima, sin embargo, este trabajo de investigación indago la situación contraria, cuando son los hombres las víctimas y sufren las consecuencias de la violencia. En este estudio, se analizaron los discursos de seis hombres víctimas de violencia conyugal recogidos en una entrevista en la que se presentaron imágenes de violencia de la mujer hacia el hombre. Los resultados evidenciaron que las mujeres utilizan violencia verbal para exigirles a sus parejas que se comporten de acuerdo al modelo hegemónico de "hombre", cuestionando con ello su masculinidad.

González Galbán, H., & Fernández de Juan, T. (2014), en su artículo llamado: "Hombres violentados en la pareja: Jóvenes de Baja California", cuyo propósito fue contribuir a la creación de conocimiento y conciencia sobre la violencia de pareja de la mujer contra el hombre, ello para el caso específico de los jóvenes de Baja California. Para tal fin se presentan algunos antecedentes del estudio realizado en el contexto internacional y nacional, y se analiza dicha problemática en el escenario bajacaliforniano, que se sustenta en elementos empíricos disponibles sobre la entidad. Entre los hallazgos de mayor interés se destaca la alta incidencia de violencia contra los jóvenes en esta parte de la frontera norte de México, características sociodemográficas y socio-psicológicas asociadas a la referida situación y el surgimiento de nuevas interrogantes sobre esta transcendente temática.

Asimismo, en el estudio: "The Myth Of Male Violence", Wadham (1996), pone de manifiesto el creciente interés en los hombres y la masculinidad, donde se evidencia un cambio en la conciencia y la comprensión de las relaciones de género y de poder, en la que dicha conciencia está inherentemente influenciada por la forma en que se nos socializa como individuos dentro de tales relaciones. En este mundo occidental de lógica racional, una parte del diálogo emergente es limitada y adversa en su naturaleza, de lo cual un ejemplo significativo es el reciente surgimiento de literatura que sugiere que las mujeres perpetran tanta violencia doméstica como los hombres, y que hay tantos hombres víctimas de ésta como las hay mujeres.

En consonancia, Maldonado, K. P., & Figueroa, J. G. C. (2013), en su artículo titulado: "Hombres receptores de violencia en el noviazgo", habla sobre violencia como un tema muy controvertido y casi siempre se hace referencia a que ésta es sólo ejercida hacia la mujer, sin embargo no es así, más bien la violencia ejercida ya sea de un género hacia otro o entre el mismo género. Esta investigación exploró el fenómeno de la violencia en 8 hombres que mantienen una relación de noviazgo, que residen en el Distrito Federal o en la Zona

Metropolitana entre 20 y 25 años de edad. Se aplicó la Escala de Autoestima de Rosemberg y una entrevista semiestructurada temática. Se identificaron algunos elementos de violencia hacia los hombres con más frecuencia en las relaciones de noviazgo, donde se observó que los roles y estereotipos de género en la relación de pareja indica que el hombre no tenía permitido llorar y demostrar sus sentimientos; mientras que la mujer no era asociada con el hecho de ser violenta; mientras que en los hechos el hombre pasa a ser receptor y la mujer generadora de violencia.

En adición Del Ángel, M & Rodríguez, A. (2015), en su revisión llamada: "Violencia en el noviazgo: Perpetración, victimización y violencia mutua", describe que existen tasas similares de violencia entre hombres y mujeres, incluyendo la violencia mutua, las cuales se contraponen a las teorías que hacen referencia a roles tradicionales de género. El objetivo de este trabajo fue realizar una revisión teórica acerca de los principales hallazgos de la violencia en el noviazgo en países latinos y de Norteamérica desde una perspectiva inclusiva de género. Se incluyeron estudios del año 2000 al 2013, cuya búsqueda se realizó en bases de datos. Se concluyó que los cambios socioculturales obligan a llevar a cabo un abordaje distinto de la violencia en jóvenes, considerando una visión inclusiva para promover relaciones de no violencia y recomienda profundizar en el papel de los roles de género.

Así mismo la investigación denominada: "Ajuste Diádico, Victimización y Perpetración en Mujeres y Hombres Mexicanos", desarrollada por Ramos y Moral (2016), tuvo como objetivo detectar la relación del ajuste diádico con victimización y perpetración de violencia, considerando sexo, número de hijos y años de relación. Una cédula de datos demográficos, el Cuestionario de Violencia Sufrida y Ejercida de Pareja y la Escala de Ajuste Diádico fueron aplicados a una muestra no probabilística incidental de 120 mujeres y 120 hombres de Monterrey, México. Se contrastaron modelos por análisis de senderos. En ambos sexos menor número de hijos predijo mayor ajuste diádico y este, menor victimización y perpetración. En mujeres, victimización y perpetración fueron independientes; en hombres, se relacionaron bajo un modelo recursivo de violencia reactiva o proactiva. En hombres, pero no en mujeres, mayor número de hijos predijo perpetración. En hombres los años de relación correlacionaron con victimización y perpetración, pero no predijeron violencia, debido a que estas correlaciones estaban totalmente mediadas por el ajuste diádico. Se concluye que existen diferencias en predictores de perpetración y victimización entre ambos sexos y que el ajuste diádico media las correlaciones de años de relación y número de hijos con violencia de pareja.

En un boletín del INE de España, muestra la Estadística de Violencia Doméstica y Violencia de Género ofrece información sobre víctimas y de-

nunciados con medidas cautelares u órdenes de protección dictadas que han sido inscritas en el año de referencia en el Registro central para la protección de las víctimas de la violencia doméstica y de género, cuya titularidad corresponde al Ministerio de Justicia. No contempla el total de denuncias presentadas, sino las que han dado lugar a su inscripción como consecuencia de las medidas cautelares dictadas y tampoco muestra información sobre condenados con sentencia firme. En 2013 se inscribieron en el Registro como víctimas de violencia de género y doméstica, 34.376 personas, un 6,2% menos que en 2012. De éstas, 31.612 fueron mujeres y 2.764 hombres.

Por otra parte, en un trabajo de tesis titulado: "La tutela jurídica frente a la violencia intrafamiliar contra el hombre", Ávila (2011) describe como la inmensa variedad de literatura existente alude a la violencia en la pareja, principalmente contra la mujer, aun así, cada día se incrementan los casos de hombres que son agredidos física, psicológica, económica y sexualmente. La mayoría de los incidentes de violencia intrafamiliar están registrados de los hombres hacia las mujeres, porque a ellos no se les identifica como la imagen estereotipa de la víctima. Frecuentemente reaccionan ante la violencia intrafamiliar, permaneciendo en silencio, por miedo al ridículo y a la burla, ya que se cree que sólo las mujeres, los niños y los ancianos son víctimas de violencia intrafamiliar. Se pretende presentar medidas y mecanismos que eviten el silencio del género masculino, por lo que fue necesario desarrollar el tema planteado, a través de la investigación científica, para encontrar las causas, consecuencias y posibles soluciones a la problemática, lo cual justifica la elaboración de este trabajo.

Williamson, T (1995), habla sobre los que sabemos de un cierto porcentaje de mujeres víctima de abuso por parte del esposo, pero raramente oímos hablar de hombres que están siendo maltratados por sus esposas o novias. Una investigación hecha de forma consistente durante los últimos 20 años por unión mundial de hombre libres demuestra que el 50% de las victimas golpeadas en el contexto doméstico son hombres.

En el artículo: "La Violencia doméstica hacia el varón: Factores que inciden en el hombre agredido para no denunciar a su pareja", Muñoz, L. (2011) habla sobre los factores sociales que inciden en la violencia hacia los hombres desde una óptica sociocultural, de tal forma que se especifican los escenarios en donde se genera la violencia ejercida hacia los hombres, arrojando como resultado que los hombres a diferencia del imaginario social, se ven transgredidos en todas sus dimensiones por lo valores patriarcales socialmente aceptados.

También Bueno, M. (2010), en: "Hombres maltratados, una realidad silenciada", muestra que hay realidades de las que, al parecer, no interesa hablar, pero esto no significa que no existan, donde conceptualiza el caso de los hombres maltratados, como una realidad que existe, en donde además expone, que el número de hombres maltratados no es inferior al de mujeres maltratadas, aunque sí es cierto que las mujeres asesinadas superan en cantidad a los hombres.

En su documento "Maltrato al hombre" García, D. (2013), conceptualiza el caso de los hombres maltratados, como una realidad que existe, en donde además expone, que el número de hombres maltratados no es inferior al de mujeres maltratadas, aunque sí es cierto que las mujeres asesinadas superan en cantidad a los hombres. En adición el autor invita a reflexionar sobre este fenómeno y a crear una red de apoyo al hombre maltratado en el contexto doméstico, entendiendo que es un ser humano que merece la misma atención que la mujer maltratada48 Martínez, V. (2016) en: "Hombres maltratados: una minoría silenciosa y silenciada", habla sobre la concienciación social sobre la lacra que supone la violencia de género es imprescindible, y afortunadamente así lo han entendido todos los agentes sociales y políticos, que han dedicado un gran esfuerzo en dar a conocer y luchar contra este auténtico terrorismo doméstico. Afortunadamente, los medios de comunicación colaboran muy activamente en esta labor. La Ley contra la Violencia de Género califica como tales los casos de violencia física o psicológica que impactan negativamente sobre la identidad, el bienestar social, físico o psicológico de las mujeres, siempre que estos actos provengan de un hombre que ha sido o es su pareja sentimental.

Siendo verdadera la proposición de que la violencia es una de las primeras causas de muerte en el mundo; paradójicamente, el principal generador de violencia es el mismo sitio donde usualmente se fundamenta el amor y la adecuada relación de pareja, esto es, el hogar; donde al respecto Gómez, A; et al (2009), en: "Amor y violencia: Otro coctel neuropatológico en el siglo XXI", dice que aunque generalmente se asocia a la mujer como principal víctima de la violencia intrafamiliar, se ha notado un incremento de violencia contra los hombres, y en algunos países la proporción de agresión entre géneros es similar. El principal detonador de discusiones conyugales son los celos, que cuando se tornan patológicos los transforman en suspicacia, la suspicacia en odio, el odio en locura y la locura en desesperación y violencia, todo esto provoca víctimas mortales en forma de homicidios o suicidios. En Colombia se ha incrementado la relación patológica de amor y violencia en las relaciones de pareja, lo cual ha llevado a que en instituciones tan importantes para el funcionamiento de un país como las Fuerzas Militares se hayan implementados programas de apoyo psicológico específico con el fin de disminuir el índice de suicidio en este grupo laboral, entre muchos otros más. De otro lado, diversas investigaciones han encontrado alteraciones neurobiológicas en individuos violentos, incluyendo trastornos

> *neuroanatómicos, genéticos y bioquímicas. Tratamientos farmacológicos y no farmacológicos que incluyen terapias de comportamiento y que tratan al individuo de manera tridimensional (cuerpo, mente y espíritu) parecen ayudar a promover un ambiente más amable para la vida en pareja que el conocido a la fecha de violencia intrafamiliar basada, un sinnúmero de veces, en dolorosas y evidentes hechos.*
>
> *(…)*
>
> *Desde otro punto de vista, donde la violencia hacia el hombre pasa de la agresión física a la sexual, Moser, P. T., & Morelos Zaragoza, S. L. (2015), en su artículo titulado: "Violencia sexual contra el hombre: avance jurisprudencial de la Corte Interamericana de Derechos Humanos", examinan la jurisprudencia de la Corte Interamericana de Derechos Humanos sobre violencia sexual cuando la víctima es un hombre. En este sentido, se resalta el avance jurisprudencial realizado en el caso "Rodríguez Vera y otros ('Desaparecidos del Palacio de Justicia') vs. Colombia" donde, por primera vez, se reconoció a un hombre como víctima de violencia sexual por parte de una mujer. Asimismo, se hace mención de forma genérica al estado de la discusión sobre este tema en otras esferas, tanto nacionales como internacionales.*
>
> *(…)*
>
> *Montaño, A. H. (2007), en el estudio denominado "La participación de las mujeres en las interacciones violentas con su pareja: una perspectiva sistémica", menciona que la violencia se construye entre dos, y en esa interacción la mujer tiene una participación activa al recurrir a conductas verbales durante los episodios violentos, mismas que fungen como conductas detonantes y retroalimentadoras de la agresión física, por la que optan los varones. Describe, además, que las conductas con que las mujeres participan en tales interacciones violentas tienen un enfoque sistémico, concluyéndose que se requiere centrar el tratamiento terapéutico en la generación de cambios en los patrones de interacción circular, más que en el cambio de conducta de uno solo de los actores en dichos episodios.*[115]

La violencia de género, se entenderá, en sentido amplio, "*violación a los derechos humanos*". Cuando se usa el término violencia de género, no debe usarse como regulación de protección únicamente a las mujeres, sino, también la protección a los hombres, por lo cual, se requiere, al menos en Bolivia, de una *Ley Integral Contra la Violencia de Género.*

Empero, en este punto, tal como sugiere el titulo estudiado, me abocare en el desarrollo lingüístico de la violencia contra las mujeres.

---

115 Ídem. p. 32 al 39.

13.5. Revictimización

La revictimización, victimización secundaria o doble victimización *al proceso mediante el cual se produce un sufrimiento añadido por parte de instituciones y profesionales encargados de prestar atención a la víctima (ya sea de malos tratos o violencia de género, secuestros, abusos sexuales,* etc) a la hora de investigar el delito o instruir las diligencias oportunas en el esclarecimiento de lo ocurrido: jueces, policías o abogados entre muchos otros.[116]

La revictimización o victimización secundaria, es el fenómeno mediante el cual se fractura la dignidad de los sujetos vulnerados en el proceso, agravando el sufrimiento de la víctima, el cual es producto de una mala formación profesional y falta de empatía por los sujetos directamente encargados de administrar o hacer justicia.

García-Pablos de la Molina, citado por NIETO PAREJO, refiere que,

> *"La víctima sufre a menudo un severo impacto psicológico que se añade al daño material o físico en que el delito consiste. La vivencia criminal se actualiza, revive y perpetúa en la mente de la víctima. La impotencia ante el mal y el temor a que éste se repita producen prolongadas sensaciones de angustia, ansiedad, depresión, etc. El abatimiento genera, no pocas veces sutiles y asombrosas reacciones psicológicas, producto de la necesidad de explicar un hecho traumático como el injustamente padecido, que dan lugar a genuinos complejos de culpa, como la propia atribución de la responsabilidad o autoculpabilización. La sociedad misma, de otra parte, estigmatiza a la víctima. La víctima queda «tocada», es el «perdedor». La victimización produce, pues, aislamiento social y marginación que incrementará en lo sucesivo el riesgo de victimización, haciendo más vulnerable a quien padeció los efectos del delito; se cierra así un fatídico círculo vicioso que a corto plazo modifica los estilos y hábitos de vida de la víctima, afecta negativamente a su vida cotidiana y doméstica, a sus relaciones interpersonales, actividad profesional, social, etc".*
>
> *La victimización secundaria, sumada al impacto psicológico inicial del propio delito (victimización primaria), a la falta de apoyo y atención esperada, así como a todos aquellos aspectos que hemos comentado anteriormente que la conforman y propician, a largo plazo pueden desencadenar también diferentes problemas psicológicos entre los que destacan:*
>
> - *Estrés postraumático.*
> - *Abuso de sustancias.*

116 NIETO PAREJO, Maite, No revictimizar a la víctima. ¿Qué es la doble victimización en los procesos judiciales?, en, Cenit Psicólogos Moratalaz. Publicado el febrero 18, 2018, ver en: https://cenitpsicologos.com/no-revictimizar-a-la-victima-que-es-la-doble-victimizacion-en-los-procesos-judiciales/. (Consultado: 22/05/2021).

- *Pérdida de motivación y autoestima, irritabilidad, apatía/ Inicio de cuadros depresivos.*
- *Ansiedad. Problemas de concentración o para mantener la atención.*
- *Miedo y/o sensación de amenaza constante.*
- *Aparición de sentimientos de injusticia y rabia.*
- *Conducta de aislamiento o evitación y fobias.*
- *Tendencias paranoides y suicidas.*

Del mismo modo, estos trastornos se ven acompañados de otros de tipo funcional o psicofisiológicos tales como:

- *Trastornos orgánicos funcionales y del sueño.*
- *Enfermedades psicosomáticas.*
- *Cefaleas. Efectos cardiovasculares y/ o gastrointestinales, entre otros.*

Además, existen algunos factores que propician que el evento traumático sea más o menos impactante en sus vidas como los antecedentes individuales, familiares, organizativos, comunitarios, la personalidad de los individuos, las redes sociales de apoyo con las que se cuenta, el nivel de estudios, las ideologías y creencias y la reacción de la sociedad, entre otros.[117]

El acceso a la información y los actos de investigación afectos de generar medios de prueba, durante la tramitación de la investigación, no debe ser considerado como revictimizar, tampoco este debe ser prolongado con actos de investigación absurdos e ilógicos, empero, poner en duda, cuestionar y justificar las acciones del acto violento promovidos por el agente agresor, revictimiza flagrantemente a la víctima, las instituciones, órganos de administración de justicia y profesionales encargados de prestar atención a la víctima deben ser responsables cuando revictimizan a las víctimas.

13.6. Tipos de Violencia

13.6.1. La violencia psicológica

La violencia psicológica, tiene un componente intencional, pues el objetivo es herir a otra persona. *"es una tortura mental o psicológica, un abuso emocional, se trata de un maltrato sutil y sistemático"* y es complejo de descubrir o difícil de percibir, porque el agresor la niega y no deja huellas. Los elementos que pueden sistematizar

117 NIETO PAREJO, Maite, No revictimizar a la víctima. ¿Qué es la doble victimización en los procesos judiciales?, en, Cenit Psicólogos Moratalaz. Publicado el febrero 18, 2018, ver en: https://cenitpsicologos.com/no-revictimizar-a-la-victima-que-es-la-doble-victimizacion-en-los-procesos-judiciales/. (Consultado: 22/05/2021).

o indicar este tipo de violencia resultan un tanto sutiles, pero, perceptibles en los demás, excepto, en las mujeres que mantienen la relación con el agresor.

A este criterio, los elementos o indicadores son los siguientes:[118]

- Desvalorización (Ridiculización, Descalificaciones, Trivializaciones, Oposiciones y Desprecio).
- Hostilidad (Reproche, Insultos y Amenazas).
- Indiferencia (Falta de empatía y apoyo y Monopolización),
- Imposición de conductas (Bloqueo social, Órdenes, Desviaciones, Insistencia abusiva, Invasiones en la privacidad, Sabotajes).
- Intimidación (Juzgar, criticar, corregir, etc., Posturas y gestos amenazantes y Conductas destructivas).

En suma, este tipo de violencia tiene los siguientes componentes:

Control o ejercicio de dominio; aislamiento de la familia, de los amigos y del entorno social para que la mujer sólo se centre en él y no sea independiente; celos patológicos; acoso mediante la repetición de un mensaje para que la mujer acabe saturando su juicio y su capacidad crítica; denigración al atacar el entorno de la mujer; humillaciones que la ridiculizan y atentan contra su dignidad; actos de intimidación que suceden cuando se ejerce la violencia sobre los objetos propios de la víctima con la intención de suscitar el miedo, indiferencia ante las demandas afectivas al no mostrar interés por las necesidades de ella y todo tipo de amenazas siempre relacionadas con las personas cercanas.

13.6.2. Violencia Física

La violencia física en contra la mujer es la más evidente y difícil de esconder dado que se refleja en su aspecto físico. Las mujeres que sufren alguna agresión física la mayoría de las veces, experimentan numerosos actos de violencia a lo largo del tiempo.

La violencia física es entendida como toda acción que implica el uso de la fuerza contra la mujer o hombre en cualquier edad y circunstancia, pudiendo manifestarse por patadas, pellizcos, mordidas, lanzamiento de objetos, empujones, bofetadas, surras, lesiones con arma blanca, arañones, cocos en la cabeza o cualquier otro acto que atente contra la integridad física, produciendo marcas, heridas, quemaduras, fracturas o lesiones abdominales en el cuerpo.[119]

---

118 Papeles del Psicólogo, 2013. Vol. 34(1), pág. 36 (http://www.papelesdelpsicologo.es/contenido?num=1161).

119 CASIQUE, LC, *Violencia perpetrada por companheiros íntimos às mulheres em Celaya*. Tese [Doutorado]. Ribeirão Preto (SP): Escola de Enfermagem de Ribeirão Preto (SP): USP; 2004, p. 11.

Sistemáticamente, se refiere a que: "Es toda acción que ocasiona lesiones y/o daño corporal, interno, externo o ambos, temporal o permanente, que se manifiesta de forma inmediata o en el largo plazo, empleando o no fuerza física, armas o cualquier otro medio"[120].

13.6.3. Violencia feminicida

La violencia feminicida es la acción de extrema violencia contra la mujer, vulnerando el derecho fundamental a la vida, en los ámbitos público y privado, y puede culminar en homicidio y otras formas de muerte violenta de mujeres.

13.6.4. Violencia sexual

La violencia sexual es toda conducta que ponga en riesgo la autodeterminación sexual de la mujer, que amenace, vulnere o restrinja el derecho al ejercicio a una vida sexual libre segura, efectiva y plena, con autonomía y libertad.[121]

13.6.5. Violencia mediática

La violencia mediática, es aquella producida por los medios masivos de comunicación a través de publicaciones, difusión de mensajes e imágenes estereotipadas que promueven la sumisión y/o explotación de mujeres, que la injurian, difaman, discriminan, deshonran, humillan o que atentan contra su dignidad, su nombre y su imagen.[122]

13.6.6. Violencia Simbólica y/o Encubierta

La violencia Simbólica y/o Encubierta, son los mensajes, valores, símbolos, íconos, signos e imposiciones sociales, económicas, políticas, culturales y de creencias religiosas que transmiten, reproducen y consolidan relaciones de dominación, exclusión, desigualdad y discriminación, naturalizando la subordinación de las mujeres.[123]

13.6.7. Violencia Contra la Dignidad, la Honra y el Nombre

La violencia contra la dignidad, la honra y el nombre, es toda expresión verbal o escrita de ofensa, insulto, difamación, calumnia, amenaza u otras, tendenciosa o pública, que desacredita, descalifica, desvaloriza, degrada o afecta el nombre, la dignidad, la honra y la reputación de la mujer.[124]

---

120 Asamblea Legislativa Plurinacional, Ley Nro.: 348: *"Ley integral para garantizar a las mujeres una vida libre de violencia"*: Bolivia, de 2013, Articulo 7.

121 *Idem.*

122 *Idem.*

123 *Idem.*

124 *Idem.*

13.6.8. Violencia contra los derechos reproductivos

La violencia contra los derechos reproductivos, es la acción u omisión que impide, limita o vulnera el derecho de las mujeres a la información, orientación, atención integral y tratamiento durante el embarazo o pérdida, parto, puerperio y lactancia; a decidir libre y responsablemente el número y espaciamiento de hijas e hijos; a ejercer su maternidad segura, y a elegir métodos anticonceptivos seguros[125].

13.6.9. Violencia contra los derechos y la libertad sexual

La violencia contra los derechos y la libertad sexual es toda acción u omisión, que impida o restrinja el ejercicio de los derechos de las mujeres a disfrutar de una vida sexual libre, segura, afectiva y plena o que vulnere su libertad de elección sexual[126].

13.6.10. Violencia en servicios de salud

La violencia en servicios de salud es toda acción discriminadora, humillante y deshumanizada y que omite, niega o restringe el acceso a la atención eficaz e inmediata y a la información oportuna por parte del personal de salud, poniendo en riesgo la vida y la salud de las mujeres[127].

13.6.11. Violencia laboral

La violencia laboral, es toda acción que se produce en cualquier ámbito de trabajo por cualquier persona que discrimina, humilla, amenaza o intimida a las mujeres; que obstaculiza o supedita su acceso al empleo, permanencia o ascenso y que vulnera el ejercicio de sus derechos[128].

13.6.12. Violencia política

La violencia política, son acciones, conductas o agresiones físicas, psicológicas, sexuales cometidas por una persona o grupo de personas en contra de las mujeres candidatas, electas, designadas o en ejercicio de la función político - pública, o en contra de su familia, para acortar, suspender, impedir o restringir el ejercicio de su cargo o para inducirla u obligarla a que realice, en contra de su voluntad, una acción o incurra en una omisión, en el cumplimiento de sus funciones o en el ejercicio de sus derechos[129].

---

125 *Idem.*

126 *Idem.*

127 *Idem.*

128 *Idem.*

129 *Idem.*

13.6.13. Violencia institucional

La violencia institucional, es toda acción u omisión de servidoras o servidores públicos o de personal de instituciones privadas, que implique una acción discriminatoria, prejuiciosa, humillante y deshumanizada que retarde, obstaculice, menoscabe o niegue a las mujeres el acceso y atención al servicio requerido[130].

13.6.14. Violencia en la familia

La violencia en la familia, es toda agresión física, psicológica o sexual cometida hacia la mujer por el esposo o ex-esposo, conviviente o ex-conviviente, o su familia, hermanas, hermanos, parientes civiles o afines en línea directa y colateral, tutores o encargados de la custodia o cuidado.[131]

13.6.15. Violencia de género

La violencia de género, son los agresores son personas próximas a las agredidas, ocurriendo en espacios privados o públicos. Una de las formas más comunes de violencia contra las mujeres es la practicada por el marido o un compañero íntimo.[132] En general, las mujeres están emocionalmente envueltas con quien las maltrata y dependen económicamente de ellos. Esta violencia perpetrada por compañero íntimo ocurre en todos los países, independientemente del grupo social, económico, religioso y cultural.

13.6.16. Violencia Patrimonial

Este tipo de violencia está dirigida a causar daño a los bienes o pertenencias de las mujeres, como ropa u objetos personales de valor, con el objetivo humillarla o hacerla sentir mal. Por ejemplo, cuando se les oculta documentos personales como actas de nacimiento, Cedula de Identidad (CI., DNI), etc., que son necesarios para realizar trámites de algún tipo. Como cuando se les quita o limita a sus documentos que comprueban que son dueñas de alguna propiedad. De la misma forma, cuando su pareja o familiares disponen de sus bienes sin su consentimiento. Además, Cuando su pareja controla todos los gastos del hogar y se apropia de todo el patrimonio familiar.

13.6.17. Violencia Económica

Se entiende a la restricción o al impedir el crecimiento profesional o laboral de las mujeres como forma de limitar sus ingresos económicos. De la misma forma,

---

130 *Ídem.*

131 *Ídem.*

132 GARCÍA-MORENO C, Heise LL., *Violência perpetrada por parceiros íntimos.* In: World Health Organization. "World Report on violence and Health". Genebra": OMS; 2002, pp. 91-121

cuando la remuneración o pago de salario es menor a la de un hombre, siendo que las mismas responsabilidades o actividades es ejecutado por una mujer.

13.6.18. Violencia Patrimonial y Económica

En efecto, la violencia patrimonial y económica, principalmente, tiene por objetivo restringir el manejo del dinero y los bienes patrimoniales de las mujeres, aspectos fundamentales que garantizan su autonomía para la toma de decisiones.

13.7. Legislación normativa en materia de protección contra la violencia a las mujeres, breve reseña histórica en Bolivia

I. En el año 1995, la Ley 1.674 contra la violencia en la familia o doméstica orientado sobre todo a la prevención, este instrumento jurídico define y sanciona la violencia doméstica como delito de orden público.

II. En el año 1997, la Ley 1.678, que modifica el Código Penal para incluir la violencia sexual como delito, suprime el término mujer honesta de la definición de los delitos contra la libertad sexual, que sometía a la valoración de los jueces la honestidad de la víctima y condicionaba así la calificación y sanción de los delitos de violación y estupro. Sustituye el enunciado del título XI del libro segundo del Código Penal, Delitos contra las buenas costumbres, violación, estupro y abuso deshonesto, por Delitos contra la libertad sexual.

III. En el año 1998, el Decreto Supremo 25.087 del 6 de julio de 1998, reglamentaria de la Ley contra la violencia en la familia o doméstica Modifica la Ley contra la violencia en la familia o doméstica de 1995 y complementa las acciones del Estado a partir de la definición y creación de instituciones encargadas de prevenir y monitorear la violencia familiar y doméstica y de proteger a las víctimas.

IV. En el año 1999, la Ley 2.033 de protección a las víctimas de delitos contra la libertad sexual define y amplía la pena para los delitos de violación, estupro, corrupción de menores y proxenetismo. Además del acceso vaginal, considera violación al acceso anal y oral y prevé la atención multidisciplinaria de la víctima.

V. En el año 2006, la Ley N° 3.325 Modifica el Código Penal de 1997, agregando el capítulo V sobre la "Trata y Tráfico de Personas".

VI. En el año 2012, la Ley N° 243 de 28 de mayo de 2012, Ley contra el acoso y violencia política hacia las mujeres elimina actos, conductas y manifestaciones individuales o colectivas de acoso y violencia que afecta de manera directa o indirecta a las mujeres en el ejercicio de sus funciones políticos y públicas.

VII. En el año 2013, el Decreto Supremo N° 1.486 se llevó a cabo con el fin de reglamentar la anterior Ley N° 263 Integral Contra la Trata y Tráfico de Personas de 31 de julio de 2012.

VIII. El 9 de marzo del año 2013 se promulgó la Ley N° 348, Ley Integral para Garantizar a las "Mujeres una vida libre de violencia". Es la segunda ley promulgada en Bolivia que busca incidir en la violencia contra las mujeres. La primera fue la Ley N° 1674, Ley Contra la Violencia en la Familia o Doméstica, promulgada el 15 de diciembre de 1995, marcó un hito muy importante al derogar el artículo 276, vigente hasta entonces en el Código Penal, que establecía que una mujer no podía denunciar a su esposo o concubino por las agresiones que éste le causara.

La Ley 348 Integral para garantizar a las mujeres una vida libre de violencia. La presente Ley tiene por objeto establecer mecanismos, medidas y políticas integrales de prevención, atención, protección y reparación a las mujeres en situación de violencia, así como la persecución y sanción a los agresores, con el fin de garantizar a las mujeres una vida digna y el ejercicio pleno de sus derechos para Vivir Bien. Incorpora entre otros el feminicidio en el Código penal, Art. 7 párrafo N°2.

Con la Ley N° 348 se ha pasado de un ámbito estrictamente conciliador a un ámbito punitivo. El principal cambio consiste en que todo acto de violencia contra las mujeres en el ámbito familiar y laboral, entre otros, la violencia a las mujeres *"es considerado como un delito"*.

La Ley N° 348 es una medida que se determinó para reducir (objetivamente, se aumentó la violencia hasta 2019), castigar al agresor y proteger a las mujeres, pero, aun debe ser trabajado este criterio en una medida desde una Política Criminal o Criminológica[133]estatal contra la violencia en razón de *género, con un objetivo específico, luchar con medidas y métodos para reducir la violencia, esto, con control social y prevención.*

Esta Ley, amplía las formas de violencia contra la mujer, tipificándolas como delito y sancionándolas con severas penas. Refiriéndome precisamente, al artículo 7, que tipifica en los siguientes tipos de violencia: Violencia Física, Feminicida, Psicológica, Mediática, Simbólica y/o Encubierta, Contra la Dignidad la Honra y el Nombre, Sexual, Contra los Derechos Reproductivos, En Servicios de Salud, Patrimonial y Económica, Laboral, En el Sistema Educativo, en el ejercicio Político, Institucional, En la Familia, Contra los Derechos y Libertad Sexual.

---

133 CUSI ALANOCA, José Luís, "Aproximaciones a la política Criminológica". En, José Luis Cusi Alanoca "Director", *Panorama Internacional sobre Justicia Penal, "Una aproximación desde el lenguaje Convencional y Constitucional"*, Ediciones Nueva Jurídica, Colombia, 2020.

IX. En el año 2014, el Decreto Supremo N° 2145, Reglamento de la Ley N° 348 "Ley Integral para Garantizar a las Mujeres una Vida Libre de Violencia" El presente Decreto Supremo tiene por objeto reglamentar la Ley N° 348, de 9 de marzo de 2013, Integral para Garantizar a las Mujeres una Vida Libre de Violencia, estableciendo mecanismos de prevención, atención, protección, reparación y recursos para su implementación.

X. El año 2015, el Decreto Supremo N° 2610, que modifica y complementa el Decreto Supremo N° 2145. El presente Decreto Supremo tiene por objeto modificar y complementar el Decreto Supremo N° 2145, de 14 de octubre de 2014, Reglamento de la Ley N° 348, de 9 de marzo de 2013, "Ley Integral para Garantizar a las Mujeres una Vida Libre de Violencia".

XI. El año 2016, el Decreto Supremo N° 2935, Reglamento a la Ley N° 243, contra el Acoso y Violencia Política hacia las Mujeres. El presente Decreto Supremo tiene por objeto reglamentar la Ley N° 243, de 28 de mayo de 2012, Contra el Acoso y Violencia Política hacia las Mujeres, estableciendo estrategias, mecanismos y procedimientos para su implementación.

El artículo tercero del Decreto establece como responsabilidad del Ministerio de Justicia, a través del Viceministerio de Igualdad de Oportunidades, entre otras cosas, el diseño e implementación de programas orientados a la lucha contra los estereotipos que existen respecto a la participación política de las mujeres y a la formación, empoderamiento, fortalecimiento del liderazgo y desarrollo de capacidades para la gestión pública de mujeres candidatas.

XII. El año 2019, la Ley N°1173, de abreviación procesal penal y de fortalecimiento de la lucha integral contra la violencia a niñas, niños, adolescentes y mujeres. La presente Ley tiene por objeto procurar la pronta y oportuna resolución de los conflictos penales, adoptando al efecto, medidas indispensables para profundizar la oralidad, fortalecer la lucha contra la violencia a niñas, niños, adolescentes y mujeres, evitar el retardo procesal y el abuso de la detención preventiva y posibilitar la efectiva tutela judicial de las víctimas, mediante la modificación de la Ley N° 1970 de 25 de marzo de 1999, "Código de Procedimiento Penal", y disposiciones conexas.

XIII. Decreto Supremo No. 4012 de 14 de agosto de 2019, que, señala que, del total de los recursos asignados a seguridad ciudadana por las entidades territoriales autónomas, se destinara como mínimo el diez por ciento (10%) para infraestructura, equipamiento, tecnología y fortalecimiento de la Fuerza Especial de la Lucha Contra la Violencia-FELCV, a través de la Policía Boliviana, en el marco de las funciones establecidas en la Ley No. 348.

XIV. Decreto Supremo No. 4399, 26 de noviembre de 2020, que tiene por objeto, realizar modificaciones e incorporaciones al Decreto Supremo No. 2145, de 14 de octubre 2014, Reglamento a la Ley No. 348" Ley integral para garantizar a las mujeres una vida libre de Violencia", modificado por el Decreto Supremo No. 2610, de 25 de noviembre de 2015 y el Decreto Supremo No. 4012 de 14 de agosto de 2019, para reforzar los mecanismos de prevención, atención y protección a mujeres en situación de violencia.

13.8. Sistema convencional

La Normativa convencional, en sentido estricto, señala que el acceso a la justicia para las mujeres constituye la base de la exigibilidad de los derechos y la fuente principal del cumplimiento de las obligaciones internacionales de los Estados; mediante éstas se materializa el deber propiamente convencional de respetar y garantizar los derechos humanos de todas las personas (Artículos 1, 2, 8.I. y 25 de la Convención Americana de Derechos Humanos "Pacto de san José de Costa Rica", el Art. 14.1 del Pacto Internacional de Derechos Civiles y Políticos, el Art. XVIII de la Declaración Americana de los Derechos Humanos y los Arts. 8 y 10 de la Declaración Universal de los Derechos Humanos, concordantes con los Art. 14 -III y 119, 115, 120 y 180 de la Constitución Política del Estado de Bolivia).

Las convenciones o instrumentos internacionales del siglo "XX", contienen los enunciados y las definiciones de los derechos humanos mínimos y garantías, al respecto de la protección a las mujeres.

Estas convenciones fueron: Carta de las Naciones Unidas (1945); Pacto Internacional de los Derechos Civiles y Políticos (1966); Pacto Internacional de los Derechos Económicos, Sociales y Culturales (1966); Convención sobre la eliminación de Todas las Formas de Discriminación Racial (1965); Convención para la Eliminación de Todas las Formas de Discriminación Contra la Mujer (1979); Convención Contra la Tortura y Otros Tratamientos o Penas Crueles, Deshumanas o Degradantes (1984); Convención sobre los Derechos de los Niños (1989); y Convención Interamericana para Prevenir, Castigar y Erradicar la Violencia contra la Mujer - Convención de Belem Do Para. (1994).

A través de estas convenciones[134] se establecen marcos legales para la protección de los derechos humanos, en especial las mujeres. Además de eso, hubo repercusiones positivas en el avance para la comprensión y erradicación de la violencia contra la mujer.

---

134 La descripción de las convenciones en el presente, no se entenderá como los únicos instrumentos legales que protegen a las mujeres, por el contrario, son las que el autor del presente ha tomado como una medida de reflexión.

13.9. Valoración de la prueba en los procesos contra la violencia de género

La víctima de violencia debe ser protegida inmediatamente cuando el hecho es de conocimiento por la policía, por la defensoría de la mujer, ministerio de Justicia (oficinas de protección a la mujer), ministerio público y el sistema judicial, es deber del Estado promover y proteger a las víctimas de violencia.

El Juez y los operadores de justicia deben evitar la arbitrariedad, discrecionalidad y ambigüedad en el trato a las presuntas víctimas, y emplear el camino más expedito para su pronta justicia, esto, con el fin de que se sancione al autor del hecho, garantizándole a la víctima la reparación del daño y posibilitando visiblemente el derecho al acceso a la justicia[135] pronta, gratuita y efectiva.

El rol del juez es ser diligente, acucioso y efectivo al momento de valorar las pruebas (Documental, Testifical y Pericial, etc.), que determinen la responsabilidad penal del agresor, y esos elementos probatorios deben identificar y comprobar con medios lógicos, objetivos y científicos, a efectos de establecer la responsabilidad del agresor frente a la víctima, porque lo razonable y lo no razonable se oponen en el interior de los límites de la razón. Me refiero a que estas pruebas deben pasar por una cientificidad probatoria, ya que los estudios científico-técnicos requeridos para la investigación de los delitos, constituirá el elemento concreto y objetivo para establecer y acreditar la responsabilidad penal del agresor.

La sana crítica racional es un sistema de libre valoración de la prueba (no arbitrariamente), el juzgador no está supeditado a normas rígidas que le señalen el alcance que debe reconocerse de ella, y sin la excesiva incertidumbre; es el conjunto de reglas establecidas para orientar la objetividad y la actividad intelectual del juez en la apreciación de la prueba. En tal sentido, la sana critica es el sistema de libre valoración de la prueba en la que se interrelacionan "reglas", los cuales se sustentan en las reglas de la lógica, las máximas de experiencia, conocimientos científicos, la psicología, sociología y la historia, las cuales influyen de igual forma en la actividad intelectual del juez como fundamento de la sentencia.

En tal sentido, la sana crítica debe configurarse en una categoría intermedia entre la prueba legal o tasada y la libre convicción. Sin la excesiva rigidez de la primera y sin la excesiva incertidumbre de la última. Este criterio, se apoya en un

---

135 El Tribunal Constitucional Plurinacional de Bolivia, entiende que, el derecho de acceso a la justicia es "la potestad, capacidad y facultad que tiene toda persona para acudir ante la autoridad jurisdiccional competente para demandar que se preserve o restablezca una situación jurídica perturbada o violada que lesiona o desconoce sus derechos e intereses, a objeto de lograr, previo proceso, una decisión judicial que modifique dicha situación jurídica (SSCC 0655/10-R de 19-07 y 1063/11-R de 11-07); aunque considera que su contenido esencial es más amplio y que abarca el derecho a la defensa, a una sentencia sobre el fondo y a la ejecución de esa resolución (SSCC 588/2005-R de 31-05 y 1247/2006-R de 08-12).

sistema de valoración razonable, que no limita en la actividad intelectual del juez, y este siempre debe apoyarse en la lógica y en la experiencia al momento de valorar la prueba para buscar la verdad.

La sana critica, debe ser un sistema razonable de verificación de la "verdad", es decir, la correcta apreciación del hecho concreto y de la norma jurídica (Ley específica). Es decir, el juez que razona en cuanto a los hechos objetivos y la prueba aportada al proceso busca la "verdad", este criterio es distorsionado cuando los jueces hacen prevalecer, a título de la sana crítica, sus propios valores y concepciones sobre "el deber ser".

La sana critica, como sistema de libre valoración de la prueba en casos de violencia contra las mujeres, determina el sistema de apreciación y valoración de la prueba para la decisión final del juez. El juez, debe sujetarse a las reglas de la sana crítica, el mismo deberá emplear el medio más expedito sin que se revictimicé a la víctima de violencia.

Las reglas de la sana critica racional, son las que prescribe la lógica, las máxi¬mas de experiencia, conocimientos científicos, la psicología, sociología e historia, las dos primeras son indisolubles, es decir, la lógica es permanente y las máximas de experiencia varían en el tiempo y el espacio, mientras las cuatro últimas se aplican conforme requiera la diligencia intelectual del juez en un caso concreto.

En suma, para la valoración de la prueba conforme la sana critica, el juez debe sujetarse en las siguientes reglas antes de emitir la Sentencia (descritas supra):

1. Regla de la Lógica.
2. Regla de las máximas de experiencia.
3. Conocimientos científicos.
4. Regla de Psicología.
5. Regla de la Sociología.
6. Regla de la Historia.
7. Fundamentación y motivación de la sentencia (explicado argumentativamente).

La sana critica es adoptado por varias legislaciones en Iberoamérica por considerarse que logra un equilibrio entre la aplicación rígida de la norma y la libre convicción.

14. SANA CRITICA EN EL PROCESO PENAL

En cuanto al ordenamiento jurídico nacional (Bolivia), el Art. 173 del Código Procedimiento Penal establece:

"El juez o Tribunal asignará el valor correspondiente a cada uno de los elementos de prueba, con aplicación de ***las reglas de la sana crítica****, justificando y fundamentando ade-*

cuadamente las razones por las cuales les otorga determinado valor, en base a la apreciación conjunta y armónica de toda la prueba esencial producida".

Esto supone que el Código Procesal Penal asume el sistema de valoración de la sana crítica, y esto: "(...) implica que la autoridad judicial a tiempo de dictar Sentencia debe considerar: las reglas de la experiencia, que son aquellas que conoce el hombre común; las reglas de la psicología referidas no a las normas elaboradas por ciencia conjetural de la psicología, sino a mínimos conocimientos; además de las reglas de la lógica, vale decir la regla de la identidad, la regla de contradicción, la regla de tercero excluido o la regla de razón suficiente",[136] además de las reglas de la sociología y la historia.

14.1. La Motivación de la Sentencia Penal conforme a la Sana Crítica

ARENAS LÓPEZ, refiere que:

> *El origen y significado de la palabra sentencia sirve de sustento al empleo que se le confiere en el derecho; desde el punto de vista etimológico, viene del latín: sententia (participio activo de sentire – sentir) que significa: "pensamiento, opinión, parecer, entender. / voto, fallo acerca de algo. / sentido, significación de una palabra o frase. / expresión de una idea, sentencia, frase". En su definición general, se identifica como máxima, pensamiento, juicio corto, sucinto y moral; juicio o decisión del juez o árbitro; decisión cualquiera. "La sentencia es el acto procesal de mayor trascendencia en el proceso que da lugar a la resolución fundamental, en la que el jurisdicente decide sobre el caso controvertido, por lo que su alcance es individual y concreto"*[137].

El Código Procesal Penal, modelo para Iberoamérica, refiere sobre la fundamentación de la sentencia en su artículo 149 respecto a la Valoración, y reza: "Todo elemento de prueba, para ser valorado, debe haber sido obtenido por un procedimiento permitido e incorporado al proceso conforme a las disposiciones de este Código. Añadiendo que, "Los elementos de prueba así incorporados se valorarán por su crítica racional". Y que ante todo rige el último párrafo del artículo 3, es decir, "La duda favorece al imputado".

En suma, los requisitos de la sentencia previstos en su artículo 323 apartado 4, que reza: "El voto de los jueces, con la exposición concisa de sus fundamentos de hecho y de derecho" y como vicios de la sentencia que habilitan la casación, en su artículo 328 apartado 3, "que falte, sea insuficiente o contradictoria la motivación".

---

136 Del Tribunal Constitucional Plurinacional de Bolivia, Sentencia Constitucional Plurinacional 0238/2018-S2 Sucre, 11 de junio de 2018, p. 10.

137 ARENAS LÓPEZ, Mailin y RAMÍREZ BEJERANO Egil Emilio, La argumentación jurídica en la sentencia, en Contribuciones a las Ciencias Sociales, octubre. 2009. Véase en: www.eumed.net/rev/cccss/06/alrb.htm.

15. LA SANA CRÍTICA EN EL PROCESO CIVIL

Conforme lo referido, la sana crítica, es un sistema de libre valoración de la prueba. La sana crítica no puede ser ejecutada por el juez de manera arbitraria, debe ser el resultado juicioso, serio y lógico en los hechos aportados en el proceso conforme establece la Ley.

La sana critica, es el juicio de aceptabilidad de las informaciones aportadas al proceso a través de los medios de prueba los cuales deben ser interpretados conforme las garantías Constitucionales y Convencionales.

Al respecto, la valoración de la prueba conforme describe el Articulo 145.I. y III. del Código Procesal Civil "CPC" (Bolivia), el cual reza: "La autoridad judicial al momento de pronunciar la resolución tendrá la obligación de considerar todas y cada una de las pruebas producidas, individualizando cuales le ayudaron a formar convicción y cuales fueron desestimadas, fundamentando su criterio. Asimismo, "En la valoración de los medios de prueba, la autoridad judicial, apreciará las mismas tomando en cuenta la realidad cultural en la cual se ha generado el medio probatorio".

Asimismo, el Artículo 186. Reza, "La autoridad judicial a tiempo de dictar sentencia, sujetándose a **las reglas de la sana crítica o prudente criterio,** apreciará las circunstancias y motivos que corroboran o disminuyen la fuerza probatoria de las declaraciones testificales.

En suma, Articulo 202, reza: La fuerza probatoria del dictamen pericial será estimada por la autoridad judicial en consideración a la competencia del perito, los principios científicos o técnicos en que se funda, la concordancia de su aplicación con **las reglas de la sana crítica** y demás pruebas y elementos de convicción que la causa ofreciere. La autoridad judicial no está obligada u obligado a seguir el criterio del perito y podrá apartarse del dictamen mediante resolución fundada.

Debe el juez, por tanto, utilizar criterios valorativos racionales, es decir que, de forma lógica, clara y coherente apreciara los hechos traducidos en pruebas, y determinara un juicio justo en razón a la verdad.

Al respecto, la Corte Constitucional Colombiana, ha señalado:

> *"De conformidad con lo establecido en el artículo 187 del Código de Procedimiento Civil (colombiana), las pruebas deberán ser apreciadas en conjunto, de acuerdo con las reglas de la sana crítica, sin perjuicio de las solemnidades prescritas en la ley sustancial para la existencia o validez de ciertos actos, debiendo el juez exponer razonadamente el mérito que le asigne a cada una de ellas.*
>
> *"Es decir, que dicha norma consagra, como sistema de valoración de la prueba en materia civil, el de la sana crítica:*
>
> *"Ese concepto configura una categoría intermedia entre la prueba legal y la libre convicción. Sin la excesiva rigidez de la primera y sin la excesiva*

incertidumbre de la última, configura una feliz fórmula, elogiada alguna vez por la doctrina, de regular la actividad intelectual del juez frente a la prueba.

"Las reglas de la sana crítica son, ante todo, las reglas del correcto entendimiento humano. En ellas interfieren las reglas de la lógica, con las reglas de la experiencia del juez. Unas y otras contribuyen de igual manera a que el magistrado pueda analizar la prueba (ya sea de testigos, peritos, de inspección judicial, de confesión en los casos en que no es lisa y llana) con arreglo a la sana razón y a un conocimiento experimental de las cosas.[138]

16. LA SANA CRITICA EN LA LEGISLACIÓN ADJETIVA

La sana critica en la legislación adjetiva, como se advirtió, supra, es un concepto que configura una categoría intermedia entre la prueba legal y la libre convicción. Sin la excesiva rigidez de la primera y sin la excesiva incertidumbre de la última, el cual regula la actividad intelectual del juez frente a la prueba.

El sistema de valoración racional de la prueba, bien llamado "sana critica", es un método de libre valoración de la prueba, prescrito en la legislación adjetiva constitucional, civil, penal, laboral, ambiental, administrativo, y las que prescriba la Ley adjetiva en un determinado Estado Constitucional de Derecho.

El sistema de la sana crítica, como método de valoración de la prueba, en la legislación boliviana,[139] se expresa en los siguientes umbrales: el artículo 1286 del Código Civil, artículo 145 del Código Procesal Civil, artículo 173 del Código de Procedimiento Penal, artículo 332 del Código de las Familias y del Proceso Familiar, artículo 219 del Código de la Niña, Niño y Adolescente, artículo 3.j del Código Procesal del Trabajo y artículo 47 de la Ley del Procedimiento Administrativo.

Es decir, el juez o autoridad administrativa, apreciara conforme las reglas de la sana critica al momento de valorar la prueba, sin que estos medien vicios ni errores.

Al momento que la legislación adjetiva de un Estado Constitucional imponga las reglas de la sana critica, el juez o autoridad administrativa, dejan de lado la irreflexiva o autoritaria forma de valorar la prueba, sometiéndose inmediatamente a las reglas de la lógica y la razón.

---

138 CORTE CONSTITUCIONAL DE COLOMBIA, Sentencia C-202/05, expediente D-5336, Bogotá, D. C., ocho (8) de marzo de dos mil cinco (2005).

139 Véase en prólogo de Jorge Omar Mostajo Barrios de la presente obra.

LA GARANTÍA DEL DEBIDO PROCESO CONSTITUCIONAL

1. INTROITO

El debido proceso tiene como origen el derecho anglosajón, precisamente, en la tradición británica y norteamericana conocida como: *"due process of law"*. En el lenguaje histórico, precisamente en el siglo XIII, los barones normandos presionaron al rey Juan Sin Tierra a la elaboración de un acuerdo escrita, conocido con el nombre de la Carta Magna del año 1215, que en su capítulo XXXIX (39), disponía sobre la prohibición de arrestar, detener, desposeer de la propiedad o de molestar a ningún hombre libre, salvo *"en virtud de enjuiciamiento legal de sus pares y mediante el debido proceso legal"*. El desarrollo del proceso debe reflejarse a través del *fair trial*, es decir, un juicio limpio. A partir de entonces, y hasta la fecha, en la tradición correspondiente al *common law* se ha presentado un desarrollo jurisprudencial y doctrinal bien prolijo; tradición en la que deben tenerse en cuenta países que recibieron el influjo del derecho inglés como es el caso de Estados Unidos de América.[140]

La Carta Magna, en 1354, fue revisado y analizado por Eduardo III, el cual trajo consigo el concepto de *due process* [debido proceso] en vez de *law of the land* [ley del reino]. Según Edward Coke, que consideró ambos conceptos, esta última expresión significaba *'indictment and presentment of good and lawful men, and trial and conviction in consequence'* [acusación y presentación de hombres buenos y legales, y prueba y condena como consecuencia]".[141]

DE LA ROSA RODRÍGUEZ, refiere que:

El término debido proceso fue utilizado en el estatuto 28 del rey Eduardo III, que declaraba: "Ningún hombre, cualquiera que sea su estado o condición

140 Cfr. RAMÍREZ ROA, Luis Arturo, "Debido Proceso: Derecho Fundamental", pp. 11 al 42, en, AA. VV., *El Debido Proceso Como un Derecho Humano,* Instituto de Estudio e Investigación Jurídica (INEJ), Nicaragua. 2018.

141 DE LA ROSA RODRÍGUEZ, Paola Iliana, "El debido proceso, sus orígenes, su evolución y su reconocimiento en el nuevo sistema de justicia penal en México", Alter-Enfoques críticos, Año I, Núm. 2, Julio - diciembre, 2010.

debe ser sustraído de su hogar, ni tomado ni puesto en prisión, ni acusado o dársele muerte sin que se le dé una respuesta por el debido proceso". Cuando se suprimió el antiguo procedimiento arbitrario del rey y se dio inicio a un procedimiento que escuchaba a las partes y admitía el desahogo de las pruebas, Inglaterra implementó la institución del debido proceso. En esa época y en este contexto, el debido proceso se consideraba como una ley que escucha antes de condenar, que procede después de haber investigado el hecho y que juzga sólo después de un proceso judicial.

La frase debido proceso legal, due process of law, en Estados Unidos es una variación del concepto encontrado en la Carta Magna de Inglaterra. La 5ª Enmienda de la Constitución estadounidense establece los derechos de todo ciudadano a tener un proceso judicial:

Nadie estará obligado a responder de un delito castigado con la pena capital o con otra infamante si un gran jurado no lo denuncia o acusa, a excepción de los casos que se presenten en las fuerzas de mar o tierra o en la milicia nacional cuando se encuentre en servicio efectivo en tiempo de guerra o peligro público; tampoco se pondrá a persona alguna dos veces en peligro de perder la vida o algún miembro con motivo del mismo delito; ni se le compelerá a declarar contra sí misma en ningún juicio criminal; ni se le privará de la vida, la libertad o la propiedad sin el debido proceso legal; ni se ocupará la propiedad privada para uso público sin una justa indemnización.

Por su parte la 14ª Enmienda refiere:

Toda persona nacida o naturalizada en los Estados Unidos, y sujeta por ello a tal jurisdicción, es ciudadana de los Estados Unidos y del Estado en que resida. [...] tampoco podrá ningún Estado privar a una persona de su vida, libertad o propiedad, sin un debido proceso legal; ni negar a persona alguna dentro de su jurisdicción la protección legal igualitaria.

Conceptualizando, en Inglaterra el significado del debido proceso desde su reconocimiento inicial se refería a las reglas básicas a que debía someterse el derecho de defensa, y su objetivo era obtener una limitación del poder absolutista del rey; sin embargo, el concepto evolucionó, y las enmiendas a la Constitución de los Estados Unidos de América introdujeron innovaciones importantes que deben ser reconocidas por el nuevo Estado. Como resultado de ello, los jueces tienen que preservar las garantías del proceso y ser razonables en las decisiones que adopten.[142]

En suma, el concepto del debido proceso, a partir de la Carta Magna, pero muy especialmente en la jurisprudencia constitucional de los Estados Unidos, se ha desarrollado en los tres grandes sentidos descritos: a) el del debido proceso le-

142 Ídem.

gal, adjetivo o formal, entendido como reserva de ley y conformidad con ella en la materia procesal; b) el del debido proceso constitucional o debido proceso a secas, como procedimiento judicial justo, todavía adjetivo o formal -procesal-; y c) el del debido proceso sustantivo o principio de razonabilidad, entendido como la concordancia de todas las leyes y normas de cualquier categoría o contenido y de los actos de autoridades públicas con las normas, principios y valores del Derecho de la Constitución.[143]

2. DEBIDO PROCESO LEGAL

Por su parte, la Corte Interamericana de Derechos Humanos "Corte IDH". En la Opinión Consultiva, OC-18/03, "Condición Jurídica y Derechos de Los Migrantes Indocumentados", el tribunal ha remarcado que:

> *El amplio alcance de la intangibilidad del debido proceso se aplica no solo ratione materiae* sino también *ratione personae* sin discriminación alguna (...) Tal como ya ha señalado este Tribunal, el debido proceso legal se refiere al conjunto de requisitos que deben observarse en las instancias procesales a efectos de que las personas estén en condiciones de defender adecuadamente sus derechos ante cualquier [...] acto del Estado que pueda afectarlos. Es decir, cualquier actuación u omisión de los órganos estatales dentro de un proceso, sea administrativo sancionatorio o jurisdiccional, debe respetar el debido proceso legal (...) Asimismo, la Corte ha indicado que el elenco de garantías mínimas del debido proceso legal se aplica en la determinación de derechos y obligaciones de orden "civil, laboral, fiscal o de cualquier otro carácter". Esto revela que el debido proceso incide sobre todos estos órdenes y no sólo sobre el penal...[144]

Al respecto, el voto razonado del Juez Sergio García Ramírez en dicha opinión consultiva, permite ilustrar aún más los márgenes de aplicación del derecho al debido proceso legal. Al mismo tiempo, postula un vínculo relevante entre el efectivo acceso a la justicia y la garantía consagrada en el artículo 8.1 de la Convención Americana. En este sentido, el magistrado expresó en dicha oportunidad:[145]

---

143 CORTE SUPREMA DE JUSTICIA DE SAN JOSE DE COSTA RICA, Sala Constitucional. Expediente: 90-001587-0007-CO. Resolución N° 01739 - 1992, 01 de Julio del 1992 a las 11:45 a. m.

144 *El acceso a la justicia como garantía de los derechos económicos, sociales y culturales. estudio de los estándares fijados por el sistema interamericano de derechos humanos*, Ver completo en http://www.cidh.oas.org/countryrep/accesodesc07sp/accesodesciv.sp.htm#_ftnref135. (Última consulta en 18/05/2021).

145 *El acceso a la justicia como garantía de los derechos económicos, sociales y culturales. estudio de los estándares fijados por el sistema interamericano de derechos humanos*, Ver completo

La proclamación de derechos sin la provisión de garantías para hacerlos valer queda en el vacío. Se convierte en una formulación estéril, que siembra expectativas y produce frustraciones. Por ello es preciso establecer las garantías que permitan reclamar el reconocimiento de los derechos, recuperarlos cuando han sido desconocidos, restablecerlos si fueron vulnerados y ponerlos en práctica cuando su ejercicio tropieza con obstáculos indebidos. A esto atiende el principio de acceso igual y expedito a la protección jurisdiccional efectiva, es decir, la posibilidad real de acceder a la justicia a través de los medios que el ordenamiento interno proporciona a todas las personas, con la finalidad de alcanzar una solución justa a la controversia que se ha suscitado. En otros términos: acceso formal y material a la justicia (…) A ese acceso sirve el debido proceso, ampliamente examinado por la Corte Interamericana de Derechos Humanos en el ejercicio de sus competencias consultiva y contenciosa. En rigor, el debido proceso es el medio consecuente con el más avanzado concepto de los derechos humanos para asegurar la efectiva realización de esos derechos: un método o factor para la eficacia del derecho en su conjunto y de los derechos subjetivos en casos concretos. El debido proceso, concepto dinámico guiado y desarrollado bajo un modelo garantista que sirve a los intereses y derechos individuales y sociales, así como al supremo interés de la justicia, constituye un principio rector para la debida solución de los litigios y un derecho primordial de todas las personas. Se aplica a la solución de controversias de cualquier naturaleza, entre ellas, obviamente, las laborales- y a las peticiones y reclamaciones que se plantean ante cualesquiera autoridades: judiciales o administrativas…[146]

3. CONCEPTO DE DEBIDO PROCESO: GARANTÍA FUNDAMENTAL

El debido proceso es "un derecho fundamental, complejo, de carácter instrumental, continente de numerosas garantías en aras de la protección a las personas y este, constituye la mayor expresión del derecho procesal".[147] Tiene que ver estrictamente con la vida, la libertad (en sentido amplio), propiedad y las que establezca la Ley en aras de proteger a una persona en un Estado Constitucional de Derecho.

---

en http://www.cidh.oas.org/countryrep/accesodesc07sp/accesodesciv.sp.htm#_ftnref135. (Última consulta en 18/05/2021).

146 *Cfr.* Voto razonado concurrente del Juez Sergio García Ramírez a la Opinión Consultiva OC-18/03, del 17 de Septiembre de 2003, "Condición Jurídica y Derechos de Los Migrantes Indocumentados", párrafos 36 y 37. Ver completo en http://www.cidh.oas.org/countryrep/accesodesc07sp/accesodesciv.sp.htm#_ftnref135. (Última consulta en 18/05/2021).

147 AGUDELO RAMÍREZ, Martín, *Filosofía del Derecho Procesal*, Segunda Edición, Leyer, Bogotá-Colombia, 2006, p. 98.

La garantía del debido proceso, consiste, en último término, en no ser privado de la vida, libertad o propiedad sin la garantía que supone la tramitación de un proceso desenvuelto en la forma que establece la ley y de una ley dotada de todas las garantías del proceso parlamentario.[148] Su antecedente se encuentra en la enmienda "XIV" de la Constitución de los Estados Unidos, que dice textualmente: *"Ningún Estado privará a persona alguna de su vida, libertad o propiedad sin debido proceso legal, ni denegará a persona alguna dentro de su jurisdicción, la igual protección de la ley"*. Disposiciones semejantes se hallaban, antes de la Constitución de Filadelfia, en las Constituciones de Maryland, Pensylvania y de Massachussets. Y, a su vez, estos textos no son sino la adaptación de las garantías procesales contenidas en la Carta Magna.[149]

La jurisprudencia constitucional Colombiana ha definido el derecho al debido proceso, como el conjunto de garantías previstas en el ordenamiento jurídico, a través de las cuales se busca la protección del individuo incurso en una actuación judicial o administrativa, para que durante su trámite se respeten sus derechos y se logre la aplicación correcta de la justicia.[150]

El debido proceso es un derecho fundamental que toda persona tiene a un normal, pronto, oportuno y justo proceso judicial o administrativo, en el que deben ser respetados y protegidos los derechos y garantías establecidos en la Ley, diseñada a semejanza de la Constitución. El debido proceso debe ajustarse al principio de juridicidad propio del Estado Constitucional de Derecho y debe excluir, por consiguiente, cualquier acción contra *legem o praeter legem.*

4. DEBIDO PROCESO COMO CATEGORÍA GENÉRICA

BADENI, refiere que, "El debido proceso legal consiste en una categoría genérica que abarca diversas garantías procesales especificas destinadas a suministrar a los individuos el amparo necesario para la salvaguarda de sus derechos con motivo del ejercicio del poder jurisdiccional del Estado".[151] La idea de un debido proceso se halla de tal modo adscrita al concepto mismo de jurisdicción que buena parte de las vacilaciones de la doctrina provienen, como se ha dicho, de concebir como términos idénticos, jurisdicción y proceso.[152]

---

148 COUTURE, Eduardo, *Estudios de Derecho Procesal Civil*, Tomo I, Buenos Aires, EDlAR S.A. EDITORES, AÑO AVERIGUAR, 1948, pág. 51.

149 COUTURE, Óp. Cit. pág. 193.

150 RAMÍREZ ROA, Luis Arturo, Óp. Cit.

151 BADENI, Gregorio, *Tratado de Derecho Constitucional*, Tomo II, La Ley, Buenos Aires-Argentina, 2010, p. 781.

152 COUTURE, Eduardo, *Fundamentos del Derecho Procesal Civil*, Tercera Edición, Ediciones Depalma, Buenos Aires-Argentina, 1958, p. 42.

5. DEBIDO PROCESO COMO UNA GARANTÍA BÁSICA

El debido proceso no solo se refiere a cumplir con las citaciones o notificaciones (conocimiento de la causa), los plazos y con los trámites que establece la Ley, pues, es una garantía básica, absolutamente fundamental a efectos de respetar el normal desarrollo del proceso. Pues el proceso normal tiene que ver con el derecho material dispuesto por Ley preestablecida. Ya no se habla del juicio de los pares y de la ley de la tierra; se habla de un "debido proceso legal" como de una garantía que comprende el derecho material de la Ley preestablecida y el derecho procesal del juez competente.[153]

Asimismo, COUTURE[154] señala que; El "debido proceso legal" resulta ser, en esta construcción, algo más que la simple garantía de un proceso, es la garantía misma del derecho. Del derecho que, con la paráfrasis Stammleriana, llamaríamos justo. Pero en su dimensión procesal, "debido proceso legal" equivale a debida defensa en juicio. Y como esa defensa se cumple, específicamente, mediante actos procesales, es menester examinar en forma analítica, cuáles de estos actos procesales afectan a la defensa en juicio y cuáles son indiferentes para la misma. Se trata, en resumen, de que nadie puede ser privado de las garantías esenciales que la Constitución establece, mediante un simple procedimiento: ni por un trámite administrativo cualquiera que prive del derecho a defenderse y a disponer de la garantía que constituye el poder judicial para todos los ciudadanos.[155]

6. VULNERACIÓN DEL DEBIDO PROCESO

Si en el normal desarrollo de un proceso se vulnera los elementos, garantías o principios básicos del debido proceso y no se respeta el principio de dignidad e igualdad, deben ser llamados "*in iudicando* del debido Proceso", a efectos del mismo, ese proceso o tramite debe a ser declarado nulo. Toda decisión emitida por la autoridad judicial o administrativa que no se ciña al de la garantía del debido proceso, dispuesto por la Constitución -como la Convención- y las Leyes adjetivas, debe ser declarado "Nulo". Asimismo, por la fuerza fundamental de esta garantía constitucional (como convencional), los procesos concluidos inclusive con Autos Supremos emitidos por la Corte Suprema de Justicia (Tribunal Supremo Judicial), que violen los elementos básicos del debido proceso, deben ser anulados, por violatorias a la Constitución y la Convención.

Lo descrito supra, se puntualiza en "El vicio constitucional *in iudicando* capta también la norma procesal que infringe los principios básicos del debido proceso referidos a la acusación, defensa, prueba y decisión. Pero aun cuando, no obstante

---

153 Id. Óp. Cit., p. 100.

154 COUTURE, Eduardo, Óp. Cit., pág. 57 y 58.

155 COUTURE, Eduardo, Óp. Cit., p. 194.

ser constitucional la norma procesal, se violen estos principios al aplicarla, por vía de la arbitrariedad queda introducido el vicio *in procedendo*".[156]

7. REQUISITO FUNDAMENTAL DEL DEBIDO PROCESO

Constituye un requisito fundamental, la obligación de cumplimiento a las garantías, elementos y principios del debido proceso, como las actuaciones legítimas y legales de la investigación del caso concreto y las decisiones judiciales, todos estos instrumentos recogen un proceso justo, los cuales deben enmarcarse en el principio de la dignidad como el de igualdad.

Asimismo, constituye un requisito fundamental del debido proceso la necesidad de que las sentencias contengan explícitamente los hechos concretos, verificados a través de la prueba Documental, Pericial, Testifical, Electrónica (ofrecidas conforme establece la Ley), y estas deben ser subsumidos específicamente al Derecho, en suma, el procedimiento de valoración ya no solo debe ser justificado mediante "motivación" sino explicado mediante la "argumentación".

8. EL DEBIDO PROCESO COMO SOLUCIÓN JUSTA Y EQUITATIVA

El proceso "es un medio para asegurar en la mayor medida posible, la solución justa de una controversia", al cual, contribuyen "el conjunto de actos de diversas características generalmente reunidos bajo el concepto de debido proceso legal". En este sentido, dichos actos "sirven para proteger, asegurar o hacer valer la titularidad o el ejercicio de un derecho" y son "condiciones que deben cumplirse para asegurar la adecuada defensa de aquéllos cuyos derechos u obligaciones están bajo consideración judicial". En buena cuenta, el debido proceso supone "el conjunto de requisitos que deben observarse en las instancias procesales".[157]

El debido proceso debe razonarse como un proceso judicial justo, esta garantía fundamental es aplicable no sólo a los procesos penales, sino en todos los procesos judiciales o administrativos. El debido proceso no es ni más ni menos que el proceso que respeta sus propios principios.[158]

---

156 CLARIÁ OLMEDO, Jorge A, *Derecho Procesal Penal*, Tomo III, Rubinzal-Culzoni Editores, Buenos Aires-Argentina, 1998, p. 207.

157 SALMÓN Elizabeth y BLANCO Cristina1, *El derecho al debido proceso en la jurisprudencia de la Corte Interamericana de Derechos Humanos*, Instituto de Democracia y Derechos Humanos de la Pontificia Universidad Católica del Perú (IDEHPUCP), Lima-Perú, 2012, p. 24

158 DE LA ROSA RODRÍGUEZ, Paola Iliana, El debido proceso, sus orígenes, su evolución y su reconocimiento en el nuevo sistema de justicia penal en México, Alter-Enfoques críticos, Año I, Núm. 2, Julio - Diciembre 2010.

Se habla de debido proceso legal cuando existe un proceso justo y equitativo, de nada sirve un escenario de conflicto si a este no se otorga las garantías mínimas a las partes del proceso, se habla de derecho procesal humano y no inquisitorio. A efectos de este, se otorga a cada quien lo que le corresponde, el clásico aforismo "dar a cada quien lo que le corresponde", sugiere un juez imparcial, que restituya los derechos vulnerados y sancione a quien las vulnero.

9. LA CONSTITUCIONALIZACIÓN DEL ORDENAMIENTO JURÍDICO Y CONSTITUCIÓN: DEBIDO PROCESO

El lenguaje de la "constitucionalización del ordenamiento jurídico" se debe entender al proceso de transformación de un ordenamiento jurídico, al término del cual, el ordenamiento en cuestión resulta totalmente "impregnado" por la Constitución. Un ordenamiento jurídico constitucionalizado se caracteriza por una Constitución extremadamente invasora, entrometida, capaz de condicionar tanto la legislación como la jurisprudencia y el estilo doctrinal, la acción de los actores políticos, así como las relaciones sociales.[159]

La Constitución, rígida y garantista, como parámetro normativo superior que decide la validez de las demás normas jurídicas en el Estado Constitucional de Derecho, se compone de "conceptos" que conforman criterios alusivos a un estándar constitutivo y valorativo que corresponde a los destinatarios "autorizados" la aplicación particular del mismo, y en casos especiales la interpretación, este estándar valorativo, tiene un fuerte vínculo positivo de protección (regla), el cual es inherente a la persona "digno de proteger", como a los órganos de poder democráticamente constituidos. En suma, la Constitución establecerá fuertemente, frenos, límites y vínculos al poder político, a efectos de proteger la independencia de los poderes, derechos fundamentales, principios, libertades y garantías como el Estado Constitucional del "Deber ser".

La Constitución no solo crea instituciones, órganos o procedimientos, no solamente tienen una dimensión constitutiva, sino que ante todo tienen una dimensión valorativa, en el sentido de reconocer estados de cosas como valiosos y merecedores de ser promocionados y protegidos.[160]

El Estado esta solamente sometido a la Constitución, como, el Estado Constitucional está sometido al Derecho, cuya actividad de los Órganos de poder están limitados, controlados, regulados y son responsables conforme el umbral de la Constitución. La limitación del poder, el control jurídico, la regulación de las actividades del poder, la responsabilidad por las funciones, derechos, deberes y garantías se

159 Cfr. GUASTINI, Ricardo, *Estudios de teoría constitucional*, Universidad Nacional Autónoma de México, Instituto de Investigaciones Jurídicas, México, 2007, p. 153.

160 AGUILO REGLA, Josep, *La Constitución del Estado Constitucional*, Palestra-Temis, Bogotá, 2004, p. 44.

encuentran en el concepto de Estado Constitucional de Derecho en estricto respeto a la dignidad humana, libertad y la democracia.

El debido proceso, por lo tanto, es un Derecho fundamental constitucionalizado por la Constitución y el Sistema Interamericano y Europeo que engranan el Sistema Universal de Protección de los Derechos Humanos, el mismo, constituye la garantía fundamental de protección al ser humano.

10. EL DEBIDO PROCESO CONSTITUCIONAL

El debido proceso Constitucional es un sistema procesal consecuente con el más avanzado lenguaje de protección de los derechos humanos a efectos de garantizar la realización de esos derechos.

El debido proceso, como concepto dinámico guiado y desarrollado bajo un modelo garantista que sirve a los intereses y derechos individuales y sociales, así como al supremo interés de la justicia, constituye un principio rector para la debida solución de los litigios y un derecho primordial de todas las personas. [161]

Se entiende por debido proceso Constitucional, a la garantía máxima que otorga la Constitución de un Estado Constitucional a efectos de proteger y garantizar la vida, libertad y propiedad, es decir, que las personas estén en condiciones de defender adecuadamente sus derechos ante cualquier acto del Estado que pueda afectarlos.

En tal sentido, el debido proceso constitucional es la garantía fundamental, a efectos de proteger y garantizar los derechos fundamentales ante la actuación u omisión de los órganos estatales dentro de un proceso, sea administrativo sancionatorio o jurisdiccional.

11. REGLA SUPRANACIONAL QUE RECONOCE EL DEBIDO PROCESO

La Declaración Universal de los Derechos Humanos fue adoptada el 10 de diciembre de 1948, *Resolución 217 A (III)*, después de haber sido presentada ante la Asamblea General de las Naciones Unidas, reunida en París, en el Palacio de Chaillot. Por el cual, recoge, en varios artículos, el reconocimiento fundamental al debido proceso.

Al respecto, cabe aclarar que, la Declaración de 1948, si bien es el primer documento común a todos los países del planeta en cuanto a derechos humanos y

---

161 *Cfr.* Voto razonado concurrente del Juez Sergio García Ramírez a la Opinión Consultiva OC-18/03, del 17 de Septiembre de 2003, "Condición Jurídica y Derechos de Los Migrantes Indocumentados", párrafos 36 y 37. Ver completo en http://www.cidh.oas.org/countryrep/accesodesc07sp/accesodesciv.sp.htm#_ftnref135. (Última consulta en 18/05/2021).

libertades fundamentales, no presenta una fuerza vinculatoria sino para los Estados que han incluido sus principios en sus propias Constituciones.

La Convención Americana sobre Derechos Humanos (CADH),[162] dispone en su artículo octavo (8), sobre las garantías judiciales en todo tipo de procesos. Al respecto, las garantías procesales:

- Juez competente, independiente e imparcial/ Deber de motivación (Art. 8.1 CADH).
- Presunción de Inocencia (Art. 8.2 CADH).
- Comunicación previa y detallada al inculpado de la acusación formulada (Art. 8.2.b) CADH).
- Oportunidad y medios adecuados para preparar la defensa / Derecho a interrogar testigos y peritos y hacer que comparezcan a estrados judiciales (Art. 8.2.c) y 8.2. f) CADH).
- Derecho a ejercer la defensa, sea personalmente o bien mediante defensor técnico con el cual se pueda comunicar libre y privadamente (Art. 8.2.d), 8.2.e) CADH).
- Derecho de recurrir el fallo ante el juez competente o tribunal superior (Art. 8.2.h) CADH).
- Derecho del imputado a no ser obligado a declarar contra si mismo ni a declararse culpable/ Confesión es válida únicamente si se realiza sin coacción (Art. 8.2.g), 8.3) CADH).
- Principio de Ne bis in ídem (Art. 8.4 CADH).
- Publicidad del Proceso Penal (Art. 8.5 CADH).

El Pacto Internacional de Derechos Civiles y Políticos,[163] es más detallado en las prerrogativas que confiere a los procesados.

Al respecto, el artículo noveno (9) prohíbe las detenciones o prisiones arbitrarias; establece el derecho del detenido a ser informado del hecho que se le acusa;

---

162 Convención Americana de Derechos Humanos, "Pacto de San José de Costa Rica", suscrita en la Conferencia Especializada Interamericana de Derechos Humanos, en San José de Costa Rica el 22 de noviembre de 1969. Bolivia se adhiere mediante D.S. N° 16575 el 13 de junio de 1979, elevado a rango de Ley N° 1430 promulgada el 11 de febrero de 1993. Depósito del instrumento de adhesión el 19 de julio de 1979.

163 Pacto Internacional de Derechos Civiles y Políticos, Nueva York 16 diciembre de 1966. Bolivia se adhiere mediante D.S. N° 18950 de 17 de mayo de 1982, elevado a rango de Ley N° 2119 promulgada el 11 de septiembre de 2000. Depósito del instrumento de ratificación el 12 de agosto de 1982.

señala la necesidad de llevar al acusado sin demora ante un juez, quien fallará en un plazo razonable, decidirá sobre la legalidad de su prisión y ordenará su libertad si la prisión fuera ilegal. Establece la reparación en el caso de haber sido ilegalmente detenido o preso. En cuanto a la prisión preventiva, establece que no debe ser la regla general, pero su libertad podrá estar subordinada a garantías que aseguren la comparecencia del acusado en el acto del juicio, o en cualquier momento de las diligencias procesales y, en su caso, para la ejecución del fallo.[164]

El artículo décimo (10) prevé que los privados de libertad serán tratados humana y dignamente. Establece la separación de los procesados y los condenados; así como de los menores y adultos; además puntualiza que el objetivo del régimen penitenciario será la reforma y la readaptación social de los penados.[165]

El artículo decimocuarto (14) declara que todas las personas son iguales ante los tribunales y cortes de justicia. Consagra el derecho de la persona a ser oída públicamente y con las debidas garantías por un tribunal competente, independiente e imparcial, establecido por la ley, en juicios penales y civiles. Señala que la prensa y el público podrán ser excluidos por consideraciones de moral, orden público o seguridad nacional, y que toda sentencia en materia penal o contenciosa será pública, excepto en los casos en que el interés de menores de edad exija lo contrario. Asimismo, señala que toda persona acusada de un delito tiene derecho a que se presuma su inocencia mientras no se pruebe su culpabilidad conforme a la ley.[166]

El mismo artículo (14) señala las garantías mínimas de las que goza todo acusado durante el proceso: ser informado sin demora, en un idioma que comprenda, de la naturaleza y causas de la acusación; disponer del tiempo y de los medios para preparar su defensa, y tener un defensor de su elección; ser juzgado sin dilaciones; hallarse presente en el proceso, y defenderse personalmente o por un defensor de su elección; a ser informado, si no tuviera defensor, del derecho que le asiste a tenerlo y, siempre que el interés de la justicia lo exija, a que se le nombre defensor de oficio, gratuitamente si careciere de medios suficientes para pagarlo; interrogar a los testigos de cargo, y obtener la comparecencia e interrogatorios de los testigos de descargo; ser asistido gratuitamente por un intérprete, si no comprende o no habla el idioma empleado en el tribunal; no ser obligado a declarar contra sí mismo, ni confesarse culpable.[167]

Las innovaciones que en materia del debido proceso establece el Pacto son: indemnizar a la persona que haya sufrido una pena a causa de una sentencia que se

---

164 Cfr. DE LA ROSA RODRÍGUEZ, Paola Iliana, Óp. Cit.

165 Ídem.

166 Ídem.

167 Ídem.

haya revocado posteriormente o por el hecho de que se compruebe un error judicial; no juzgar ni sancionar a nadie por un delito por el cual haya sido ya condenado o absuelto, y establecer que en el procedimiento aplicable a los menores de edad estimulará su readaptación social y la facultad de recurrir el fallo condenatorio.[168]

En suma, el debido proceso como garantía innominada en la Ley fundamental, consagrado expresamente en los artículos 115.II., 117.I. y 180.I. de la Constitución Política del Estado de Bolivia, el cual hace extensivo "la Garantía Constitucional en el ámbito Jurisdiccional y administrativo".

12. PRINCIPIOS MATERIALES Y FORMALES DEL DEBIDO PROCESO

La Corte Interamericana de Derechos Humanos "Corte IDH", se pronunció con la **Sentencia T-572 de 1992**, refiriendo que "***El derecho al debido proceso comprende un conjunto de principios materiales y formales*** *entre los que se encuentran el principio de legalidad, el principio del juez natural o legal, el principio de favorabilidad penal y el principio de presunción de inocencia, todos* ***los cuales responden mejor a la estructura jurídica de verdaderos derechos fundamentales****, los cuales están consagrados en el plano del Derecho Internacional en instrumentos como la Declaración de los Derechos del Hombre y del Ciudadano, la Convención Americana sobre Derechos Humanos y los Pactos Internacionales de Derechos Civiles y Políticos, entre otros*".

En suma, la Sentencia Constitucional Plurinacional de Bolivia, No. 0640/2014 (Sucre, 25 de marzo de 2014), refiere que:

> *El debido proceso, se encuentra consagrado por el art. 115.II de la CPE, que señala que: "El Estado garantiza el derecho al debido proceso, a la defensa y a una justicia plural, pronta, oportuna, gratuita, transparente y sin dilaciones"; asimismo, el art. 117.I de la Norma Suprema, establece: "Ninguna persona puede ser condenada sin haber sido oída y juzgada previamente en un debido proceso", asumiendo en su naturaleza jurídica, un triple carácter, dado que está reconocido como derecho fundamental, garantía constitucional y un principio procesal. Al respecto, el Tribunal Constitucional Plurinacional, sentó el siguiente entendimiento: "...el derecho de toda persona a un proceso justo y equitativo en el que sus derechos se acomoden a lo establecido por disposiciones jurídicas generales aplicables a todos aquellos que se hallen en una situación similar (...) comprende el conjunto de requisitos que deben observarse en las instancias procesales, a fin de que las personas puedan defenderse adecuadamente ante cualquier tipo de acto emanado del Estado que pueda afectar sus derechos' (SSCC 0418/2000-R y 1276/2001-R). Asimismo, en la SC 0119/2003-R de 28 de enero, ha señalado que 'Se entiende que el derecho al debido proceso es de aplicación inmediata, vincula a todas*

168 Ídem.

las autoridades judiciales o administrativas y constituye una garantía de legalidad procesal que ha previsto el Constituyente para proteger la libertad, la seguridad jurídica y la fundamentación o motivación de las resoluciones judiciales…" (SCP 0949/2012 de 22 de agosto).

Sobre los elementos que componen el debido proceso, la SC 1145/2010-R de 27 de agosto, precisó: "La trascendencia del debido proceso se encuentra en su íntima vinculación con la realización del valor justicia en el procedimiento, así lo ha entendido este Tribunal cuando en la SC 0999/2003-R de 16 de julio, señaló que: 'La importancia del debido proceso está ligada a la búsqueda del orden justo. No es solamente poner en movimiento mecánico las reglas de procedimiento sino buscar un proceso justo, para lo cual hay que respetar los principios procesales de publicidad, inmediatez, libre apreciación de la prueba; los derechos fundamentales como el derecho a la defensa, a la igualdad, etc., derechos que por su carácter fundamental no pueden ser ignorados ni obviados bajo ningún justificativo o excusa por autoridad alguna, pues dichos mandatos constitucionales son la base de las normas adjetivas procesales en nuestro ordenamiento jurídico, por ello los tribunales y jueces que administran justicia, entre sus obligaciones, tienen el deber de cuidar que los juicios se lleven sin vicios de nulidad, como también el de tomar medidas que aseguren la igualdad efectiva de las partes'.

En consonancia con los tratados internacionales citados, a través de la jurisprudencia constitucional se ha establecido que los elementos que componen al debido proceso son el derecho a un proceso público; derecho al juez natural; derecho a la igualdad procesal de las partes; derecho a no declarar contra sí mismo; garantía de presunción de inocencia; derecho a la comunicación previa de la acusación; derecho a la defensa material y técnica; concesión al inculpado del tiempo y los medios para su defensa; derecho a ser juzgado sin dilaciones indebidas; derecho a la congruencia entre acusación y condena; el principio del non bis in idem; derecho a la valoración razonable de la prueba; derecho a la motivación y congruencia de las decisiones (SSCC 0082/2001-R, 0157/2001-R, 0798/2001-R, 0925/2001-R, 1028/2001-R, 1009/2003-R, 1797/2003-R, 0101/2004-R, 0663/2004-R, 022/2006-R, entre otras); sin embargo, esta lista en el marco del principio de progresividad no es limitativa, sino más bien enunciativa, pues a ella se agregan otros elementos que hacen al debido proceso como garantía general y que derivan del desarrollo doctrinal y jurisprudencial de éste como medio para asegurar la realización del valor justicia, en ese sentido la Corte Interamericana de Derechos Humanos, en la Opinión Consultiva OC-16/99 de 1 de octubre de 1999, ha manifestado: 'En opinión de esta Corte, para que exista 'debido proceso legal' es preciso que un justiciable pueda hacer valer sus derechos y defender sus intereses en forma efectiva y en condiciones de igualdad procesal con otros justiciables. Al efecto, es útil recordar que el proceso es un medio para asegurar, en la mayor medida posible, la solución justa de una controversia. A ese fin atiende el conjunto de actos de diversas características generalmente reunidos bajo el concepto de debido proceso legal. El desarrollo histórico del proceso, consecuente con la protección del individuo y la realización de la justicia, ha traído consigo la incorporación de nuevos derechos procesales. (...) Es así como se ha establecido, en forma progresiva, el aparato de las garantías judiciales que recoge el artículo 14 del Pacto Internacional de Derechos Civiles y Políticos, al que pueden y deben agregarse, bajo el mismo concepto, otras garantías aportadas por diversos instrumentos del Derecho Internacional'.

(...), se debe remarcar que, como se aprecia de las citas de los artículos 115.II y 117.I efectuadas anteriormente, la Constitución Política del Estado vigente en el marco de las tendencias actuales del Derecho Constitucional ha plasmado de manera expresa el reconocimiento del debido proceso; derecho; garantía; principio, respecto al que existe consenso en la doctrina y la jurisprudencia en cuanto al contenido e implicaciones referidos por la jurisprudencia glosada, la que por ello guarda estrecha congruencia con la anteriormente Ley Fundamental vigente y es plenamente aplicable, a pesar de haber sido desarrollada en el marco de la Constitución abrogada, resaltando que su carácter de derecho fundamental lo hace exigible ante cualquier procedimiento, sea público o privado".

El debido proceso es un derecho fundamental y una garantía constitucional (como convencional) que sirve para salvaguardar los derechos fundamentales de las personas dentro del ejercicio normal y justo del proceso, en tal sentido, referiré sobre las garantías, elementos y principios que componen el debido proceso constitucional, el cual comprende como:

12.1. Derecho a la jurisdicción

Este Derecho se traduce al acceso pronto y oportuno de los jueces y autoridades administrativas en sus funciones, a efectos de obtener decisiones justas en un caso concreto. Al respecto, ALSINA, manifiesta que, "La función jurisdiccional es la que mejor define el carácter jurídico del Estado. Algunos pretenden que ella puede asimilarse a la legislativa en cuanto en ausencia de una norma legal el juez crea el derecho, o a la administrativa en cuanto aplica la ley; pero con sólo enunciar sus caracteres diferenciales se pone en evidencia que se trata de una función específica".[169]

En tal sentido, la actividad legislativa en el desarrollo y la creación de normas jurídicas prevé intereses individuales y colectivos, estableciendo reglas y prin-

169 ALSINA, Hugo, *Tratado Teórico Practico de Derecho Procesal Civil y Comercial*, Segunda Edición, Tomo I, (Parte General), Ediar Soc. Anon. Editores, Buenos Aires- Argentina, 1956, p. 30

cipios de orden constituido, los mismos deben ser inalterables, estableciendo así, un cierto límite a la conducta de las personas y la del propio Estado, esta creación de normas jurídicas debe ser necesariamente válidas y efectivas y que no contradigan en ningún sentido a la Constitución (principio de jerarquía de la Norma). El derecho es un estado de hecho, que, en un momento determinado, se considera justo, pero que, a través del tiempo, puede llegar a ser injusto. En cuyo caso el legislador modifica la norma. En cambio, en la función jurisdiccional, el Estado obra con personalidad propia, porque la actividad que en ella desarrolla es una emanación directa de su soberanía.[170]

La actividad jurisdiccional, no basta solo con revisar y estudiar las decisiones en lo penal, civil, ambiental, laboral o contencioso administrativo al respecto, sino que es forzoso acudir a los precedentes constitucionales que se establecen en sede de control de constitucionalidad o por vía de amparo constitucional y también los avances en los Tribunales Internacionales, en nuestro caso latinoamericano, en nuestro tribunal interamericano de derechos humanos.[171]

El Juez está revestido de la facultad de aplicar las leyes en los juicios civiles o en los criminales, laborales, administrativos, etc. La potestad que tienen los jueces de juzgar y hacer que se ejecute lo juzgado se llama jurisdicción.[172] La jurisdicción es la función estatal que tiene como cometido de dirimir los conflictos, para imponer el derecho; pero que en la concepción moderna no solo es juzgar, sino también ejecutar lo juzgado.[173]

La jurisdicción es el derecho y el deber a la potestad de administrar justicia en un determinado territorio. La jurisdicción le pertenece exclusivamente a los jueces y tribunales para impartir justicia: toda jurisdicción privada debe ser suprimida, la administración de justicia no es cosa privada de nadie, al contrario, emana del pueblo y se ejerce por jueces y tribunales de justicia.

La competencia es una medida de jurisdicción. Todos los jueces tienen jurisdicción; pero no todos tienen competencia para conocer en un determinado asunto. Un juez competente es, al mismo tiempo, juez con jurisdicción; pero un juez incompetente es un juez con jurisdicción y sin competencia. La competencia es el fragmento de la jurisdicción atribuido a un juez. La relación entre la jurisdicción y

---

170 Ídem., p. 31.

171 HERRERA PÉREZ, Jairo Enrique, *"El debido proceso como norma de ius cogens: logros y debates pendientes en la Corte Interamericana de Derechos Humanos", pp. p. 43 al 66, en, AA. VV., El Debido Proceso Como un Derecho Humano,* Instituto de Estudio e Investigación Jurídica (INEJ), Nicaragua, 2018.

172 ESCRICHE, Joaquín, *Diccionario Razonado de Legislación y Jurisprudencia,* Librería de Ch. Bouret (Paris), México, 1885, p. 968 y 969.

173 VESCOVI, Enrique, *Teoría General del Proceso,* Editorial Temis, Bogotá-Colombia, 1984, p.68.

la competencia es la relación que existe entre el todo y la parte. La jurisdicción es el todo; la competencia es la parte: un fragmento de la jurisdicción. La competencia es la potestad de jurisdicción para una parte del sector jurídico: aquel específicamente asignado al conocimiento de determinado órgano jurisdiccional. En todo aquello que no le ha sido atribuido, un juez, aunque sigue teniendo jurisdicción, es incompetente.[174]

Cuando se refiere al derecho a la jurisdicción, se exige que exista un órgano imparcial e independiente y se ejerza por un guardián o comisario de la Ley (juez), que administre justicia, con igualdad de armas y siempre respetando el principio de dignidad.

En tal sentido, el Articulo 11 de la Ley del Órgano Judicial "boliviana" (Ley Nro. 025), a la letra dice: "*Es la potestad que tiene el Estado Plurinacional que tiene de administrar justicia; emana del pueblo boliviano y se ejerce por medio de las autoridades jurisdiccionales del órgano judicial", al respecto; Calamandrei señala: "La jurisdicción cumple una actividad funcional de garantía que el demandante busca en el Juez". Espera que este tercero imparcial* vaya aplicar la ley correctamente.

12.2. Derecho al juez natural

12.2.1. Introito

La idea de juez natural, se circunscribe en las raíces históricas de la edad medieval y en la edad moderna, esta idea, refleja históricamente realidades concretas en la lucha contra las arbitrarias, injusticias e intervenciones de los monarcas en los asuntos judiciales, principalmente de la creación de comisiones *regias ex post factum* (ley posterior al hecho) para enjuiciar asuntos concretos de la época.

El juez natural, es una garantía nacida "con mayor fuerza" en los albores del constitucionalismo, precisamente, como una reacción frente a los abusos del absolutismo *regio.* Es decir, el origen del juez natural se reafirma con mayor precisión en el constitucionalismo, esto, como una garantía frente a un régimen absolutista, es decir, los poderes se encuentran concentrados en la figura del monarca (Poder Ejecutivo), y este podía disponer según le parezca o no correcto. Las disposiciones del monarca permitían una clara injerencia en la determinación del juez competente en todo momento e incluso en las intervenciones a *posteriori* del legislador. Como limite a esta arbitrariedad y al poder desmedido, emergieron instrumentos jurídicos que fueron limitando esos ejercicios desmedidos de poder. Aun en pleno siglo XXI (incluso anterior) se puede apreciar gobiernos totalitarios que concentran los poderes del Estado en un solo hombre "Dictador del siglo XXI".

174 COUTURE, Eduardo J., *Fundamentos del Derecho Procesal Civil,* Depalma, Buenos Aires-Argentina, 1958, p. 29.

El Derecho al juez natural constituye un elemento del debido proceso. El juez natural, emerge en el umbral del artículo 56 de la Carta Magna inglesa (15 de junio de 1215), que prevé la garantía del juicio justo por sus pares *(judicium parium suorum).* Asimismo, en la ***Petition of Rights*** (Petición de Derechos) de 1628 y en el ***Bill of Rights*** (Declaración de Derechos) de 1688, que contiene la exigencia de suprimir las comisiones *regias ex post factum.*

En este sentido, el criterio principal de la garantía del juez natural fue labrada en un instrumento, creo yo, el más importante, y este se encuentra en la Ley revolucionaria francesa de 16 al 24 de agosto de 1790, ***"Décret sur l'organisation judiciaire"*** **(Decreto de la Organización Judicial),** cuyo artículo 17 estableció por primera vez el principio del juez natural usando el siguiente lenguaje:

> *"El orden constitucional de las jurisdicciones no podrá ser turbado ni los justiciables privados de sus* ***jueces naturales****, mediante comisión alguna ni a través de otras atribuciones o avocaciones que las determinadas por la ley".*

Este precepto será recogido por la Constitución francesa de 1791 (Articulo 4, Capitulo 5 del Título III), con la única diferencia de que la expresión ***"juez natural"*** será sustituida por ***"juez asignado por la ley".*** Igualmente, por la Constitución de 1795, que recogerá esta garantía en su Artículo 204, que reza:

> *"Nadie puede ser privado de los jueces que la ley le asigna, mediante comisión alguna ni a través de otras atribuciones que las determinadas por una ley anterior".*

En la que destaca la mención expresa de la exigencia de preconstitución del juez por una ley anterior (Juez Natural). Asimismo, el Juez Legal será recogido por las Constituciones francesas de 1814, 1830 y 1848 y, será difundido en Europa, por ejemplo, será recogido por la Constitución Belga de 1831, en el Estatuto Albertino de 1848 (aun con variaciones entre ellas) y en las Constituciones españolas.

La garantía del juez natural o legal, con mayor o menor perfección según los casos, está contenida en la inmensa mayoría de las Constituciones contemporáneas. Según refiere los conocidos artículos 101.1 de la Ley Fundamental de Bonn y 25.I. de la Constitución italiana. Asimismo, en las Constituciones de Austria, Dinamarca, Finlandia, Grecia, Holanda, Luxemburgo, Malta, Noruega, Portugal, Suecia, Bulgaria, Hungría, Rumania, Chipre, Irlanda, México, Mónaco, Suiza, Turquía, Argentina, Cuba y Liechtenstein.

12.2.2. La garantía Constitucional del Juez Natural

El derecho al juez natural, es una auténtica garantía para la institución jurisdiccional (órgano encargado de juzgar), como para el ciudadano. En este sentido, es el derecho que tiene todo ciudadano al "juez natural" y se manifiesta cuando un acusado es procesado por el juez o tribunal que le corresponde según las reglas fijadas anticipadamente por una Constitución y la Ley.

El juez natural es un principio del debido proceso, por lo tanto, es un Derecho fundamental garantizado por la Constitución del Estado Constitucional de Derecho, el Sistema Interamericano y Europeo que engranan el Sistema Universal de Protección de los Derechos Humanos, el mismo, constituye la garantía fundamental de protección al ser humano.

La jurisdicción boliviana, conforme establece el Artículo 120.I., de la Constitución Política del Estado, garantiza el Derecho fundamental al Juez natural. El Juez Natural debe estar establecido por una Constitución fuerte y rígida en un Estado Constitucional de Derecho respetuoso de los derechos y garantías.

12.2.3. Respeto al juez natural

Para que se respete el Derecho al juez natural no basta con que esté establecido previamente por la ley, este, debe estar previsto como un Derecho y garantía constitucional. El juez natural constituye una de las dimensiones que integran el derecho fundamental al debido proceso.

En suma, la garantía de juez natural, no es otra cosa que el deber del Estado Constitucional de garantizar e investir a los jueces de poderes, deberes y responsabilidad. Me refiero a un juez preconstituido por los elementos que dota una Constitución y leyes específicas cuya aptitud e idoneidad lo faculta para resolver los conflictos en el proceso mediante una sentencia que adquiera la calidad de cosa juzgada.

12.2.4. Derecho al juez natural en Bolivia: La constitución y su interpretación según jurisprudencia del tribunal constitucional y el derecho internacional

El Estado Constitucional de Derecho es respetuoso de los derechos fundamentales, la separación de poderes, principios, garantías constitucionales (...), siendo necesario su prescripción en la Constitución. El límite del accionar político, son los derechos establecidos en la Constitución (Garantías), esos frenos al desmedido abuso del poder están limitados fuertemente por los Garantes de la Constitución, es decir, el garante de la constitución al conocer la vulneración de los derechos, garantías y principios, está obligado a restituir el sano equilibrio en la administración de justicia.

El Juez Natural, tiene su fundamento o asidero en la Constitución Política del Estado boliviano, según ciñe su artículo 120.I., de la Constitución Política de Bolivia (CPE), que reza:

"Toda persona tiene derecho a ser oída por una autoridad jurisdiccional competente, independiente e imparcial, y no ser juzgada por comisiones especiales ni sometida a otras autoridades jurisdiccionales que las establecidas con anterioridad al hecho de la causa".

Ninguna persona puede ser juzgada por una comisión especial, tribunal o juez especialmente nombrado para el caso concreto, sino, exclusivamente y predeterminado por una Ley anterior al hecho (tribunales jurisdiccionales) y siempre respetando el debido proceso dispuesto en el umbral de la Constitución.

A este criterio, la Legislación Boliviana ha establecido la garantía del debido proceso en su elemento de juez natural y competente, según manifiesta la Sentencia Constitucional Plurinacional, 235/2015-S1 de 26 de febrero, señala lo siguiente:

"Respecto al juez natural como elemento del debido proceso, la SC 0491/2003-R de 15 de abril, señaló que: "Uno de los elementos esenciales de la garantía del debido proceso es el derecho al ***Juez natural competente, independiente e imparcial;*** *debiendo entenderse por Juez competente aquel que de acuerdo a las normas jurídicas previamente establecidas, conforme criterios de territorio y materia (...), es el llamado para conocer y resolver una controversia judicial; Juez independiente aquel que, como se tiene referido, resuelve la controversia exenta de toda injerencia o intromisión de otras autoridades o poderes del Estado; y Juez imparcial aquel que decida la controversia judicial sometida a su conocimiento exento de todo interés o relación personal con el problema, manteniendo una posición objetiva al momento de adoptar su decisión y emitir la Resolución".*

En suma, en la jurisdicción boliviana, específicamente en el Artículo 24 del Protocolo de Aplicación del Código Procesal Civil de Bolivia, dispone que: *"Si una causa judicial se sorteó y asignó a determinada autoridad judicial, las posteriores formalizaciones de demanda o nuevas demandas, serán asignados o conocerá el mismo Juzgado sea mediante el sistema electrónico, manualmente o formalización de demanda contenciosa (...), cuando exista conexitud de partes, objeto y causa"*. En igual sentido, conforme los Artículos 6 ,7 a), b) y e) y 8 a), b) y c) del Reglamento del SIREJ (Sistema Integrado de Registro Judicial) aprobado por Sala Plena No. 64/2016, que dispone que: *"presentada una demanda nueva debe asignarse a cada una de las causas el NUREJ (Numero Único de Registro Judicial) que se utiliza para la individualización y seguimiento de dicha causa, número que no podrá ser cambiado posteriormente (...)".*

12.2.4.1. El juez natural en el sistema interamericano

En la Segunda Guerra Mundial se vulneraron e infringieron flagrantemente los derechos humanos, a efectos del mismo, con la aprobación de la Carta de las Naciones Unidas el 26 de junio de 1945 se inicia un largo camino en el reconocimiento y protección de los derechos humanos. El 10 de diciembre de 1948 por vez primera a nivel universal aparece un catálogo de derechos en la Declaración Universal de los Derechos Humanos (DUDH) y más tarde en el Pacto Internacional de Derechos Civiles y Políticos (PIDCP), asimismo, el Pacto Internacional de Derechos Económicos, Sociales y Culturales, ambos de 16 de diciembre de 1966. Estos instrumentos, entre otros, reconoce el derecho al juez natural.

En este sentido, la Convención Americana sobre Derechos Humanos "CADH" (Bolivia es signatario de este instrumento Internacional a través de Ley No.: 1430 de 11 de febrero de 1993), que, en su Artículo 8.I. referido a las Garantías Judiciales, hace referencia al principio del juez natural o regular cuando establece que toda persona tiene derecho a ser oída, con las debidas garantías y dentro de un plazo razonable, por un juez o tribunal competente, independiente e imparcial, establecido con anterioridad por la ley (...). Y el Artículo 10, que reza: *"Toda persona tiene derecho, en condiciones de plena igualdad, a ser oída públicamente y con justicia por un tribunal independiente e imparcial, para la determinación de sus derechos y obligaciones (...)"*. Además, el juez natural está circunscrito en el Artículo 14 del PIDCP y el Artículo 6.1 del Convenio Europeo de Derechos Humanos.

El Juez o el Tribunal debe abstenerse de conocer la causa cuando concurra algún interés alejada de lo justo y razonable, es decir, el juez, solo está supeditado a lo que dispone la Ley y la Constitución.

En tal sentido, recordemos las decisiones de la Corte Interamericana de Derechos Humanos (Corte IDH), que advierte que, algunos jueces prefirieron no conocer un caso en el que su país era el demandado, no obstante, el Art. 55.1 de la CADH, expresamente conservaba dicho derecho al juez nacional. Como bien señala el ex juez de la CorteIDH, Sergio García Ramírez: Si es posible que el juzgador ostente tal imparcialidad, neutralidad, distancia absoluta del tema y de las partes en conflicto, no siempre lo es que quienes observan la contienda y aguardan la decisión consideren que efectivamente existe -en la intimidad de su conciencia- la completa neutralidad que es condición de imparcialidad. A este respecto, conviene recordar, no menos, que el buen desempeño de las funciones jurisdiccionales no reposa solamente en la integridad y capacidad del juez -que son indispensables, por supuesto, sino también en la valoración que haga sobre aquéllas.[175]

El Estado no debe crear "tribunales especiales o jueces especiales que no apliquen o no se hayan establecidos por los Tratados Internacionales, la Constitución y la Ley, a efectos de sustituir la jurisdicción que corresponda normalmente a los tribunales ordinarios" (principios básicos relativos a la Independencia de la Judica-

175 CORTE INTERAMERICANA DE DERECHOS HUMANOS, Opinión Consultiva OC-20/09, Artículo 55 de la Convención Americana sobre Derechos Humanos (voto concurrente del Juez Sergio García Ramírez, pár. 60), 29 de septiembre de 2009, Organización de Estados Americanos, San José de Costa Rica.

tura, adoptadas por el Séptimo Congreso de las Naciones Unidas sobre Prevención del Delito y Tratamiento del Delincuente, celebrado en Milán del 26 de agosto al 6 de setiembre de 1985, y confirmados por la Asamblea General en sus resoluciones 40/32 de 29 de noviembre de 1985 y 40/146 del 13 de diciembre de 1985).[176]

Las constituciones que reconocen al juez natural como uno de sus elementos constitucionalmente garantizados, establecen la protección al ejercicio efectivo de la administración de justicia. Sirvan como ejemplo el caso peruano cuya Constitución de 1993 reconoce y deja claramente establecido dentro del derecho al debido proceso que ninguna persona puede ser desviada de la jurisdicción predeterminada por ley, ni sometida a procedimiento distinto de los previamente establecidos, ni juzgada por órganos jurisdiccionales de excepción ni comisiones especiales creadas al efecto, cualquiera sea su denominación (art. 139.3); la Constitución argentina de 1994 que en el art. 18 señala: *"Ningún habitante de la Nación puede ser penado sin juicio previo fundado en ley anterior al hecho del proceso, ni juzgado por comisiones especiales, o sacado de los jueces designados por la ley antes del hecho de la causa (...)"*, La Constitución colombiana del 6 de julio de 1991, reformada el 27 de julio de 2005, en el Título II denominado De los Derechos, las Garantías y los Deberes; en el Capítulo I dedicado a los Derechos Fundamentales, reconoce el derecho al juez natural como un elemento del debido proceso, al señalar en el Art. 29: Nadie podrá ser juzgado sino conforme a leyes preexistentes al acto que se le imputa, ante juez o tribunal competente (...) o, el caso español cuando en el art. 24.2 de la Constitución de 1978 establece que todos tienen derecho al Juez ordinario predeterminado por la Ley (...). A este efecto, ha sido positivado como un derecho fundamental o de rango constitucional a fin de asegurar que los diferentes procesos en los que se discutan los intereses de los individuos sean justos o equitativos establecido en el Estado Constitucional de Derecho.

12.2.5. Principios del juez natural

El juez natural debe estructurarse en cuatro principios elementales que componen y revisten su efectiva aplicación en la administración de justicia:

12.2.5.1. Principio de competencia

La jurisdicción es la función o potestad del Estado, ejecutada por los órganos especializados, a efectos de realizar la voluntad de la Ley en su aplicación en el caso concreto, la competencia resultaría ser la medida de la jurisdicción, es decir, la extensión dentro de la cual un órgano jurisdiccional puede ejercer su misión especí-

---

176 ISOLA, Alfredo E., El juez natural, competente e imparcial, Institutas, Revista de Derecho Procesal, Número 3 - Octubre 2015, 27-10-2015, Cita: IJ-LXXVIII-28, véase en: https://ar.lejister.com/pop.php?option=articulo&Hash=8db34a68c155852e55633434 29c77684&from_section=relacionados.

fica. En el ámbito penal, el juez "es competente cuando de acuerdo a las prescripciones legales tiene potestad para entender en un determinado proceso".[177]

COUTURE, señala: "La competencia es una medida de jurisdicción. Todos los jueces tienen jurisdicción; pero no todos tienen competencia para conocer en un determinado asunto. Un juez competente es al mismo tiempo un juez con jurisdicción; pero un juez incompetente es un juez con jurisdicción y sin competencia. La competencia es un fragmento de jurisdicción atribuido a un juez".

La denominación juez natural, se debe aclarar en el sentido de especificar que se trata de jueces que son designados para ocuparse de determinados procedimientos y casos concretos, a los que se clasifica por razón de distintas variables que determinan la competencia.

La competencia es facultad del juez o magistrado, para conocer, verificar y decidir en Derecho sobre un determinado caso en el litigio procesal; dicho de otra manera, es la medida de la jurisdicción en razón a la administración de justicia.

La competencia, decide quien tiene la facultad para conocer, verificar y resolver la causa, hasta su sentencia, no existe en adelante juez o tribunal que pueda asumir la causa, se estaría usurpando la función del juez natural. Todo acto, que pronunciara el juez o tribunal incompetente debe ser declarado nulo y este debe responder por infringir la Ley adjetiva. Se tiene prohibido al Estado crear tribunales o comisiones especiales *ex post factum*.

La competencia, en palabras de la Corte IDH: "Constituye un principio básico relativo a la independencia de la judicatura que toda persona tiene derecho a ser juzgada por tribunales de justicia ordinarios con arreglo a procedimientos legalmente establecidos. El Estado no debe crear 'tribunales que no apliquen normas procesales debidamente establecidas para sustituir la jurisdicción que corresponda normalmente a los tribunales ordinarios" (Caso: *Lori Berenson Mejía Vs. Perú*. Sentencia de 25 de noviembre de 2004).[178]

En tal sentido, la competencia significa que el juez debe ejercer resolviendo un asunto concreto conforme dispone la Ley del órgano judicial (en el caso de Bolivia), como los códigos procesales sobre la materia. En suma, la competencia emana de la Ley, la Ley establece la competencia de un juez en un determinado asunto y no decisiones ajenas.

177 TALERICO, María Eugenia y BIANCARDÍ, Agustín, Juez competente en la investigación del lavado de activos, Revista Iustitia (Argentina), Número 2, Septiembre 2018, 14-09-2018, Cita: IJ-DXXXVIII-406, véase completo en: https://ar.lejister.com/pop.php?option=articulo&Hash=1b4d18d58a0bb637cdf5c1421722207c&from_section=relacionados.

178 TRIBUNAL SUPREMO DE JUSTICIA DE BOLIVIA (Sala Penal), Auto Supremo N° 332/2018-RRC, Sucre, 18 de mayo de 2018, Expediente: Cochabamba 56/2017.

La jurisdicción no marcha por sí sola, necesariamente va acompañada de la competencia, el Articulo 12 de la Ley del Órgano Judicial "boliviana" (Ley Nro. 025), a la letra dice: *"Es la facultad que tiene una magistrada o magistrado, una vocal o un vocal, una Jueza o un Juez, o Autoridad indígena originaria campesina para ejercer la jurisdicción en un determinado asunto".*

12.2.5.2. Principio de independencia

El poder judicial debe ser ubicado en la teoría de la división de poderes, (ahí se encuentra su asidero de *"independiente")*. El Poder judicial nace para representar e impartir justicia "administración", esto precisamente es un contrapeso esencial con los demás poderes (especialmente el Poder Ejecutivo), a efectos de asegurar que la Ley emanada del Poder Legislativo (Asamblea Legislativa Plurinacional "ALP"), debe aplicarse correctamente. La Ley emana por el Poder Legislativo deber contener los parámetros constitucionales necesarios para garantizar los derechos y deberes. (en Bolivia, los "Poderes de Estado" son denominados "Órganos").

El Poder Judicial constituía precisamente un mero cauce de aplicación de la Ley y, debido a que la Ley elaborada en el parlamento (ALP), debe presumirse que es conocida por todos (ya que es un deber del ciudadano). Ni siquiera en Montesquieu el juez era un profesional, sino que la ley se aplicaba desde la conciencia del jurado y por jueces no permanentes.[179] Ahora bien, sabemos que esa concepción del juez no es aceptable en todos sus extremos.[180] El modelo del juez continental "boca que pronuncia las palabras de la ley", evolucionó hasta ser considerado como un sujeto que interpreta el Derecho, en casos especiales (oscuridad y vacíos), "con estricto apego a la ciencia del Derecho", y, por tanto, en algún sentido también creador de Derecho, creador en un sentido especial, solo crea derecho, cuando hay lagunas jurídicas, el juez no puede pretender romper abiertamente la Ley, es decir, no puede dedicarse a crear un sistema legislativo propio.

El juez puede ser peligroso a la hora de crear e interpretar "forzando" incluso la propia Constitución para el beneficio de una persona, crear Derecho no significa que el juez, readapte, inserte o interprete moralmente lo que a él le ha convenido, es decir, interpretar la Constitución y la Ley cuando esta es clara y precisa, solo a un juez oscuro se le ocurriría hacerlo (en el caso de la SCP. 0084/2017).

La ausencia de un órgano independiente permite pensar que los jueces están a merced de las decisiones del Poder Ejecutivo y otros. En tal sentido, por principio de independencia se debe entender, como el principio que dirige la actividad de los

---

179 MONTESQUIEU, *Del Espíritu de las leyes, Ediciones Libertador, Argentina, 2011.*

180 TARUFFO, M., La justicia civil: ¿opción residual o alternativa posible?, en Corrupción y Estado de Derecho. El papel de la jurisdicción, Andrés Ibáñez, P. (editor), Trotta, Madrid, 1996, pág. 140.

tribunales y jueces que administran justicia. Solo con independencia puede ostentarse plena soberanía.[181]

En un Estado Constitucional de Derecho el requisito *sine qua non* es la independencia judicial a efectos de una buena administración de justicia, con este requisito, se espera que los Jueces y Magistrados estén al abrigo o protección de la Constitución a efectos de las imposiciones antidemocráticas a cargo de los Poderes Ejecutivo, Legislativo y otros.

¿Por qué es independiente el juez natural?, porque, representa a la justicia, y es el guardián o comisario de la Ley, y en situaciones especiales interpreta la Ley, forma parte únicamente del poder judicial y no debe recibir presiones de otros órganos. La función del poder judicial se organiza con dos principios básicos; la Independencia e Imparcialidad. Los Jueces y Magistrados solo están sometidos a la Ley y a la Constitución, son independientes en la administración de justicia e imparciales en sus decisiones, no están sometidos a ningún otro Órgano de Poder, ni a terceros.

A este criterio, la Legislación Boliviana ha estableciendo el componente de independencia del Juez Natural, **en su Auto Supremo Nº 332/2018-RRC**, que señala lo siguiente:

> *"(…) Cada uno de los componentes del Juez Natural, sobre el concepto de independencia se ha especificado que: "Al respecto, la Corte interamericana resalta que, si bien es cierto que la independencia y la imparcialidad están relacionadas, también es cierto que tienen un contenido jurídico propio. Así, esta Corte ha dicho que uno de los objetivos principales que tiene la separación de los poderes públicos es la garantía de la independencia de los jueces. Dicho ejercicio autónomo debe ser garantizado por el Estado tanto en su faceta institucional, esto es, en relación con el Poder Judicial como sistema, así como también en conexión con su vertiente individual, es decir, con relación a la persona del juez específico. El objetivo de la protección radica en evitar que el sistema judicial en general y sus integrantes en particular se vean sometidos a posibles restricciones indebidas en el ejercicio de su función por parte de órganos ajenos al Poder Judicial o incluso por parte de aquellos magistrados que ejercen funciones de revisión o apelación (...)".*

12.2.5.3. Principio de imparcialidad

La imparcialidad ha sido elevada a "principio supremo del proceso" y, estrictamente, diferente de "no ser parte". GOLDSCHMIDT distingue con estrictez entre partialidad y parcialidad: "Partial significa ser parte: partial da a entender que se juzga con prejuicios (…). La imparcialidad consiste en poner entre paréntesis

---

181 CABANELLAS DE LAS CUEVAS, Guillermo, *Diccionario Jurídico Elemental*, Heliastica, Argentina, Decimonovena edición, 2008, p. 195.

todas las consideraciones subjetivas del juzgador. Éste debe sumergirse en el objeto, ser objetivo, olvidarse de su propia personalidad".[182]

Asimismo, Alvarado Velloso señala que el principio procesal de imparcialidad tiene, en realidad, tres despliegues: la impartialidad "el juez no ha de ser parte", la imparcialidad "el juez debe carecer de todo interés subjetivo en la solución del litigio" y la independencia "el juez debe poder actuar sin subordinación jerárquica respecto de las dos partes". Por su parte, Aguiló manifiesta que la independencia trata de controlar los móviles del juez frente a influencias extrañas al derecho provenientes del sistema social (relaciones de poder, juegos de intereses o sistemas de valores extraños al derecho), mientras que la imparcialidad trata de controlar los móviles del juez frente a influencias extrañas provenientes de proceso. La imparcialidad -continua- "podría definirse como la independencia frente a las partes y el objeto del proceso".[183]

La imparcialidad del juez es esencial en la función jurisdiccional, lo cual debe sujetarse de todas las garantías necesarias para asegurar los derechos fundamentales y garantías de los ciudadanos a un juicio en razón a la justicia. Así lo reconoce el Derecho Internacional de los Derecho Humanos, como es el caso de la Declaración Universal de los Derechos Humanos de 1948, que en su artículo 10 dice: "toda persona tiene derecho, en condiciones de plena igualdad a ser oída públicamente y con justicia por un tribunal independiente e imparcial, para la determinación de sus derechos y obligaciones".

A este criterio, el Auto Supremo N° 332/2018-RRC (Bolivia) señala lo siguiente:

> *"Para otorgar una definición de imparcialidad, el Tribunal Interamericano ha tomado los parámetros brindados por su homólogo europeo, estableciendo parámetros subjetivos y objetivos, de este modo ha dicho que: "Primero, el tribunal debe carecer, de una manera subjetiva, de prejuicio personal. Segundo, también debe ser imparcial desde un punto de vista objetivo, es decir, debe ofrecer garantías suficientes para que no haya duda legítima al respecto. Bajo el análisis objetivo, se debe determinar si, aparte del comportamiento personal de los jueces, hay hechos averiguables que podrán suscitar dudas respecto de su imparcialidad" (…).*
>
> *Entonces, conforme se ha disgregado, el Juez Natural debe ser imparcial, competente e independiente, quien al momento de administrar justicia, esta envestido de estas cualidades que necesariamente lo caracterizan, entendiéndose que al estudio y análisis del componente de imparcialidad, el mismo no puede entenderse como un ente aislado y autónomo, siendo que forma parte*

182 ISOLA, Alfredo E., Óp. Cit.

183 Ibídem.

del todo que caracteriza la naturaleza del Juez Natural, a la que están sujetas todas las autoridades jurisdiccionales, la cual ha sido establecido como un instituto procesal que integra el derecho al debido proceso, que en caso de denunciarse la afectación del elemento de la imparcialidad judicial, es menester poder abocarse a determinar si el Juez al momento de administrar justicia, ha comprometido su criterio, incurriendo en apreciaciones subjetivas que influyan en su decisión, alejándose de toda objetividad, generando desconfianza en la potestad que imparte al justiciable, que de identificarse tales aspectos, ante la vulneración de la imparcialidad, el mismo procedimiento, ha establecido cánones para apartar a la autoridad del conocimiento de una causa cuando se vea afectado algunos de los componentes que caracteriza al Juez Natural (…)".

En este sentido, tanto los tribunales y, propiamente los jueces, desempeñan una función principal y fundamental para asegurar y garantizar que los derechos humanos sean protegidos así estos dispongan de un recurso efectivo e inmediato a efectos de obtener su reparación cuando estos sean vulnerados (incluso por el mismo Estado). A este efecto, cuando estos guardianes de la Ley infringen flagrantemente lo dispuesto en la norma u omiten lo dispuesto en la Constitución y las leyes serán responsables de sanciones Administrativas, Civiles y Penales.

En tal sentido, la responsabilidad del Juez es un límite al ejercicio de su función judicial y, esta, deberá y tendrá que constituir una garantía para el ciudadano, en tal sentido, deberá tenerse en cuenta, "quien imparte justicia será un juez, legitimo, idóneo, neutro, serio, competente imparcial, independiente y legal", no propiamente en razón a la responsabilidad (que ese no debe ser su límite), si no, a su labor de impartir justicia y, devolver la paz a quien le fue arrebato.

12.2.5.4. Principio de legalidad

En Grecia, las primeras leyes contenían normas de carácter general, los mismos eran desarrollados en materiales duraderos, como piedra o bronce, y fueron públicamente exhibidas en el ágora[184] **o en algún otro lugar destacado de la ciudad, donde ellas podían ser observadas con habitualidad por todos los habitantes. El mismo, ha sido considerado por algunos historiadores como una suerte de Regla de Reconocimiento (en la terminología de Hart) del derecho vigente.**[185]

Refiere Mir Puig, que el Principio de Legalidad, tiene como origen en la Revolución Francesa y la Ilustración, cuando el pueblo pasa de ser un instrumento y

---

184 El Ágora, es precisamente la plaza pública griega, asimismo, es considerado como el "motor de la polis".

185 GAGARIN, Michael, *La ley griega se equivoca*, Cambridge, Cambridge University Press, 2008, p. 92 y p. 185.

sujeto pasivo del poder absoluto del Estado, a controlar y participar en ese poder, exigiendo garantías para su ejercicio[186]. En términos generales la Ilustración, también llamada "época de las luces", constituye un período de profunda modificación de las ideas hasta entonces existentes, ya que el hombre y su forma de pensar se independizaron de la religión, de modo que la ciencia dejó de estar al servicio de la teología, y el Estado y el Derecho comenzaron a estar ante el tribunal de la razón crítica del hombre[187].

El principio de legalidad implica el fundamento o la base que resguarda a todos los ciudadanos para que se respeten sus derechos y se impongan sanciones solo por las conductas que el legislador haya calificado como punibles y que al ser delito conlleva una pena, esta característica se expresa en la obligación que asume el legislador con los ciudadanos para garantizar una vida sin riesgos o peligros. Este criterio, se sustenta en la expresión constitucional de la soberanía (Artículo 7 de la CPE), el mismo se ejerce de forma directa y delgada, es decir, ese mandato se ciñe en los fundamentos políticos y principios constitucionales que dotan de validez de los actos de las autoridades (en este caso, el Legislador) tendiente a prevenir y a reprimir las conductas delictivas, con políticas razonables. Es decir, el legislador, está obligado a establecer criterios o estándares mínimos bajo lógica positiva razonable al aplicar el lenguaje coercitivo tendiente a prevenir y a reprimir las conductas delictivas. Este tenor, se entenderá, como el fundamento jurídico en virtud del cual los ciudadanos y todos los poderes públicos están sometidos a las leyes.

El juez natural, está sujeto a un principio de Legalidad que se ha entendido como el derecho a un juez preconstituido por la ley procesal para el conocimiento de un determinado asunto, del cual emergerá una solución justa.

Luigi Ferrajoli, concibe al juez natural como una garantía por la que se protege el régimen de competencias, entendiendo por competencia a efectos de la ***"medida de la jurisdicción de que cada juez es titular"***. Sostiene Ferrajoli, que dicho principio, impone que sea "**La Ley**" la que predetermine tales criterios de forma rígida y vinculante, de modo que resulte excluida cualquier elección *ex post factum* del juez o tribunal a quien le sean confiadas las causas".

12.2.5.5. Importancia de su vigencia

Por ello, es menester rescatar la importancia de la vigencia del principio del juez natural o derecho al juez legal en el ámbito del Estado Constitucional de Derecho, respetuoso del debido proceso, puesto que todo proceso o cualquier otra naturaleza, estructurado sobre la base de principios democráticos debe evitar toda

186 MIR PUIG, Santiago, *Derecho Penal, "Parte general,* Barcelona", Ed. Euros, 1998, pág. 75 y 76.

187 MEZGER, Edmund, *Derecho penal "Parte General"*, trad. de Conrado A. Finzi, de la 6ª ed. Alemana de 1955, Buenos Aires, Din Editora, 1989, p. 40.

posible manipulación del juicio, garantizando que éste sea verdaderamente un garante, ya que de la competencia, imparcialidad e independencia del órgano juzgador depende de la legitimidad y legalidad social del mismo.

12.2.5.6. El juez natural en el Estado Constitucional de Derecho

El juez natural es un Derecho fundamental y una auténtica garantía, tanto para ámbito jurisdiccional como para el ciudadano. En este sentido, el Derecho fundamental que todo persona tiene al "juez natural", está reconocido por la Constitución del Estado Constitucional de Derecho y el Sistema Universal de Protección de los Derechos Humanos, la Constitución, le da valor al juez o tribunal competente, imparcial e independiente, y el mismo, forma parte del derecho fundamental al debido proceso que sistematiza el sistema de "garantía judicial" y se manifiesta cuando una persona es procesada por el juez o tribunal que le corresponde, según las reglas fijadas anticipadamente por una Ley.

La relevancia mayor del juez natural en un régimen constitucional rígido y con justicia constitucional condice con las garantías de legalidad y predeterminan la existencia de un sistema de control de constitucionalidad de las leyes a efectos de asegurar la primacía de los mandatos constitucionales.

Es decir, el Juez natural es un verdadero comisario que impulsa el proceso para proteger los derechos fundamentales, el mismo está revestido de competencia, independencia, imparcialidad y legalidad para conocer un determinado asunto o causa y darle una solución justa.

La garantía del Juez Natural, establece que es un elemento integral del debido proceso, supone la existencia de tribunales o juez preestablecidos en forma permanente por la Ley. Se tutela a través de este principio, la prohibición de crear organismos *ad-hoc*, o *ex post facto* (después del hecho), o especiales, para juzgar determinados hechos o, a determinadas personas, sin la generalidad y permanencia propias de los tribunales judiciales. Asimismo, se debe garantizar la importancia del principio del Juez Natural.

El juez natural revestido de los principios, señalados ut supra, debe postular sus atribuciones indelegables en la presencia de un juez que dirija, un juez que ordene, de un juez que impulse, de un juez que sanee y de un juez que cumpla con la inmediación procesal. Desde este principio, se rechaza la idea de un juez mero espectador que no intervenga diligentemente en el proceso.

12.3. EL principio de la presunción de inocencia

12.3.1. Introito

En la Edad Media, fue considerado con la expresión "*in dubio pro reo*", y pocos siglos después se construyó el estándar "más allá de toda duda razonable"[188] en el *Old Bailey* de Londres (finales del siglo XVIII) como un conocimiento adquirido para jurados que obraban juiciosamente en el estándar de la certeza moral del Derecho Canónico (la construcción fue incluso anterior). A lo largo de todo este tiempo, no han faltado reiterados intentos doctrinales de distinguir unos y otros principios y estándares, siendo especialmente destacables las reiteradas tentativas de diferenciar la *"presunción de inocencia"* del *"in dubio pro reo"*, así como el "más allá de toda duda razonable" de la presunción de inocencia.[189] Es un principio que dejo de ser relevante durante la baja Edad Media debido a las practicas inquisitivas prevalecientes, en que la duda sobre la inocencia significada culpabilidad.[190] El principio de *in dubio pro reo*, proviene desde tiempos del Derecho Romano y Derecho Canónico (supra). El digesto de Justiniano rezaba: *"es preferible dejar impune al culpable de un hecho punible que perjudicar a un inocente"*.[191]

El antecedente más próximo y preciso, se encuentra en Francia, particularmente, en la "Revolución Francesa de 1789", y específicamente, en la "*Declaración de los Derechos Humanos del Hombre y del Ciudadano* de 1789", que, en su artículo 9, reza, «todo hombre se *presume inocente hasta que haya sido declarado culpable»*, este fundamento primigenio, establece la necesidad ineludible de un proceso criminal "razonable y justo", aplicable para cualquier persona antes de ser declarado culpable por un juez.

Recordemos que, en España, en el año 1813 las cortes de Cádiz suprimían el tribunal de inquisición en España y América, a efectos de este, se otorgaba al ser humano un razonable proceso criminal.

La Constitución de los Estados Unidos (EE.UU), específicamente, en su Enmienda "V", establece que, «Nadie estará obligado a responder por un delito castigado con la pena capital o con otra infamante si un gran jurado no lo denuncia o acusa, a excepción de los casos que se presenten en las fuerzas de mar o tierra o en la milicia nacional cuando se encuentre en servicio efectivo en tiempo de guerra o peligro público; tampoco se pondrá a persona alguna dos veces en peligro de perder la vida o algún miembro con motivo del mismo delito; ni se le forzará a declarar contra sí misma en ningún juicio criminal; ni se le privará de la vida, la libertad o la

---

188 Efraín Hernández ha señalado que, duda razonable, es «aquella duda fundada que surge como producto del raciocinio de todos los elementos de juicio envueltos en el caso». Véase en: HERNÁNDEZ ACEVEDO, José Efraín. «La presunción de inocencia». Programa IV: Derecho y Fe, 2008, p. 2. http://www.abogadonotariopr.com/images/Derecho%20y%20Fe%20IV.pdf , (Consulta: 2enero 2020).

189 NIEVA FENOLL, Jordi, La razón de ser de la presunción de inocencia, InDret, Barcelona, enero 2016. Véase en: http://www.indret.com/pdf/1203_es.pdf, (Consulta: 2 enero 2020).

190 Cfr. AGUILAR GARCIA, Ana Dulce, *Presunción de inocencia,* Comisión Nacional de los Derechos Humanos, México, 2005, p. 13.

191 AGUILAR GARCIA, Ana Dulce, Óp. Cit. p. 22.

propiedad sin el debido proceso legal; ni se ocupará su propiedad privada para uso público sin una justa indemnización». En esta ocasión, cuando se habla del debido proceso legal, la Corte Suprema de los Estados Unidos ha interpretado que por presunción de inocencia nadie podrá ser condenado si no se ha probado su culpabilidad más allá de cualquier duda razonable.[192]

La presunción de inocencia constituye un principio o presupuesto imprescindible del debido proceso, es decir, es un derecho fundamental y una garantía primigenia que asiste a toda persona y este debe ser aplicado en el ámbito general del proceso, es decir, es de aplicación inmediata en el ámbito del Derecho Penal, Derecho Administrativo Sancionatorio, y otros que dispone la Ley, durante el proceso.

La garantía judicial de la presunción de inocencia debe garantizar la protección a todas las personas a efectos de obtener del ente judicial las garantías necesarias para proteger los derechos fundamentales a la vida, libertad, propiedad, libertad de expresión, pensamiento, imprenta, integridad, imagen y otros, "los Derechos que no estén expresamente proclamados en una constitución, no serán entendidos como negación de otros derechos no enunciados". A este efecto, cuando en razón al Derecho lo amerite, se debe restituir los derechos conculcados o vulnerados, así lo determina la Constitución Política del Estado boliviano, conforme reza su Artículo 113.I.

12.3.2. Presunción de inocencia en el sistema penal

La persecución, la creación de tribunales especiales, nuevos procedimientos de investigación y torturas cometidos por poder punitivo del Estado, según su concepción moral de hacer justicia, infringe y viola Derechos fundamentales. Con la creación arbitraria y juzgamiento irregular del sindicado, imputado e incluso acusado, debe entenderse como un procedimiento viciado de "nulidad".

La presunción de inocencia como elemento del debido proceso, es un derecho fundamental y garantía en el proceso, el razonamiento radica en que, "nadie puede ser castigado y privado de su libertad sino por una Ley promulgada con anterioridad a la comisión del delito", esta Ley debe ser "justa, valida y efectiva"; la Ley debe ser aplicada para todos "sin diferencias", esta Ley puede proteger o puede castigar.

La presunción de inocencia es un Derecho fundamental, el cual garantiza la libertad de las personas, y el mismo, debe ser considerada como la garantía madre del debido proceso, a efectos de un desarrollo legítimo en el proceso penal. Esta garantía, es considerado un principio que va más allá de cualquier conjetura o cons-

192 Cfr. VILLANUEVA TURNES, Alejandro. "La presunción de inocencia. Una aproximación actual al derecho", Revista catalana de dret públic, No. 51 (diciembre 2015), pp. 209-222.

trucción maliciosa que pudiera realizar cualquier individuo o ente, el principio de presunción de inocencia es clave fundamental del sistema penal. Es decir, el sindicado, imputado e incluso el acusado debe ser considerado inocente antes de ser condenado por un juez, esto, a través de una sentencia con autoridad de cosa juzgada, ahí se destruye la presunción de inocencia del acusado. Empero, el imputado o acusado en el desarrollo del proceso debe ser tratado o considerado inocente, y con los mismos derechos y deberes que el acusador.

12.3.3. Concepto de presunción de inocencia

La presunción de inocencia, al ser un principio básico del debido proceso, protege los derechos fundamentales del sindicado, imputado o acusado, es decir, debe ser la primera garantía que debe otorgarse al sujeto procesado, si bien no es por etapas o categorías la otorgación de este principio, si no, *"inherente al sujeto procesado, durante el inicio del proceso hasta la conclusión"*, conviene describir este escenario, ya que se ha razonado de muy mala forma, es decir, cuando un individuo es arrestado, aprehendido o detenido por un policía (por acción directa, orden de un fiscal o juez) este es considerado "culpable de algo". Se puede apreciar en la actividad del proceso, por ejemplo, en las audiencias de medidas cautelares "casos penales", el sujeto que no haya vencido los términos que la ley adjetiva advierte, en sentido de no obstaculizar la investigación, no fugarse y las que determina la Ley, y finalmente enviado a un centro penitenciario "mientras dure la investigación", es visto como culpable, o cuando se emite una resolución de acusación por el Ministerio Publico, en fin, cuando un juez competente emite una Sentencia "condenatoria", es considerado culpable con mayor grado. En conclusión, se ha considerado que, por instancias que el sujeto procesado no venza, más culpable "es", lo cierto es que, la presunción de inocencia permite a toda persona presumírsele inocente desde el inicio de la investigación hasta que exista una sentencia con autoridad de cosa juzgada (conclusión), el cual destruirá la presunción de inocencia con alta probabilidad de certeza.

La presunción de inocencia, es un derecho fundamental y una garantía primigenia que asiste al sindicado, imputado e incluso al acusado durante el proceso, y este goza de la misma condición jurídica que un inocente. La presunción de inocencia es un principio fundamental del derecho procesal penal que forma la actividad jurisdiccional como regla probatoria y como elemento fundamental del Derecho a un juicio justo.[193]

12.3.4. La presunción de inocencia como regla de trato y como regla de juicio

Al respecto, el Tribunal Constitucional de la República del Perú en la **Sentencia 973/2021** de fecha 23 de noviembre de 2021, refirió que:

193 AGUILAR GARCIA, Ana Dulce, Óp. Cit. p. 15.

> *"(...) la presunción de inocencia, esto es, como regla de trato, este Tribunal ha precisado que "a todo procesado se le considera inocente mientras no se pruebe su culpabilidad: vale decir, hasta que no se exhiba prueba en contrario. Rige desde el momento en que se imputa a alguien la comisión de un delito, quedando el acusado en condición de sospechoso durante toda la tramitación del proceso, hasta que se expida la sentencia definitiva" [STC 01768-2009-PA, fundamento 5]. En un sentido similar, la Corte IDH a indicado que "[e]l derecho a la presunción de inocencia, tal y como se desprende del artículo 8.2 de la Convención, exige que el Estado no condene informalmente a una persona o emita juicio ante la sociedad, contribuyendo a formar una opinión pública, mientras no se acredite conforme a la ley la responsabilidad penal de aquella" [Corte IDH. Caso J. vs. Perú. Excepción Preliminar, Fondo, Reparaciones y Costas. Sentencia de 27 de noviembre de 2013. Serie C Nº 275, párr. 235]. La referencia a la presunción de inocencia como regla de trato que informa el desarrollo del proceso también se ha trasladado a la normatividad infraconstitucional. En efecto, el Código Procesal Penal del 2004 reconoce que "[...] toda persona imputada de la comisión de un hecho punible es considerada inocente, y debe ser tratada como tal, mientras no se demuestre lo contrario y se haya declarado su responsabilidad mediante sentencia firme debidamente motivada. Para estos efectos, se requiere de una suficiente actividad probatoria de cargo, o tenida y actuada con las de idas garantías procesales".*

La presunción de inocencia -según Ferrer Beltrán- como regla de trato impone la obligación a los jueces y tribunales a tratar al sujeto procesado como "inocente" hasta que exista una sentencia con autoridad de cosa juzgada.

Asimismo, Ferrer Beltrán, refiere que la presunción de inocencia "no es compatible" con la medida cautelar, al ser una regla de trato (una de las reglas de la dimensión procesal), aun cuando se impusiera una medida cautelar "grave", como ser detención preventiva, se estuviera vulnerando la presunción de inocencia como regla de trato procesal, esta regla impone a los jueces y tribunales a tratar a los imputados como inocente hasta que haya una sentencia condenatoria con autoridad de cosa juzgada, ahí se destruye la presunción de inocencia. Si un imputado está con detención preventiva en un centro penitenciario, no es tratarlo como inocente (Derecho fundamental).

¿La prisión preventiva es una alternativa (es mecanismo) para asegurar la investigación? Cierto, es correcto, empero, se dicta medidas cautelares de carácter personal (detención preventiva), solo cuando se tiene certeza de que el imputado vulnerara Derechos fundamentales, tanto al sujeto (víctima) y otros, como la efectiva realización del proceso.

La prisión preventiva, como forma de limitar la libertad "por un tiempo racional", en algún sentido, inhabilitando o suspendiendo la presunción de inocencia, para garantizar derechos fundamentales y la diligencia de la investigación en el proceso, debe cumplir con las siguientes condiciones antes de dictar la decisión de prisión preventiva:

1) Proporcionalidad,

2) Excepcional y,

3) Subsidiario.

César Higa Silva, cita a Perfecto Andrés Ibáñez,[194] el cual manifiesta que, el derecho a la presunción de inocencia es una regla que garantiza lo siguiente:

(i) El tratamiento que debe recibir el acusado durante el proceso, esto significa que el acusado debe ser tratado como inocente sin que pueda imponérsele algún tipo de medida que afecte esa condición hasta que el Juez declare su culpabilidad respecto de los hechos imputados; y,

(ii) Las reglas probatorias que deben seguirse en un proceso para determinar cuando una persona puede ser considerada como culpable del delito que se le imputa, lo cual significa que el Juez sólo podrá condenar al imputado cuando la acusación ha sido demostrada más allá de toda duda razonable.

Lo cual configura, que la presunción de inocencia expresa dos significados garantistas, lo cuales son; "la regla de tratamiento del imputado, que excluye o restringe al máximo la limitación de la libertad personal" y "la regla del juicio, que impone la carga acusatoria de la prueba hasta la absolución en caso de duda".[195]

12.3.5. La presunción de inocencia como regla probatoria y su aplicación en las sentencias

Al respecto, el Tribunal Constitucional de la República del Perú en la Sentencia 973/2021 de fecha 23 de noviembre de 2021, refirió que:

> *"(...) la presunción de inocencia, es importante recordar que "no puede trasladarse la carga de la prueba a quien precisamente soporta la imputación, pues eso significaría que lo que se sanciona no es lo que está probado en el proceso o procedimiento, sino lo que el imputado, en este caso, no ha podido probar como descargo en defensa de su inocencia" [TC 00156-2012-HC, fundamento 12]. De esta primera regla también se deriva el deber de no con-*

---

194 Cfr. HIGA SILVA, César, El derecho a la Presunción de Inocencia desde un punto de vista constitucional, Derecho & Sociedad, Asociación Civil 40, Perú, 2013, pp. 113-120.

195 FERRAJOLI, Luigi, *Derecho y razón: teoría del garantismo penal*, 5ª edición, Trotta, Madrid, 2001, p. 55.

denar a una persona mientras que no exista certeza de su responsabilidad penal, por lo que, en el caso que las pruebas actuadas no permitan deducir esta conclusión, corresponderá que la autoridad jurisdiccional proceda a la absolución del imputado. De esta manera, la presunción de inocencia "es un elemento esencial para la realización efectiva del derecho a la defensa y acompaña al acusado durante toda la tramitación del proceso hasta que una sentencia condenatoria que determine su culpabilidad quede firme. Este derecho implica que el acusado no debe demostrar que no ha cometido el delito que se le atribuye, ya que el onus pro ando corresponde a quien acusa" [Corte IDH. Caso Corte IDH. Caso J. vs. Perú. Excepción Preliminar, Fondo, Reparaciones y Costas. Sentencia de 27 de noviembre de 2013. Serie C Nº 275, párr. 233]."

En caso de duda, hay que absolver. "*In dubio pro reo*". Es decir, en caso de insuficiencia o ausencia de prueba, el juez optará por la inocencia.[196] La presunción de inocencia es regla que impone la carga de probar la culpabilidad a quien acusa.[197] Cuando un juez pronuncia una sentencia de culpabilidad no debe tener dudas, su base se encuentra en definir finalmente que la "presunción de inocencia" ha sido destruida por un arsenal de elementos objetivos (prueba), y es pertinente mencionar que, quien acuse a alguien de un delito determinado, debe demostrar objetivamente lo refrendado.

La presunción de inocencia es una presunción *iuris tantum*, es decir, que admite prueba en contrario. De este modo, un juez no puede condenar cuando la culpabilidad no ha sido verificada más allá de toda duda razonable; esto es, "cuando los órganos de persecución penal no han podido destruir la situación de inocencia, construida de antemano por la ley".[198]

Sobre este punto, es necesario referir que, el principio de presunción de inocencia, "como regla probatoria", impone la carga de probar al acusador frente al supuesto responsable del delito, a efectos del mismo, el juez solo está supeditado a valorar los hechos objetivos (traducidos en prueba) aportados legalmente al proceso. Tal razonamiento, expresó el Código de Justiniano que afirmaba que, ***«Todos los acusadores entiendan que sus cargos no serán preferidos a menos que puedan ser probados por testigos probos o por documentos concluyentes, o por evidencias circunstanciales que equivalgan a pruebas indubitadas y claras como el día»***.[199]

196 NIEVA FENOLL, Jordi, La razón de ser de la presunción de inocencia, InDret, Barcelona, enero 2016. Véase en: http://www.indret.com/pdf/1203_es.pdf, (Consulta: 2 enero 2020).

197 AGUILAR GARCIA, Ana Dulce, Óp. Cit. p. 15.

198 Ídem.

199 STUMER, Andrew, *La Presunción de Inocencia. "Perspectiva desde el Derecho probatorio y los derechos humanos"*, Marcial Pons, Madrid, 2018, p. 22.

Para suspender la presunción de inocencia, en la medida cautelar de carácter personal (detención preventiva), porque se tiene certeza que habrá una afectación a un derecho fundamental de la víctima y otras, como entorpecerá en la investigación "obstaculización" o huir de un determinado lugar "fugar" (con mayor fuerza la primera), la carga de la prueba para acreditar los peligros de fuga u obstaculización corresponde a la parte acusadora (víctima) y al Ministerio Publico, no debiendo exigirse al imputado acreditar que no se fugará ni obstaculizará la averiguación de la verdad.

Asimismo, El acusador, debe cumplir con el umbral de la Ley adjetiva: en tal sentido, la legislación boliviana, La Ley 1173, Ley de Abreviación Procesal Penal y de Fortalecimiento de la Lucha Integral Contra la Violencia a Niñas, Niños, Adolescentes y Mujeres, que modifica e incluye al Código de Procedimiento Penal, Ley N° 1970 de 25 de marzo de 1999. A este efecto, el:

> ***Artículo 231 bis. (Medidas Cautelares Personales). V.*** *La carga de la prueba para acreditar los peligros de fuga u obstaculización corresponde a la parte acusadora, no debiendo exigirse al imputado acreditar que no se fugará ni obstaculizará la averiguación de la verdad.*

La prueba producida durante el proceso también guarda una importante relación con la regla probatoria, es decir, la prueba que sea aportada por terceros durante el proceso surte efectos en la sentencia, en tal sentido, quien acusa tiene tres alternativas; aportar al proceso prueba objetiva que conduzca a la decisión racional del juez, producir y obtener la prueba de forma legítima y legal, utilizar como medio legítimo y legal la aportación de la prueba por terceros. Los tres elementos surten efecto en la valoración racional de la prueba.

Es necesario manifestar que, la carga de la prueba es una institución particularmente propia del proceso civil, y no realmente del proceso penal. La noción de "carga" está inspirada en la idea de obligación, y tiene más sentido en un proceso civil regido por el principio dispositivo y de aportación de parte. Si el litigante aporta la prueba que le es más disponible, puede ganar el proceso. Si no lo hace, perderá.[200]

En suma, en el proceso penal, lo llamare: "peso probatorio", cuanto más peso en sentido de prueba se aporta al proceso para acreditar la culpabilidad del imputado o acusado (no todo debe ser valorado, sino, lo pertinente y necesario, conforme Ley) mayor posibilidad hay de enervar la presunción de inocencia.

---

200 Cfr. NIEVA FENOLL, Jordi, La razón de ser de la presunción de inocencia, InDret, Barcelona, enero 2016. Véase en: http://www.indret.com/pdf/1203_es.pdf, (Consulta: 2 enero 2020).

12.3.6. Peso probatorio

Se debe referir sobre, "peso probatorio", cuando la *"fuerza en sentido de carga y responsabilidad"* determina la culpabilidad del acusado;

I. *La fuerza de la carga probatoria:* debe prestarse atención a la aportación objetiva de la prueba al proceso, puede ser de la víctima, ministerio público y terceros, la prueba objetiva, es la que determina el juez, conforme la sana critica como método de valoración de la prueba.

II. *La responsabilidad:* se debe analizar sobre la actuación o ejercicio de la acción ilícita del acusado. La responsabilidad penal, debe entenderse en el ejercicio de la acción o en la actuación en un "deber ser" prevista en la Ley, el acusado que haya infringido la regla, se establecerá la consecuencia jurídica, y este, está en haber lesionado o poner en peligro un bien jurídico material o la integridad física de las personas. En igual sentido, en la omisión "hay responsabilidad". La responsabilidad penal la impone el Juez o Tribunal a través de una sentencia con autoridad de cosa juzgada, y consiste en una pena que busca castigar al delincuente (para evitar que vuelva a vulnerar derechos) e intentar su reinserción a la sociedad.

El peso probatorio debe ser valorado por un juez cuando dictamine su decisión a través de una "Sentencia Condenatoria o Absolutoria", esta sentencia debe ser expresada mediante la motivación razonada y no simplemente por "motivos del juez."[201] pues, la motivación es un conjunto de razones, y finalmente debe ser explicado por la argumentación, a efectos de enervar la presunción de inocencia.

Por peso probatorio, debe entenderse al aporte objetivo de la prueba en el proceso, si se aporta al proceso pruebas objetivas y especificas (no cualquier cosa) tiene mayor posibilidad de enervar la presunción de inocencia, y ganar el proceso. Es decir, si el acusador (Ministerio Publico y víctima), no aporta los elementos idóneos y objetivos que acrediten la responsabilidad penal del acusado, el juez, no tendrá la fuerza suficiente en su decisión. En caso de duda, hay que absolver. *"In dubio pro reo"*. Es decir, en caso de insuficiencia o ausencia de prueba, el juez optará por la inocencia.

El peso probatorio, es todo elemento de fuerza reunidos objetivamente y sistemáticamente, a efectos de ser traducidos en el proceso penal como "Prueba", asimismo, este demostrara la responsabilidad penal del acusado, debo advertir, que, existen elementos probatorios que carecen de fuerza y estos no deben ser objeto de análisis, esos elementos deben ser desechados conforme establece la ley, pues

201 Por motivos, debemos entender, como, los estados (o eventos) mentales, psíquicos: son impulsos, emociones, las actitudes, los sentimientos, etc., que inducen a tener una creencia, sostener una tesis o tomar una decisión. Véase en, GUASTINI, Ricardo (2017), *Teoría Analítica del Derecho,* ed. Zela, Perú, 2017, p. 29.

en un proceso penal no se puede imputar o acusar con elementos subjetivos o por "conjeturas o motivos".

La perspectiva de peso probatorio en la presunción de inocencia, determina un resultado, a este efecto, tanto la autoridad quien acusa (Ministerio Publico) y la Víctima deben tener la certeza en la evidencia que se presenta en la etapa preparatoria y de juicio (prueba de resiente obtención "regulada por una ley adjetiva").

Al respecto, se tiene prohibido hacer cualquier declaración antes de que se dicte sentencia, esto, puede afectar la presunción de inocencia del acusado. Aquí, el derecho a un tribunal imparcial cobra la mayor importancia; con base en estos supuestos, entonces, se evitarán condenas injustas y se protegerá la equidad del procedimiento.[202]

Para poder considerar que existan indicios que constituyan prueba de cargo suficiente, a afectos de enervar la presunción de inocencia, el juez debe, entre otras cosas, cerciorarse al valorar el material probatorio disponible de que estén desvirtuadas las hipótesis de inocencia efectivamente alegadas por la defensa en el juicio y, al mismo tiempo, descartar la existencia de contradictorios que den lugar a una duda razonable sobre la hipótesis de culpabilidad sustentada por la parte acusadora. Esto infiere necesariamente, que la valoración de las pruebas para dictar sentencia y, en consecuencia, aplicar el principio *in dubio pro reo* corresponde exclusivamente a los tribunales ordinarios. Esto lleva a cuestionar la acusación de los tribunales constitucionales y de los internacionales respecto de si pueden analizar la actividad probatoria de un proceso en la determinación de violaciones a la presunción de inocencia.[203]

12.3.7. El principio de presunción de inocencia como garantía constitucional

La presunción de inocencia, es un derecho fundamental que está reconocido por nuestro ordenamiento constitucional (en este caso "Bolivia"), conforme ciñe el literal del artículo 116.I., de la Constitución Política del Estado, que reza:

> ***Artículo 116. I.*** *Se garantiza la presunción de inocencia. Durante el proceso, en caso de duda sobre la norma aplicable, regirá la más favorable al imputado o procesado.* ***II.*** *Cualquier sanción debe fundarse en una ley anterior al hecho punible.*

Toda persona debe ser considerada y tratada como inocente mientras no se haya declarado y ejecutado judicialmente la sentencia condenatoria por el delito que se le acusa, mientras tanto debe presumirse la inocencia. Suena un tanto difícil de comprender, pero, tanto en el procedimiento y proceso nazi, inocentes eran

202 AGUILAR GARCIA, Ana Dulce, Óp. Cit., p. 18.

203 Ídem p. 23 y 24.

condenados con reglas duras y un tanto absurdas, todos los condenados eran "culpables" según el eslogan "caiga quien caiga". No estoy diciendo que todos aquellos que son acusados son inocentes, pero debe presumirse que sí. Un hombre no puede ser llamado reo antes de la sentencia del juez, ni la sociedad puede quitarle la pública protección sino cuando este ha decidido que ha violado los pactos bajo los que le fue concedida.[204]

El Estado Constitucional de Derecho, es garante del cumplimiento obligatorio de los derechos, deberes, garantías, etc., los mismos, están establecidos por la Constitución y los Tratados Internacionales, en tal sentido, el agente del Ministerio Público y Juez o Tribunal, están llamados a garantizar los derechos constitucionales, deben necesariamente inclinar la balanza en favor de la "verdad, el proceso penal tiene el fin último de buscar la verdad objetiva a efectos de establecer la culpabilidad con un alto nivel de certeza. El Estado no debe tomar medidas coercitivas contra ninguna persona, a menos que se haya demostrado que es culpable de un delito y merezca por ello un castigo.[205] Pues, es inconcebible que quien acuse solo se base en meras conjeturas, presunciones o especulaciones "tal vez por venganza u otros motivos", es decir, el acusador, acusa a una persona cuando este tiene todos los medios y elementos objetivos que demuestren razón en la responsabilidad penal, y el Juez sólo debe verificar y condenar al acusado cuando su responsabilidad ha sido demostrada más allá de toda duda razonable.

12.3.8. Presunción de inocencia ante la sociedad

En muchas ocasiones se ha observado, que, ciudadanos en general, periodistas, políticos e incluso abogados se atribuyen la autoridad a llamar de, "delincuente o criminal" al individuo a quien acusan por un delito, y estos lo realizan "libremente" a través de sus cuentas personales en redes sociales y otros, asimismo, en entrevistas de medios de comunicación, en fiestas o reuniones públicas o privadas, sin temeridad, de esta forma, sentenciándolos sin antes haber escuchado la decisión final del Juez. Solo una sentencia penal con autoridad de cosa juzgada podrá destruir la presunción de inocencia (ver supra).

En Inglaterra, cuando el diario *News of the World* publicó una lista de 50 presuntos pederastas, estas personas y sus familiares fueron objeto de intimidación por sus vecinos y algunos de ellos se vieron obligados a dejar sus hogares. Dos terminaron suicidándose. En Luxemburgo, el semanario *L'investigateur,* en su edición núm. 54, publicó la lista de 102 presuntos pederastas belgas extraídos de un informe policial, a pesar de que la justicia prohibió su publicación. La revista

---

204 BECCARIA, Cesare, *De los delitos y las penas,* Trad. Francisco Tomas y Valiente, Madrid, 1982.

205 STUMER, Andrew, *Op. Cit.* p. 15 y 19.

fue distribuida a unos mil suscriptores, imponiéndose una millonaria multa por cada ejemplar en circulación[206].

Los medios de comunicación, deben ser objetivos y responsables con la información que bridan, estos medios de comunicación no deben infringir los derechos fundamentales, pues, una información falsa o mal elaborada constituye una violación a un Derecho fundamental especifico, estos no pueden abusar de la libertad de informar, y mucho menos violar el derecho a la presunción de inocencia, derecho que corresponde a todo sindicado (inicio de investigación), imputado o acusado en un proceso penal justo, y este debe ser tratado como si fuese inocente hasta que una sentencia con autoridad lo declare culpable.

Asimismo, el individuo que, con una actitud de mala fe y con alta temeridad, calumniase e injuriare con información falsa a una persona o una empresa, el mismo debe ser "responsable penalmente o civilmente (cuando amerite)".

Los funcionarios o servidores públicos no deben usar su cargo para sentenciar a quien pueda parecerles, en vista de que sus expresiones, informaciones u opiniones no son de asuntos de interés público y en beneficio del Estado y sus instituciones. Si las fueran, es decir, si las denuncias fueran objetivas y de interés público al Estado y sus instituciones, estas deben gozar de la mayor protección bajo la Convención Americana de Derechos Humanos (CADH)[207]. Empero, los políticos no emiten sentencias y mucho menos deben condenar a nadie, pues sus sentencias burdas y sin sentido "en Derecho" son utilizadas en campañas o discursos políticos con el objeto de desprestigiar, dañar o simplemente como una estrategia o medida política (o con fines personales), esta grosera vulneración a los derechos fundamentales debe ser sancionado inmediatamente cuando se haya demostrado en un proceso.

Los funcionarios o servidores públicos que usurpen la función de fiscal, juez o la de un tribunal competente, también son sujetos a responsabilidad Administrativa, Civil, e incluso Penal (cuando, se demuestre objetivamente a través de un proceso disciplinario). Por ejemplo, en la Ciudad de La Paz (Bolivia), una Asambleísta Departamental "AD", denunciaba en su cuenta de Facebook (el pasado 19/12/2019) a un supuesto violador y lo sentenciaba; esta "AD", denuncia a un muchacho "youtuber" de haber cometido un supuesto delito de violación, ahora, el individuo puede o no haber cometido el delito (por cierto, es reprochable el de-

206 QUISPE FARFÁN, Fany Soledad, Presumirse inocente, sentirse libre y amparado: momentos claves para defender la presunción de inocencia, Anuario de Derecho Penal, Perú, 2004, pp. 165-186. Véase en: http://perso.unifr.ch/derechopenal/assets/files/anuario/an_2004_09.pdf, (Consulta: 22 enero 2020).

207 Organización de los Estados Americanos, Marco jurídico interamericano sobre el derecho a la libertad de expresión, OEA/Ser.L/V/II CIDH/RELE/INF. Original: español, 2/09 30 diciembre 2009, p. 12.

lito de violación), pero, el youtuber debe gozar de todos los derechos y garantías establecidas en la Constitución y los tratados internaciones, hasta que se demuestre objetivamente su culpabilidad.

La "AD" condenaba a este youtuber ante la sociedad, usurpando claramente la función de un fiscal e incluso la de un juez. Supongamos que se iniciara en un proceso a la "AD" por emitir elucubraciones que vulneran derechos fundamentales en contra del youtuber (presunción de inocencia, dignidad, derecho al honor etc.), la "AD", en pronunciamiento a su defensa, simplemente se acogería, y de mala forma, al derecho a la libertad de expresión. Cabe aclarar, que la libertad de expresión tiene un límite, es decir, ese derecho tiene un límite.

En suma, el youtuber puede o no ser culpable del delito por el cual se lo acusa, pero, solo un juez competente puede determinarlo ¿si el youtuber no es autor del delito?, se habrá causado un grave daño a la imagen de este individuo. Solo la autoridad competente a través de una sentencia penal con autoridad de cosa juzgada puede destruir la presunción de inocencia. "Y nadie más", "ni siquiera el presidente de un Estado". En tal sentido, durante la sustanciación del proceso, el imputado o acusado debe de ser tratado como inocente "guste o no".

Algunas personas e instituciones (representante), fundados en un supuesto derecho o de mala fe "doloso", manifiestan elucubraciones en un claro desconocimiento de los derechos fundamentales y garantías constitucionales (debido proceso), es decir, emiten sentencias y condenan a otras por un supuesto delito sin antes haber escuchado la decisión final del Juez (sentencia "ejecutoriada"). Estas elucubraciones son necesariamente contrarias a la razón formal y material del derecho, es decir, las personas juzgan a otras personas etiquetándolas como delincuente o criminal por un supuesto delito el cual es transmitida por los medios que ven conveniente (redes sociales, prensa escrita o digital, reuniones, etc.), este criterio sin fundamento en derecho infringe o vulnera flagrantemente el derecho a la "presunción de inocencia".

Es pertinente aclarar que, el derecho a la libertad de expresión tiene límites, sin embargo, el ejercicio de la libertad de expresión implica deberes y responsabilidades para quien se expresa en este Derecho. El deber básico que de allí se deriva es el de ***"no violar los derechos de los demás al ejercer esta libertad fundamental"***. Asimismo, el alcance de los deberes y responsabilidades del derecho de libertad de expresión dependerá de la situación concreta en la que se ejerza el derecho, y del procedimiento técnico utilizado para manifestar y difundir la expresión.[208]

Los límites de la libertad de expresión, al que me réferi anteriormente, no las coloca nadie, ni mucho menos el Presidente de un Estado (a libre determinación),

---

208 Ídem, p. 6.

sino, solo el imperio de la Constitución (discurso del Constituyente "en sentido material"), porque hablar de Estado Constitucional de Derecho, implica respeto al "poder del pueblo". Es decir, el Derecho a la libertad de expresión como límite y respeto a otro derecho fundamental, el cual es, *"la responsabilidad ulterior."* En este sentido, la CADH (Pacto de San José de Costa Rica) en su artículo 13., reza:

> "(1). *Toda persona tiene derecho a la libertad de pensamiento y de expresión. Este derecho comprende la libertad de buscar, recibir y difundir informaciones e ideas de toda índole, sin consideración de fronteras, ya sea oralmente, por escrito o en forma impresa o artística, o por cualquier otro procedimiento de su elección.*
>
> (2). *El ejercicio del derecho previsto en el inciso precedente no puede estar sujeto a previa censura sino a responsabilidades ulteriores, las que deben estar expresamente fijadas por la ley y ser necesarias para asegurar:*
>
> a) *El respeto a los derechos o a la reputación de los demás, o*
>
> b) *La protección de la seguridad nacional, el orden público o la salud o la moral públicas.*
>
> *Asimismo, el Numeral* (5), *reza; Estará prohibida por la ley toda propaganda en favor de la guerra y toda apología del odio nacional, racial o religioso que constituyan incitaciones a la violencia o cualquier otra acción ilegal similar contra cualquier persona o grupo de personas, por ningún motivo, inclusive los de raza, color, religión, idioma u origen nacional".*

12.3.9. ¿Deben abstenerse las autoridades de presentar en ruedas de prensa a las personas que han sido detenidas?

Sí, es necesario que el trato a quien se le presume culpable de un delito sea digno e igualitario, es decir, que la persona a quien se le presume culpable de un delito sea tratado y considerado como inocente hasta que se demuestre lo contrario -solo una sentencia con autoridad de cosa juzgada destruye la presunción de inocencia-. Este criterio reafirma el derecho de juzgamiento básico del ser humano.

Las personas que han sido detenidas por un presunto delito y estas hayan sido presentadas en rueda de prensa por la Policía, Ministerio Publico y las entidades competentes con un chaleco que indique "aprehendido", "detenido" o "procesado", u otras etiquetas, sin que haya iniciado un proceso jurisdiccional "justo" y la culpabilidad no se haya declarado por una sentencia con autoridad de cosa juzgada, se estaría vulnerando la presunción de inocencia, principio fundamental del debido proceso.

La exhibición de personas detenidas en medios de comunicación, y el uso de chalecos en los que se indique que la persona tiene la condición de "aprehendido", "detenido" o "procesado", u otras etiquetas, genera una severa afectación del derecho a la presunción de inocencia.

Al respecto, el Tribunal Constitucional de la República del Perú en la Sentencia 973/2021 de fecha 23 de noviembre de 2021, dispuso que: "*(…) las personas detenidas y sobre las cuales no se haya desvanecido la presunción de inocencia deben ser tratadas y consideradas como tales, en tanto no existe un pronunciamiento definitivo por parte de las autoridades jurisdiccionales que revierta esta condición. La Policía (…) y las entidades competentes deben abstenerse de presentar en ruedas de prensa a las personas que han sido detenidas, y sobre las cuales aún no se ha desvanecido la presunción de inocencia*".

Exponer públicamente al presunto autor de un delito en rueda de prensa, o por cualquier medio (sea radio, televisión, redes sociales, imágenes, etc.) pese a que no existe una sentencia con autoridad de cosa juzgada declarando la culpabilidad del delito, derivaría a la disminución de la presunción de inocencia y este resulta lesivo al derecho al honor, imagen, la buena reputación y el libre desarrollo de la personalidad.

Debe trabajarse en una norma jurídica específica, en la que se determine y se habilite la presentación pública de las personas detenidas, y que esta, no vulnere derechos fundamentales y principios constitucionales.

El principio de presunción de inocencia, de las personas no condenadas, puede verse afectada por la exposición en cualquier medio de comunicación. Este derecho constitucional -como convencional- debe garantizar en, por lo menos, dos niveles: a) como regla de juicio o prueba; y, b) como regla de trato (ver supra).

12.3.8.1. Sobre la exposición de detenidos ante los medios de comunicación según el derecho internacional de los derechos humanos

La Corte IDH, ha sostenido que la exposición ante los medios de comunicación con un traje infamante, cuando la persona en cuestión aún no ha sido procesada ni condenada, supone una vulneración del derecho a la presunción de inocencia.[209]

El Tribunal Constitucional de la República del Perú en la Sentencia 973/2021 de fecha 23 de noviembre de 2021, cita al Tribunal Europeo de Derechos Humanos, en el caso: *Lizaso Asconobieta vs. España,* que tuvo la oportunidad de pronunciarse a propósito de la realización de ruedas de prensa en las que se presentaba a una persona ante los medios de comunicación como culpable. En ese sentido, en este pronunciamiento se precisó lo siguiente:[210]

---

209 CORTE INTERAMERICANA DE DERECHOS HUMANOS. *Caso Cantoral Benavides vs. Perú.* Fondo. Sentencia de 18 de agosto de 2000, Serie C N° 33, párr. 119. Véase en: Tribunal Constitucional de la República del Perú, Sentencia 973/2021 de fecha 23 de noviembre de 2021

210 TRIBUNAL CONSTITUCIONAL DE LA REPÚBLICA DEL PERÚ, EXP. N.° 02825-2017-PHC/TC, Sentencia 973/2021 de fecha 23 de noviembre de 2021.

> **40.** *En el presente asunto, el Tribunal observa que, el 8 de junio de 1994, solo tres días después del arresto y detención del demandante en el marco de una operación policial llevada a cabo contra la organización terrorista E.T.A., el gobernador civil de Guipuzcoa organizo una rueda de prensa.*
>
> **41.** *identifico al demandante por su nombre en dos ocasiones, a petición de los periodistas. Se refirió al demandante, sin matices ni reservas, como uno de los miembros de un comando terrorista que habían sido detenidos en una operación policial. A este respecto, el Tribunal señala que el gobernador civil no se refirió al demandante como un "presunto" miembro del comando, aun cuando la investigación policial no había finalizado en el momento en el que se celebró la rueda de la prensa. Por otra parte, el Gobernador civil señalo que las fuerza y cuerpos de seguridad habían llegado "a la convicción" de que este comando era responsable de tres atentados mortales cometidos en la provincia de Guipuzcoa.*
>
> **42.** *El Tribunal observa que la rueda de prensa convocada por el Gobernador civil tuvo lugar cuando el demandante no había sido aún puesto a disposición del Juez para hacer su declaración (...)".*[211]

En suma, el Tribunal Europeo de Derechos Humanos, precisó al respecto de lo precitado *supra*, que era "particularmente importante en esta fase precoz, es decir antes incluso de la apertura de diligencias penales contra el demandante, no formular alegaciones públicas que pudieran ser interpretadas como una confirmación de que el demandante había sido considerado culpable o, al menos, miembro de un comando terrorista asesino".[212]

12.3.8.1.2. A modo de conclusión

Hasta que no exista una sentencia con autoridad de cosa juzgada declarando la culpabilidad de un delito, nadie (Servidor o autoridad pública competente) puede presentar en medios de comunicación (cualquiera sea su tipo) a una persona como autor del delito, asimismo, no se debe generar información que induzca o se interprete como una confirmación de que el presunto autor del delito es culpable.

Los juicios paralelos[213] que vulneren derechos y principios constitucionales, son sujetos a responder por los daños y perjuicios. Por juicio paralelo, se entiende

---

211 TRIBUNAL EUROPEO DE DERECHOS HUMANOS, caso: *Lizaso Azconobieta vs. España.* Sentencia de 28 de junio de 2011, párr. 40 al 42.

212 TRIBUNAL EUROPEO DE DERECHOS HUMANOS, caso: Lizaso Azconobieta vs. España. Sentencia de 28 de junio de 2011, párr. 43. Ver en: Tribunal Constitucional de la República del Perú, Sentencia 973/2021 de fecha 23 de noviembre de 2021. EXP. N.° 02825-2017-PHC/TC.

213 Ejercida por medios de comunicación.

al enjuiciamiento de una persona fuera del proceso y versan por lo general, sobre una persona cuya situación jurídica está pendiente de ser resuelta por autoridad jurisdiccional.[214]

12.3.10. Presunción de inocencia en el sistema universal: su regulación

El derecho fundamental a la presunción de inocencia ha sido consagrado en el Sistema Interamericano y europeo, por lo tanto, en el sistema universal de protección a los derechos fundamentales, es decir, la presunción de inocencia está universalmente reconocida como un derecho humano fundamental y como un principio básico en la administración de justicia penal. En cualquier sistema en el que se considere a una persona culpable de haber cometido un delito por el simple hecho de ser acusada estaría por debajo de los estándares de justicia comúnmente aceptados.[215]

Los juristas ingleses han estudiado directamente estos problemas debido a la introducción de la Human Rights Act de 1998. Esta ley eleva a una categoría casi constitucional el Convenio Europeo para la Protección de los Derechos Humanos y de las Libertades Fundamentales, comúnmente conocido como Convenio Europeo de Derechos Humanos adoptado el 4 de noviembre de 1950, entró en vigor el 3 de septiembre de 1953 (CEDH). Que en su Artículo 6.2, se establece que *«toda persona acusada de una infracción se presume inocente hasta que su culpabilidad haya sido legalmente declarada»*. Si bien el art. 6.2 se expresa en términos vagos, el Tribunal de Estrasburgo ha sostenido que el derecho contenido en el precepto se encuentra sujeto a «límites razonables». Su regulación, también se encuentra expresado en la Carta Africana de Derechos Humanos y de los Pueblos, adoptada el 27 de junio de 1981 y entra en vigor el 21 de octubre de 1986, el Articulo 11.d) de la Carta Canadiense de los Derechos y las Libertades de 1982, Articulo 35.3.h) de la Constitución de la República de Sudáfrica de 1996, Articulo 25.1 de la *Charter of Human Rights and Responsibilities Act* de 2006 (Estado de Victoria, Australia), Articulo 25.c) de la *New Zeland Bill of Rights Act* de 1990. En Estados Unidos, la presunción de inocencia se encuentra implícita en la garantía del debido proceso de las Enmiendas quinta y decimocuarta[216]. Asimismo, el Articulo 11.1 de la Declaración Universal de los Derechos Humanos (adoptada el 10 de diciembre de 1948); Articulo 14.2 del Pacto Internacional de Derechos Civiles y Políticos (adoptado el 16 de diciembre de 1966, entró en vigor el 23 de marzo de 1976); Articulo 8.2 de la Convención Americana sobre Derechos Humanos (adaptada el 22 de noviembre de 1969, entró en vigor el 18 de julio de 1978).

---

214 TRIBUNAL CONSTITUCIONAL DE LA REPÚBLICA DEL PERÚ, EXP. N.° 02825-2017-PHC/TC, Sentencia 973/2021 de fecha 23 de noviembre de 2021.

215 AGUILAR GARCIA, Ana Dulce, Óp. Cit., p. 18.

216 Ob. Cit. p. 16.

12.4. Derecho al plazo razonable

12.4.1. Introito

En el Derecho Romano, particularmente, con el argumento de Constantino y Justiniano, se estableció que, *"a fin de que los litigios no se hagan casi interminables y excedan de la duración en la causa"* los procesos durarían entre uno (en el caso de Justiniano) y dos años (en el caso de Constantino), de manera que dentro de este plazo debía concluirse la causa bajo pena de tergiversación, pena que podía elevarse en determinadas circunstancias.[217]

La Carta Magna de julio 1215 determino un criterio muy importante, en el que, el rey Juan sin tierra de Inglaterra se comprometía con sus señores y súbditos a que *"no se retardaría el derecho a la justicia"*, asimismo, el rey Alfonso X, el sabio, en las Siete Partidas decretaba que ningún pleito penal podría durar más 2 años y que si pasado este tiempo no se esclarecía la responsabilidad, a efectos de liberarse al reo. Con el tiempo se regresaría a la estipulación del Derecho sin garantía del plazo razonable, pues así aparece consignado en la *"Bill of Rights"* o en las primeras 10 enmiendas a la Constitución Estadounidense de 1789, en donde se estipula en su *Sexta Enmienda* el derecho del procesado a un proceso rápido, sin una garantía procesal que haga efectivo el derecho en cuestión pues si bien es cierto que con el tiempo se crearon términos específicos (que pueden ser extendidos justificadamente) a través del *"Speedy trial Act"* (30 días de arresto y 70 días después de la acusación) la violación de estos términos no implica *per se* la terminación del proceso, ni la extinción de la acción penal para el Estado, por lo cual se puede considerar una vulneración a la garantía efectiva.[218]

Beccaria, afirmo que, "el proceso mismo debe terminarse en el más breve tiempo posible", porque, "cuando más pronta y más cercana al delito cometido sea la pena, será más justa y útil (...) más justa, porque ahorra al reo los útiles y feroces tormentos de la incertidumbre, que crecen con el vigor de la imaginación y con el sentimiento de la propia debilidad; más justa, porque siendo una pena la privación de la libertad, no puede preceder a la sentencia".[219]

La Declaración de Derechos de Virginia de 1776, refirió que, *"toda persona sometida a persecución penal tiene derecho a un juicio rápido ante un jurado imparcial"* (Sección 8va). Este derecho paso a la 6ta Enmienda de la Constitución de los Estados Unidos de América (EE.UU.) que reza: *"En todos los juicios penales el acusado gozara*

---

217 MOMMSEN, Teodoro, *El Derecho Penal Romano*, trad. Pedro Dorado, editorial Temis, Bogotá, 1991, p. 308.

218 Cfr. GONZÁLEZ BERBESÍ, Oscar Mauricio, *Garantía del "plazo razonable" en el derecho penal colombiano, a la luz de la aplicación de la ley de "justicia y paz"*, Tesis Magister en Derecho, Universidad Nacional de Colombia, "Facultad de Derecho", 2014, p. 15.

219 BECCARIA, Cesare, *De los delitos y las penas*, Trad. Francisco Tomas y Valiente, Madrid, 1982, pp.128 y s.

del derecho a un proceso rápido". La excesiva duración del proceso sólo fue objeto de una regulación jurídica positiva específica y decidida después de 1945, cuando en los catálogos de los derechos fundamentales fueron incluidos, junto a las garantías básicas burguesas ya consolidadas, también unos derechos básicos, llamados de "segunda generación", tendentes a reconocer la transformación de las expectativas jurídicas de los individuos, derivada del desarrollo de nuevas formas de relación entre estos y el Estado.[220]

Asimismo, el instrumento normativo que recoge este elemento del debido proceso es la Declaración Universal de los Derechos Humanos de 1948 (DUDH) que no consideró entre ellos el derecho a un juicio rápido, sí se ocupó expresamente de la cuestión, ese mismo año, la Declaración Americana de los Derechos y Deberes del Hombre, cuyo Articulo XXV establece que *"todo individuo que haya sido privado de su libertad tiene derecho (...) a ser juzgado sin dilación injustificada"*.[221]

Este criterio, determina un límite razonable y justo al desarrollo del proceso que implica respeto a los sujetos en el proceso, incluso, beneficiando al propio Estado "Poder Judicial y Poder Constitucional", (viceversa). En tal sentido, esto determina ciertos límites a la excesiva duración en el proceso, esto constriñe a los sujetos del proceso a un estricto apego a la legislación adjetiva.

12.4.2. Plazo Razonable

En la teoría y práctica del acceso a la máxima justicia razonable, quedan oscurecidas cuando entra en la escena la justicia retrasada, que es propiamente "justicia denegada". Un problema mayor en el acceso a la justicia reside en la generalizada tardanza en alcanzar la solución de la controversia por la vía procesal. Esto gravita negativamente sobre la impresión que se tiene de la justicia y la confianza que en ella se deposita. Para el principio de celeridad procesal, reviste importancia capital el concepto de plazo razonable, que se aplica a la solución jurisdiccional de una controversia (lo que a su vez significa que haya razonabilidad en el trámite y la conclusión de las diversas etapas del procedimiento que llevarán a la sentencia definitiva).[222] En tal sentido, la excesiva duración de los litigios constituye uno de los mayores y más viejos males de la administración de justicia.[223]

---

220 PASTOR, Daniel R., "Acerca del derecho fundamental al Plazo Razonable de duración del proceso penal", Revista de Estudios de la Justicia "REJ" (N° 4), Facultad de Derecho, Universidad de Chile, 2004, pp. 51 al 76.

221 Ibídem.

222 Cfr. GARCÍA RAMÍREZ, Sergio, *Los derechos humanos y la jurisdicción interamericana*, Universidad Nacional Autónoma de México (UNAM), México, 2002, p. 133 y 134.

223 ALCALA-ZAMORA Y CASTILLO, Niceto, *Etapas procesales de la Literatura española*, Buenos Aires, 1961, p. 62.

El concepto de plazo razonable se aplica tanto a la solución jurisdiccional de una controversia, como a la diligencia en la ejecución de los fallos judiciales que son el eslabón final de la cadena que principia y se desarrolla en el proceso.[224]

El plazo razonable es determinante solo y cuando se aplica en el desarrollo del proceso jurisdiccional y/o administrativa a efectos de una oportuna salida, y este debe ser pronta, razonable y justa.

12.4.2.1. Concepto de plazo justo y razonable

El plazo razonable es un elemento del debido proceso, por lo tanto, es un Derecho fundamental y garantía prevista en las Constitución del Estado Constitucional de Derecho y el Sistema Universal de Protección a los derechos fundamentales, el cual tiene por objeto garantizar la sana diligencia en los procesos judiciales, como administrativos. A efectos de este, se entiende que, aquel que obstaculice o vulnere la correcta diligencia de la administración de justicia, es pasible a la responsabilidad y la reparación.

El plazo justo y razonable, es un Derecho fundamental y una garantía primigenia que asiste a los sujetos del proceso, durante e incluso después de un proceso. En la actividad jurisdiccional el término inicial y término final de plazo justo y razonable constituye el sano ejercicio de la jurisdicción, para lo cual, el juez o tribunal debe aplicar la razonabilidad y diligencia en el trámite, asimismo, en la conclusión de las diversas etapas del procedimiento que llevarán a la Sentencia definitiva y su ejecución.

El plazo justo y razonable, es un Derecho fundamental y una garantía primigenia que asiste a los sujetos del proceso, durante e incluso después de un proceso. En la actividad administrativa el término inicial y término final de plazo justo y razonable constituye el sano ejercicio de la administración pública, para lo cual, el servidor o funcionario público debe aplicar la razonabilidad y diligencia en el trámite, asimismo, en la conclusión de las diversas etapas del procedimiento que llevarán a la Resolución o Acto Administrativo, definitivo.

La garantía judicial del plazo razonable constituye un presupuesto imprescindible del debido proceso, se debe entender que este presupuesto es una garantía Constitucional, como Convencional, lo cual supone la aplicación directa frente cualquier Ley, esto, a efectos de obtener de la sede judicial o administrativa una pronta y justa Resolución o Acto Administrativo, o Sentencia definitiva y su ejecución.

El plazo razonable y justo, es un Derecho fundamental y una garantía Constitucional y Convencional en el proceso y tiene la finalidad de obtener una efectiva y pronta solución a las pretensiones conforme a los términos judiciales o

---

224 Cfr. GARCÍA RAMÍREZ, Sergio, Óp. Cit., p. 135.

presupuestos legales que sean aplicables al caso concreto sin obstrucciones y dilaciones injustificadas por los sujetos procesales.

El plazo razonable es prescrito por un ordenamiento jurídico "constitucionalizado" aplicable en un determinado Estado Constitucional, la vulneración a este Derecho fundamental, constituye una falta grave a la garantía Constitucional y Convencional, por lo tanto, la violación a este Derecho fundamental, debe entenderse, solamente durante el proceso y después ella (ejecución de sentencia).

La vulneración a este Derecho fundamental, ocasionado por los sujetos del proceso (partes y juez o tribunal) concede a su víctima, la indemnización, reparación y resarcimiento de daños y perjuicios, solo cuando este es comprobado judicialmente. Se infringe este Derecho fundamental cuando la diligencia judicial es contraria a la Ley, y la Constitución (como, a la Convención), asimismo, por omisión, quien viole este derecho fundamental debe ser responsable y sancionado (ver infra.), y el Estado no debe responder por ello (ver infra.). Los sujetos procesales son responsables por dilatar el normal y justo desarrollo del proceso, debe ser responsables y sancionados conforme Ley, cuando esto sea comprobado".

12.4.3. Garantía Convencional del plazo razonable

La Convención Americana de Derechos Humanos (CADH), dada en San José de Costa Rica en 1968 y en vigor desde 1978. La CAHD, ratificado por un Estado Constitucional, refrenda fuerza en sentido de Garantía Supraestatal. En tal sentido, el Artículo 7.5 establece que, *"toda persona detenida o retenida [...] tendrá derecho a ser juzgado dentro de un plazo razonable"*. A su vez, y con más precisión, el Artículo 8.1 dispone que: *"toda persona tiene derecho a ser oída, con las debidas garantías y dentro de un plazo razonable, por un juez o tribunal competente, independiente e imparcial, establecido con anterioridad por la ley, en la sustanciación de cualquier acusación penal formulada contra ella"*.

El Sistema Interamericano de Protección conforme ciñen los artículos 7.5 y 8.1 de la CADH, refuerzan y garantizan el plazo razonable, cada artículo refleja un justo sentido de protección y su aplicación en particular. El ***Primero***, determina la protección del derecho a la libertad personal y el ***Segundo***, establece las garantías judiciales en el marco del debido proceso. Asimismo, la CADH en el artículo 25.1 y 25.2.c, determina recursos de protección judicial, en definitiva, es preciso señalar que, la vulneración a la garantía judicial establecidas en las CADH constituye una violación a los derechos fundamentales. "Garantías judiciales en estados de emergencia (Artículos 8, 25 y 27.2 de la CADH)".

La jurisprudencia interamericana, ha perfilado cuatro criterios que sirven para orientar la interpretación de lo "razonable" en el plazo razonable, para sostener sobre lo irrazonable en los trámites administrativos o jurisdiccionales, la Comisión Interamericana de Derechos Humanos (CIDH) examinó los siguientes criterios:

"*Primero*, debe ser un caso con alta complejidad en la resolución del asunto, **incluso en una necesidad justificada y razonable en un mero trámite que constituye el inicio o el intermedio en el proceso,**[225] *Segundo*, la actividad procesal del interesado, *Tercero*, la conducta de las autoridades estatales; y *Cuarto*, la afectación generada por la duración del proceso en la situación jurídica de la persona involucrada".

La Corte Interamericana de Derechos Humanos (Corte IDH) a partir del Caso: *"Genie Lacayo vs. Nicaragua"*, recogió los tres primeros criterios de interpretación desarrolladas por la jurisprudencia del Tribunal Europeo de Derechos Humanos o "Tribunal de Estrasburgo" (TEDH) y, en cuanto al cuarto criterio, su inclusión fue dada a partir del Caso: *"Valle Jaramillo vs. Colombia"*, cuya aceptación por la jurisprudencia del Tribunal Interamericano.[226]

La Jurisprudencia de la Corte IDH, ha señalado que la evaluación del plazo razonable debe ser analizado "en cada caso concreto", en relación con la duración total del proceso, lo cual, podría también incluir la ejecución de la sentencia definitiva. De esta manera, ha considerado cuatro elementos para garantizar el plazo razonable, a saber: **a)** la complejidad del asunto, **b)** la actividad procesal del interesado, **c)** la conducta de las autoridades judiciales, y **d)** la afectación generada en la situación jurídica de la persona involucrada en el proceso.[227]

---

225 La negrilla corresponde al autor del presente ensayo.

226 BOLAÑOS SALAZAR, Elard Ricardo y UGAZ MARQUINA Rosemary Stephani, El plazo razonable como garantía del debido proceso "Análisis comparativo de los estándares actuales en el Sistema Interamericano y en el TC peruano", Gaceta Constitucional (Perú), Tomo 104, agosto 2016, ISSN 1997-8812, pp. 81-92.

227 En relación al primer elemento, este Tribunal ha tenido en cuenta diversos criterios para determinar la complejidad de un asunto. Entre ellos se encuentra i) la complejidad de la prueba; ii) la pluralidad de sujetos procesales o la cantidad de víctimas; iii) el tiempo transcurrido desde la violación; iv) las características del recurso contenidos en la legislación interna, y v) el contexto en el que ocurrieron los hechos. En relación con segundo elemento, es decir con la actividad procesal del interesado, la Corte ha evaluado si los sujetos realizaron las intervenciones en los procesos que le eran razonablemente exigibles. En cuanto al tercer elemento, es decir la conducta de las autoridades judiciales, la Corte ha entendido que los jueces, como rectores del proceso, tienen el deber de dirigir y encausar el procedimiento judicial con el fin de no sacrificar la justicia y el debido proceso en pro del formalismo. En relación con el cuarto elemento, es decir la afectación generada en la situación jurídica de la persona involucrada en el proceso, la Corte ha establecido que las autoridades deben actuar con mayor diligencia en aquellos casos donde de la duración del proceso depende la protección de otros derechos de los sujetos del proceso." Ver: Caso: Andrade Salmón Vs. Bolivia. Sentencia del 1 diciembre de 2016). Asimismo, "Este Tribunal ha señalado que la razonabilidad del plazo debe apreciarse en relación con la duración total del proceso, desde el primer acto procesal hasta que se dicte sentencia definitiva, incluyendo los recursos de instancia que pudieran eventualmente presentarse. De

a) Complejidad del asunto

Se puede establecer diversos criterios para determinar la complejidad de un asunto concreto, como *"la complejidad de la prueba, la pluralidad de sujetos procesales o la cantidad de víctimas, el tiempo transcurrido desde la violación, las características del recurso consagradas en la legislación interna y el contexto en el que ocurrió la violación"* (...).[228]

Al respecto, la Corte IDH. Caso Comunidad Indígena Sawhoyamaxa Vs. Paraguay. Fondo, Reparaciones y Costas. Sentencia de 29 de marzo de 2006. Serie C No. 146

> *La Corte ha constatado que el 7 de septiembre de 1993 se iniciaron los trámites ante el INDI para el reconocimiento de lo que en el Paraguay se conoce como "personería jurídica" de la Comunidad Sawhoyamaxa, y que el decreto mediante el cual se reconoció ésta fue emitido el 21de julio de 1998, es decir, cuatro años, diez meses y catorce días después.*
>
> *Teniendo en cuenta lo anterior, y considerando que la complejidad de este procedimiento era mínima y que el Estado no ha justificado la mencionada demora, el Tribunal la considera desproporcionada y como una violación del derecho a ser oído dentro de un plazo razonable, conforme al artículo 8.1 de la Convención Americana.*[229]

La Corte IDH. Caso Argüelles y otros Vs. Argentina. Excepciones Preliminares, Fondo, Reparaciones y Costas. Sentencia de 20 de noviembre de 2014. Serie C. No. 88.

> *Respecto de la complejidad del caso, este Tribunal ha tenido en cuenta diversos criterios, entre los cuales se encuentran la complejidad de la prueba, la pluralidad de sujetos procesales o la cantidad de víctimas, el tiempo transcurrido desde la violación, las características del recurso consagradas en la legislación interna y el contexto en el que ocurrió la violación. Asimismo, el*

---

acuerdo con el artículo 8.1 de la Convención y como parte del derecho a la justicia, los procesos deben realizarse dentro de un plazo razonable, por lo que, en atención a la necesidad de garantizar los derechos de las personas perjudicadas, una demora prolongada puede llegar a constituir, por sí misma, una violación de las garantías judiciales". Ver: Casos: Perrone y Preckel Vs. Argentina. Sentencia del 8 de octubre de 2019, Caso: Jenkins Vs. Argentina. Sentencia del 26 de noviembre de 2019 y Caso: Ancejub-Sunat Vs. Perú. Sentencia de 21 de noviembre de 2019.

228 Cfr. Caso Ancejub-Sunat Vs. Perú. Excepciones Preliminares, Fondo, Reparaciones y Costas. Sentencia de 21 de noviembre de 2019. Óp. Cit. párr. 137.

229 Cuadernillo de jurisprudencia de la corte interamericana de derechos humanos Nº 12: *debido proceso.*

Tribunal Europeo ha indicado que la complejidad debe determinarse por la naturaleza de las acusaciones, el número de acusados y la situación política y social reinante en el lugar y tiempo de la ocurrencia de los hechos. En este sentido, respecto a los criterios tomados en cuenta por este Tribunal en aras de determinar la complejidad del caso se observa la presencia de: 1) un amplio número de acusados; 2) una situación política y social compleja, y 3) dificultades en la obtención de prueba. En el mismo sentido: ***Caso Granier y otros (Radio Caracas Televisión) Vs. Venezuela. Excepciones Preliminares, Fondo, Reparaciones y Costas. Sentencia de 22 de junio de 2015. Serie C No. 293, párr. 260.***[230]

En suma, La Corte IDH. Caso Wong Ho Wing Vs. Perú. Excepción Preliminar, Fondo, Reparaciones y Costas. Sentencia de 30 de junio de 2015. Serie C No. 297.

Este Tribunal ha tenido en cuenta diversos criterios para determinar la complejidad de un proceso. Entre ellos, se encuentran la complejidad de la prueba, la pluralidad de sujetos procesales o la cantidad de víctimas, el tiempo transcurrido desde la violación, las características del recurso consagradas en la legislación interna, el contexto en el que ocurrió la violación y la cantidad de recursos interpuestos en un proceso. La Corte afirma que, contrariamente a lo que sostiene el Estado, la falta de claridad en las sentencias de los propios tribunales locales o la vigencia de medidas provisionales dictadas por el sistema interamericano de protección de derechos humanos no pueden ser argumentos que eximan al Estado de su obligación de garantizar el plazo razonable de un proceso ni que justifiquen su retraso. No obstante, en el presente caso, la Corte nota que el proceso de extradición entre el Perú y China involucra comunicaciones y relaciones diplomáticas entre dos Estados que cuentan con un sistema jurídico e idioma diferente y que requiere la participación de múltiples y distintos órganos de ambos Estados. Además, la ausencia de jurisprudencia a nivel regional o a nivel interno sobre la materia y la diversidad de recursos interpuestos tanto por la presunta víctima como por los órganos del Estado han contribuido a complejizar el proceso e influido en su prolongación. Por tanto, este Tribunal reconoce que el caso es complejo. Sin embargo, es necesario analizar los demás elementos del plazo razonable para determinar si el Estado ha incumplido o no con esta garantía.[231]

---

230 Cuadernillo de jurisprudencia de la corte interamericana de derechos humanos N° 12: *debido proceso.*

231 Cuadernillo de jurisprudencia de la corte interamericana de derechos humanos N° 12: *debido proceso.*

b) Actividad procesal de los interesados

Para determinar la razonabilidad del plazo, la conducta procesal del propio interesado en obtener justicia ha contribuido en algún grado a prolongar indebidamente la duración del proceso (...).[232]

La mala conducta y proceder de la persona involucrada en el proceso exime al Estado a responder por la dilación del proceso, en cuanto a la vulneración al plazo razonable. Por ejemplo, la excesiva incongruencia e irracionalidad en el planteamiento de las demandas y/o denuncias o querellas, como en las solicitudes, apelaciones, etc., si estos no se ciñen a las disposiciones o al umbral que determina la Ley específica, pueden resultar irrazonables, hasta fastidioso en el proceso.

Sobre la primera, si se plantea una demanda, denuncia o querella incongruentemente o defectuosa esta será observada y en algunos casos rechazada, por no estar ceñido a la Ley, en este orden, debe comprenderse que el plazo razonable tiene relación con la "carga procesal". Sobre el segundo, en el caso particular "Bolivia", proceso civil, por ejemplo, la solicitud que se realiza al juez sobre un Oficio dirigida a la Autoridad de Supervisión del Sistema Financiero "ASFI", a efectos de que la "ASFI", informe sobre el estado de cuentas bancarias, depósitos a plazo fijo y otros, registrado a una persona natural y/o jurídica, sería lo correcto "para el fin que sea necesario en el proceso" (conforme dispone la Ley No. 393 y el Código Procesal Civil, Ley No. 439), lo incorrecto, es la solicitud de oficios, dirigida a todas las entidades financieras legalmente constituidos en Bolivia, es decir, a cada una de ellas (como se ha visto en muchas ocasiones ejercer por abogados), asimismo, sobre las solicitudes ambiguas que no están contempladas en la Ley, y otras solicitudes que simplemente no tienen sentido. Es innecesario solicitar copias del expediente mediante memorial o escrito, cuando este, puede ser solicitado de forma verbal por los sujetos del proceso legalmente apersonados en razón a la viabilidad y celeridad del proceso, siempre y cuando este haya cumplido formalidades, empero, este puede ser solicitado solamente cuando la Ley lo determiné, y este justifiqué una razonable actuación en el proceso. Y, sobre el tercero, las apelaciones deben ceñirse al umbral que la norma adjetiva ha establecido o determinado para acceder a este Derecho, la mala fe y la obstrucción a la justicia por parte de los sujetos del proceso, viola el debido proceso en su elemento del derecho al plazo razonable, aquí se encuentra uno de los mayores males en la administración de justicia.

La providencia (como el decreto), Auto (interlocutorio y definitiva), Sentencia, Auto de Vista y Auto Supremo que haya vulnerado derechos y garantías judiciales, particularmente, el derecho al plazo razonable, que implica una irrazonable duración del proceso, a efectos de maniobras dilatorias u obstruccionistas de los sujetos del proceso, después de demostrar tal extremo, deben ser responsables y deben reparar daños. Ahora, recurrir a la instancia correspondiente

---

232 Óp. Cit. párr. 139.

en un caso concreto, es un Derecho fundamental, pero, los actos dilatorios y la obstrucción de la justicia solo corrompen el buen desarrollo de la administración de la justicia.

Al respecto, La Corte IDH. Caso Mémoli Vs. Argentina. Excepciones Preliminares, Fondo, Reparaciones y Costas. Sentencia de 22 de agosto de 2013. Serie C No. 265.

> *(...) la Corte destaca que los retrasos causados por las acciones u omisiones de cualquiera de las dos partes se deben tomar en cuenta al analizar si el proceso ha sido llevado a cabo en un plazo razonable. Al respecto, el principal alegato del Estado consiste en que la dilación del proceso civil se debe a la cantidad de recursos judiciales interpuestos por las partes en el mismo. En este sentido, este Tribunal constata que, entre ambas partes, se interpusieron más de treinta recursos y coincide con el Estado en quelos recursos interpuestos por las partes en el proceso civil han contribuido a complejizar el proceso e influido en su prolongación.*
>
> *No obstante, este Tribunal destaca que las partes en dicho proceso, entre ellas las presuntas víctimas en este caso, estaban haciendo uso de medios de impugnación reconocidos por la legislación aplicable para la defensa de sus intereses en el proceso civil, lo cual per se no puede ser utilizado en su contra. La Corte considera que la interposición de recursos constituye un factor objetivo, que no debe ser atribuido al Estado demandado, y que debe ser tomado en cuenta al determinar si la duración del procedimiento excedió el plazo razonable.*
>
> *Adicionalmente, del expediente ante la Corte no se desprende que se haya decretado la negligencia de ninguna de las dos partes. Lo que es más, los señores Mémoli, al menos en seis oportunidades, solicitaron al Juzgado que tomase acciones sobre algún punto pendiente y en tres oportunidades solicitaron pronto despacho. Asimismo, al menos en tres oportunidades los demandantes reactivaron la causa tras un período de inactividad, y en julio de 2007 la parte querellante señaló que había "transcurrido en exceso el plazo de producción de prueba". Además, ambas partes desistieron de prueba, lo cual, en principio, ha debido contribuir a dar mayor celeridad al proceso.*[233]

En suma, La Corte IDH. Caso Veliz Franco y otros Vs. Guatemala. Excepciones Preliminares, Fondo, Reparaciones y Costas. Sentencia de 19 de mayo de 2014. Serie C No. 277.

---

233 Cuadernillo de jurisprudencia de la corte interamericana de derechos humanos Nº 12: *debido proceso.*

Por otro lado, la Corte ha constatado que la señora Rosa Elvira Franco ha tenido acceso a la investigación y ha participado activamente en ésta a través de declaraciones, envío de escritos, presentación de información y consultas a los funcionarios encargados del caso, entre otros. Sin embargo, el Estado ha argumentado que dicha intervención de la señora Franco ha obstaculizado la investigación al aportar diversa información, contradictoria o inconsistente, que a su juicio no ha resultado útil. Al respecto, este Tribunal considera que dicho alegato del Estado es inadmisible para justificar una demora indebida en los procedimientos, ya que en la jurisdicción interna corresponde a los órganos competentes dirigir la investigación y encauzarla de acuerdo a las estrategias o líneas de investigación determinadas por ellos para el esclarecimiento de los hechos y, en todo caso, la investigación debe ser impulsada de oficio, sin que sean las víctimas o sus familiares quienes tengan la carga de asumir tal iniciativa, que corresponde al Estado.[234]

c) Actuación de las autoridades judiciales

Las autoridades judiciales o administrativas deben dar cumplimiento a las prestaciones ordenadas por las partes en el proceso conforme los principios de legalidad, celeridad, igualdad procesal, eventualidad, economía procesal, probidad e impulso procesal, (conforme establece el ordenamiento jurídico). El juez o tribunal no debe dilatar el proceso. Pues el juez que prolongue irracionalmente el proceso es sujeto de responsabilidad. Se habla de la pertinencia del juez en el trámite jurisdiccional.

Al respecto, La Corte IDH. Caso Mémoli Vs. Argentina. Excepciones Preliminares, Fondo, Reparaciones y Costas. Sentencia de 22 de agosto de 2013. Serie C No. 265.

La Corte recuerda que es el Estado, a través de sus autoridades judiciales, quien debe conducir el proceso. Al respecto, conforme la legislación procesal civil aplicable al presente caso, el juez tiene el deber de dirigir el procedimiento, manteniendo la igualdad de las partes en el proceso, vigilando que la tramitación de la causa procure la mayor economía procesal y evitando la paralización del proceso. Sin embargo, la Corte constata que han existido varios períodos de inactividad en el proceso civil que son enteramente atribuibles a las autoridades judiciales. Asimismo, existió una falta de debida diligencia por parte de las autoridades que no es cuantificable en una demora específica de tiempo, pero que sin duda contribuyó a la dilación en el procedimiento. La Corte advierte que los constantes recursos interpuestos por las partes del proceso pueden generar cierta confusión en su tramitación,

---

234 Cuadernillo de jurisprudencia de la corte interamericana de derechos humanos Nº 12: *debido proceso.*

no obstante, al ser el juez el director del proceso, debe asegurar la tramitación correcta de los mismos [...]

La Corte estima que dicha falta de diligencia de las autoridades es especialmente relevante al considerar que las presuntas víctimas han sido objeto de una medida cautelar de inhibición general de bienes, en virtud de los posibles daños civiles, por más de diecisiete años. Según la legislación nacional aplicable, dichas órdenes implican una "inhibición general de vender o gravar sus bienes" y no están limitadas a un monto específico. La Corte recuerda que la adopción de medidas cautelares que afecten la propiedad privada no constituye per se una violación del derecho de propiedad, aún cuando sí constituyen una limitación a dicho derecho, en la medida que afectan la facultad de las personas de disponer libremente de sus bienes. No obstante, la Corte advierte que las autoridades judiciales internas no previeron la posibilidad de moderar el impacto de la duración del proceso civil en la facultad de las presuntas víctimas de disponer sus bienes, ni tomaron en cuenta que, según la legislación argentina "[e]l juez, para evitar perjuicios o gravámenes innecesarios al titular de los bienes, podrá disponer una medida precautoria distinta de la solicitada, o limitarla, teniendo en cuenta la importancia del derecho que se intentare proteger". A pesar de dicha disposición, la medida cautelar ha tenido hasta ahora una vigencia de más de diecisiete años y, según la información disponible en el expediente aportado a este Tribunal, fue reordenada en diciembre de 2011 lo cual supondría una vigencia hasta diciembre de 2016. En suma, la duración prolongada del proceso, en principio de naturaleza sumaria, unida a la inhibición general de bienes por más diecisiete años, ha significado una afectación desproporcionada al derecho a la propiedad privada de los señores Mémoli y ha llevado a que las medidas cautelares se conviertan en medidas punitivas.

Todo esto demuestra que las autoridades judiciales a cargo no actuaron con la debida diligencia y el deber de celeridad que exigía los derechos e intereses en juego. En definitiva, para la Corte la duración por más de quince años de un proceso civil de daños y perjuicios de naturaleza sumaria, fundamentado en una sentencia penal por un delito de injurias, aunado a la vigencia durante todo ese tiempo de una inhibición general de enajenar y gravar bienes, sobrepasa excesivamente el plazo que pudiera considerarse razonable para que el Estado resolviese un caso de esta naturaleza y afecta, de una manera desproporcionada, el derecho a la propiedad de los señores Mémoli. Con base en todo lo anterior, este Tribunal concluye que el Estado violó el principio del plazo razonable, establecido en el artículo 8.1 y el derecho la propiedad privada, consagrado en el artículo 21, ambos en relación con el artículo 1.1, todos de la Convención Americana, en perjuicio de los señores Pablo y Carlos Mémoli.[235]

235 Cuadernillo de jurisprudencia de la corte interamericana de derechos humanos N° 12: *debido proceso.*

d) Afectación generada

La Corte IDH, manifiesta que, "La razonabilidad del plazo se debe tomar en cuenta en la afectación generada por la duración del procedimiento en la situación jurídica de la persona involucrada, considerando, entre otros elementos, la materia de la controversia. A este efecto, si el paso del tiempo incide de manera relevante en la situación jurídica del individuo, resultará necesario que el procedimiento se desarrolle con mayor prontitud a fin de que el caso se resuelva en un tiempo breve".[236]

12.4.4. Tratados internacionales que garantizan la protección del derecho al plazo razonable

El Derecho fundamental al plazo razonable ha sido consagrado en el Sistema Interamericano, Europeo y por lo tanto, en el Sistema Universal de protección a las garantías judiciales a través de los siguientes instrumentos internaciones:

I. La Declaración Universal de los Derechos Humanos (DUDH):

Artículo 10°. *"Toda persona tiene derecho, en condiciones de plena igualdad, a ser oída públicamente y con justicia por un tribunal independiente e imparcial, para la determinación de sus derechos y obligaciones o para el examen de cualquier acusación contra ella en materia penal".*

II. La Declaración Americana de Derechos Humanos (DADH):

Artículo 25°. *"(...) Todo individuo que haya sido privado de su libertad tiene derecho a que el juez verifique sin demora la legalidad de la medida y a ser juzgado sin dilación injustificada, o, de lo contrario, a ser puesto en libertad. Tiene también a un tratamiento humano durante la privación de su libertad".*

Artículo 26.- *"Se presume que todo acusado es inocente, hasta que se pruebe que es culpable. Toda persona acusada de delito tiene derecho a ser oída en forma imparcial y publica a ser juzgada por tribunales anteriormente establecidos de acuerdo con leyes preexistentes y a que no se le imponga penas crueles, infamantes o inusitadas".*

III. El Convenio Europeo para la Protección de los Derechos Humanos y de las Libertades Fundamentales (CEDH):

Articulo 6.1.- *"toda persona tiene derecho a que su causa sea oída equitativa, públicamente y dentro de un plazo razonable, por un tribunal independiente e imparcial, establecido por la ley, que decidirá los litigios sobre sus derechos y obligaciones de carácter civil o sobre el fundamento de cualquier acusación en materia penal dirigida contra ella".*

---

236 Óp. Cit. párr. 148.

IV. La Convención Americana sobre Derechos Humanos (CADH):

Artículo 7.5-. *"Toda persona detenida o retenida (...) tendrá derecho a ser juzgada dentro de un plazo razonable o a ser puesta en libertad, sin perjuicio de que continúe el proceso".*

Artículo 8.1.- *"Toda persona tiene derecho a ser oída, con las debidas garantías y dentro de un plazo razonable, por un juez o tribunal competente, independiente e imparcial, establecido con anterioridad por la ley, en la sustanciación de cualquier acusación penal formulada contra ella, o para la determinación de sus derechos y obligaciones de orden civil, laboral, fiscal o de cualquier otro carácter".*

V. El Pacto Internacional de Derechos Civiles y Políticos (PIDCP):

Artículo 9.1.- *"Todo individuo tiene derecho a la libertad y a la seguridades personales. Nadie podrá ser sometido a detención o prisión arbitrarias. Nadie podrá ser privado de su libertad por las causas fijadas por ley y con arreglo al procedimiento establecido en ésta".*

2.- *"Toda persona detenida será informada, en el momento de su detención, de razones de la misma y notificada, sin demora de la acusación formulada contra ella".*

3.- *"Toda persona detenida o presa a causa de una infracción penal será llevada sin demora ante un juez u otro funcionario autorizado por la ley para ejercer funciones judiciales, y tendrá derecho a ser juzgado dentro de un plazo razonable o a ser puesta en libertad. La prisión preventiva de las personas que hayan de ser juzgadas no deben ser la regla general, pero su libertad podrá estar subordinada a garantías que aseguren en la comparecencia del acusado en el acto del juicio, o en su caso, para la ejecución del fallo".*

4.- *"Toda persona que sea privada de su libertad en virtud de detención o prisión tendrá derecho a recurrir ante un tribunal, a fin de que éste decida a la brevedad posible sobre la legalidad de su prisión y ordene su libertad si la prisión fuera ilegal".*

5.- *"Toda persona que haya sido ilegalmente detenida o presa tendrá el derecho efectivo a obtener reparación".*

VI. La Convención sobre los Derechos del Niño (CDN):

Artículo. 40.2.b.iii., *"todo ser humano menor de edad sometido a proceso penal se le debe garantizar "que la causa será dirimida sin demora por una autoridad u órgano judicial competente".*

12.4.5. Conclusión

Ut Supra, se manifestó sobre la importancia de este Derecho fundamental que forma parte de la garantía del debido proceso y respetada en su máxima expresión por los Estados Constitucionales de Derecho a través de la Constitución, asimismo, el Sistema Interamericano y el Sistema Europeo constituyen el sistema universal de protección de Derechos Humanos que versa precisamente en el Derecho Fundamental al plazo razonable y justo que forma parte del debido proceso, a efectos de ser aplicados inmediatamente y razonablemente en los procesos judiciales y administrativos.

El derecho a un plazo razonable y justo constituye un elemento determinante en el principio de celeridad procesal y transparencia judicial, hablar de plazo razonable es actuar *ex officio*, sin dilación, de una manera seria, imparcial y efectiva en la actividad procesal.

La violación a las garantías judiciales, precisamente la violación al plazo razonable, y al deber de protección a los derechos humanos, determina un capital de perjuicio a las víctimas y/o familiares, incluso a la demandada (o) (Civil), sindicada (o), imputada (o) y acusada (o) (Penal) -Principio presunción de Inocencia- y al propio Estado, se concentra en la generalizada tardanza en alcanzar la solución de la controversia por la vía procesal o administrativa. En tal sentido, la excesiva y arbitraria duración de los litigios constituye uno de los mayores y más viejos males de la administración de justicia.

Los administradores de Justicia (Estado) que causen un injusto daño económico y perjuicios a la salud a efectos de la retardación en sus trámites judiciales o administrativos, constituyéndose este, como la violación flagrante al plazo razonable y justo (también por omisión) que forma parte de la garantía al Debido Proceso, deben ser responsables:

1. ***Disciplinaria.*** (así lo describe el Articulo 26 del Código de Procesal Civil de Bolivia "CPC" concordante con los Artículos 8. II. y 232 de la Constitución Política del Estado "CPE").

2. ***Civil.*** (las víctimas, deben ser indemnizados, reparados y resarcidos oportunamente, conforme ciñe el Articulo 113 de la CPE por la vulneración de este derecho fundamental "si amerita en su extremo").

3. ***Penalmente.*** (Consorcio de Jueces, Fiscales y Policías, Omisión de denuncia, Incumplimiento de deberes, Resoluciones contrarias a la Constitución y las Leyes y, otros. "si amerita"). Esto se vincula a la violación al plazo razonable como una maniobra para dilatar u obstruir la justicia.

A efectos de este, "El Estado y las autoridades judiciales no tienen por qué ser acusadas por la excesiva duración de la causa cuando la persona interesada por medio de maniobras dilatorias u obstruccionistas viole el plazo razonable y justo".

12.5. Derecho a la prueba

El derecho a la prueba, como esencia del juicio o de todo procedimiento ante autoridades públicas debe estar fundamentado en pruebas licitas, verídicas y legalmente controvertidas por las partes en igualdad de condiciones, con la dirección objetiva del administrador de justicia, sin designios anticipados ni prevenciones, presiones o influencias ilícitas.[237]

12.5.1. Proceso, verdad en los hechos y prueba

El proceso, es el escenario en el cual se busca racionalmente la "verdad" dentro de un proceso. Es decir, el proceso tiene el objeto final de resolver controversias, pero debe resolverlas con la toma de decisiones, en las cuales el derecho viene correctamente aplicado a los hechos que han dado lugar al conflicto. La decisión que concluye el proceso, debe ser jurídicamente válida, y por lo tanto justa, y es justa cuando la norma es correctamente aplicada en los hechos del caso.[238]

Al respecto, TARUFFO, refiere que:

> *"Obviamente que la aceptación de este concepto de la verdad, implica una premisa de carácter filosófico bastante desafiante, o sea la certeza de la existencia de la realidad externa al sujeto que la describe. No es para tomar a la ligera, el hecho de que se ponga a menudo en discusión la duda de la existencia de la realidad, e incluso no faltan obras filosóficas que la niegan. Si se adoptasen estas teorías, no se podría aceptar la idea de la verdad como coincidencia, porque se negaría la existencia de la realidad a la cual deberían corresponder los relatos. Aunque parece que en el horizonte filosófico estén reafirmándose, y con buenas razones, algunas orientaciones realísticas, por lo tanto, resulta justificada la aceptación del concepto de verdad como corresponde a la realidad de los relatos relacionados."*
>
> *(...) es necesario tener en cuenta, al menos porque el mismo surge muy a menudo en el pensamiento de muchos abogados procesalistas. Se trata de la distinción entre la verdad absoluta y la verdad relativa, que es filosóficamente problemática, pero a menudo apelada para el proceso, originalmente sobre la base de una equivocación conceptual. Este nace del hecho de que muchos piensan en la verdad solamente como verdad absoluta, pero observan que en el proceso hay límites de diferente naturaleza que impiden la detección de la misma, y que concluyen por lo tanto que, en el proceso, no se puede descubrir ninguna verdad absoluta.*[239]

---

237 Cfr. RAMÍREZ ROA, Luis Arturo, "Debido Proceso: Derecho Fundamental", pp. 11 al 42, en, AA. VV., *El Debido Proceso Como un Derecho Humano,* Instituto de Estudio e Investigación Jurídica (INEJ), Nicaragua. 2018.

238 Cfr. TARUFFO, Michele, *La verdad y prueba dentro el proceso,* en AA. VV. (2018), *Teoría de la prueba,* Tribunal Constitucional Plurinacional de Bolivia, Sucre - Bolivia, 2018, p. 10 y 19.

239 TARUFFO, Michele, *La verdad y prueba dentro el proceso,* p. 22, en FERRER BELTRÁN, Jordi, TARUFFO, Michele y otros (2018), *Teoría de la prueba,* Tribunal Constitucional Plurinacional de Bolivia, Sucre - Bolivia.

La verdad, es la certeza de la existencia de la realidad externa, en tal sentido, el sujeto "parte" en el proceso describe los hechos que dan lugar a posibles discusiones dentro el escenario del proceso, si es, verdad absoluta o relativa, finalmente, el juez determina la certeza en la misma. El juez quien con una decisión justa a través del Derecho concluye el proceso.

Sentis Melendo, manifiesta que,

> *"la prueba no consiste en averiguar sino en verificar". Esto, "significa tender, ir, caminar, hacia algo, en este caso la verdad"; mientras que verificar "se refiere a hacer o presentar como verdad, como cierto. Para constatar como cierto esos hechos no hay más que constatar ese viejo adagio que dice "dime el hecho que yo te diré el derecho", a las partes les corresponde decir los hechos, pero además probar esos hechos, a las partes les corresponde averiguar, verificar los hechos, al juez solamente le corresponde valorar para subsumir los hechos al derecho, por eso es que aquí solo va a tener trascendencia a los hechos trascendentes porque tiene que estar relacionado con la norma, el gran problema es saber seleccionar los hechos y saber seleccionar la norma adecuada a esos hechos".* [240]

La prueba es el espíritu del proceso, sin este, no tendría sentido el proceso, las pruebas deben ser objetivamente licitas, verídicas, y legalmente aportados en el proceso, pues su fundamental aporte al proceso determina una decisión justa e imparcial.

La prueba ha sido entendida como; cosa, hechos, grabaciones, reproducciones, documento, el cual manifiesta una información útil, necesariamente válida,[241] a efectos de establecer la verdad o la falsedad de un enunciado factual.[242] En este sentido, siguiendo literalmente a Taruffo, Inmediatamente, surge, por lo tanto, la noción de "utilidad" que debe caracterizar el medio de prueba: se trata de una prueba en el mero sentido de la palabra, si la misma es relevante, o sea si proporciona informaciones que sirven para garantizar el hecho del cual se trata. Si falta este requisito, es decir, si las informaciones que arroja no son útiles para este propósito, no se puede ni siquiera hablar en sentido propio de medio "de prueba".[243]

En tal sentido, la prueba es el medio para establecer la verdad de los hechos, y afirma que la decisión judicial debe basarse en una reconstrucción verdadera de

---

240 SENTÍS MELENDO, Santiago, *La Prueba*, EJEA, Buenos Aires, 1947, pp. 12, 55 y 76

241 Válida, en sentido de obtención de la misma, principio de legalidad.

242 TARUFFO, Michele, *La verdad y prueba dentro el proceso*, p. 22, en FERRER BELTRÁN, Jordi, TARUFFO, Michele y otros (2018), *Teoría de la prueba*, Tribunal Constitucional Plurinacional de Bolivia, Sucre - Bolivia.

243 Ídem.

los hechos de la causa. En suma, la prueba es el conjunto de los elementos, de los procedimientos y de los razonamientos por medio de los cuales aquella reconstrucción es elaborada, verificada y confirmada como verdadera".[244]

12.6. Derecho a ser oído

El derecho a ser oído y a defenderse legalmente ante el juez o una autoridad administrativa, es un principio básico del debido proceso, y el principal deber que tiene quien dirige una investigación criminal y quien verifica la investigación (juez o tribunal), asimismo, esto aplica en el ámbito administrativo, desde una simple consulta, como en el inicio de la etapa del trámite administrativo hasta la finalización de la misma.

El Derecho a ser oído, también es conocido como el derecho de plena audiencia; el cual asegura la facultad del detenido a ser citado por el tribunal para que, una vez que tenga total y pleno conocimiento de la acusación o denuncia, pueda rendir su declaración de los hechos. Es decir, una vez que exista una denuncia o querella contra un individuo, el órgano que conoce el asunto debe informarle en forma clara los hechos que se le reclaman para que pueda ejercer su derecho a manifestarse y ser oído.[245]

12.6.1. Su aplicación

Al respecto, el Artículo 120. de la Constitución Política del Estado Boliviano, refiere que:

> *I. Toda persona tiene derecho a ser oída por una autoridad jurisdiccional competente, independiente e imparcial, y no podrá ser juzgada por comisiones especiales ni sometida a otras autoridades jurisdiccionales que las establecidas con anterioridad al hecho de la causa.*
>
> *II. Toda persona sometida a proceso debe ser juzgada en su idioma; excepcionalmente, de manera obligatoria, deberá ser asistida por traductora, traductor o intérprete.*

Con relación al párrafo segundo del Artículo 120, debe entenderse que, el Estado Constitucional boliviano, reconoce, según el Art. 5 de la CPE, 35 idiomas oficiales del Estado Plurinacional de Bolivia. En tal sentido, una persona tiene el derecho irrestricto a ser sometido a un proceso justo, y este, debe ser oída[246] (escuchada) y juzgada en su idioma, lo cual razona en que, bajo ninguna circunstancia

---

244 TARUFFO, Michele, *La prueba de los hechos,* Madrid, Editorial Trotta, 2002, p. 84.

245 Cfr. DE LA ROSA RODRÍGUEZ, Paola Iliana Óp. Cit.

246 Sobre "El Derecho a ser Oído", Véase en los Artículos, 117.I., 120.I. y 121. II., de la Constitución Política del Estado de Bolivia, del año 2009.

puede vulnerarse este principio elemental del debido proceso. A este efecto, los servidores judiciales, tiene el deber de garantizar en los juicios y procedimientos el uso de idiomas oficiales del Estado, cuando una de las partes así lo requiera (Ley 269, Articulo 24). Se entiende que, toda persona tiene derecho a ser juzgada en su propio idioma. El Estado, debe garantizar la otorgación de un intérprete "gratuito a alguna de las partes del proceso" si esta lo requiere.

Asimismo, la persona extrajera goza de este derecho fundamental. En ambos casos, deben ser asistidos por un traductor o interprete. La vulneración a este derecho, se consideraría una infracción al debido proceso, y debe sancionarse al servidor administrativo o judicial, sujeto responsable. Toda vulneración flagrante y demostrada, concede a la víctima a la indemnización, reparación y resarcimiento de daños y prejuicios en forma pronta y oportuna.

Asimismo, el artículo 8, inciso 1°, de la Convención Americana de Derechos Humanos -Pacto de San José de Costa Rica-, establece que: *"Toda persona tiene derecho a ser oída, con las debidas garantías y dentro de un plazo razonable, por un juez o tribunal competente, independiente e imparcial, establecido con anterioridad por la ley, en la sustanciación de cualquier acusación penal formulada contra ella, o para la determinación de sus derechos y obligaciones de orden civil, laboral, fiscal o de cualquier otro carácter."*

12.7. Derecho a un poder judicial independiente

12.7.1. Poder Judicial y su Organización como una Garantía Constitucional

El Poder Judicial, es una institución democráticamente organizada, independiente e imparcial, a efectos de administrar la justicia en el Estado Democrático en el que debe comprenderse el racional y razonable sometimiento de los representantes del poder judicial (Jueces y Magistrados) a la Ley y a la Constitución como una legitimación Democrática de su función (Bolivia, actualmente se eligen a los jueces por voto popular, según la Constitución del 2009).

El poder judicial es un instituto jurídico de protección de las causas justas, nobles y necesarias, el cual debe estar munido de reglas y principios inalterables de independencia, a efectos de garantizar que el procedimiento judicial se desarrolle y que los derechos de las partes se respeten hasta alcanzar la Justicia. Los demás poderes del Estado Constitucional de Derecho no deben inmiscuirse en la potestad y función que cumple el Poder Judicial (determinada por la CPE., y la Ley).

12.7.2. Organización del Poder Judicial

La Constitución no solamente establece la Organización de los poderes del Estado, sino, también las reglas fundamentales y los límites de su función de la organización del Poder Judicial, en el caso particular, la organización judicial en Bolivia responde a una estructura piramidal a la cabeza de la Tribunal Supremo de justicia (con otro tribunal paralelo como lo es el Tribunal Constitucional Plurinacional), con un tribunal disciplinario que es el Consejo de la Magistratura, luego los Tribunales Departamentales de Justicia, como los Juzgados ordinarios, lo cual se lo conoce como Órgano judicial del Estado Plurinacional de Bolivia.

12.8. Principio de legalidad

En Grecia, las primeras leyes contenían normas de carácter general, los mismos eran desarrollados en materiales duraderos, como piedra o bronce, y fueron públicamente exhibidas en el ágora[247] **o en algún otro lugar destacado de la ciudad, donde ellas podían ser observadas con habitualidad por todos los habitantes. El mismo, ha sido considerado por algunos historiadores como una suerte de Regla de Reconocimiento (en la terminología de Hart) del derecho vigente.**[248]

Refiere Mir Puig, que el Principio de Legalidad, tiene como origen en la Revolución Francesa y la Ilustración, cuando el pueblo pasa de ser un instrumento y sujeto pasivo del poder absoluto del Estado, a controlar y participar en ese poder, exigiendo garantías para su ejercicio.[249] En términos generales la Ilustración, también llamada "época de las luces", constituye un período de profunda modificación de las ideas hasta entonces existentes, ya que el hombre y su forma de pensar se independizaron de la religión, de modo que la ciencia dejó de estar al servicio de la teología, y el Estado y el Derecho comenzaron a estar ante el tribunal de la razón crítica del hombre.[250]

El principio de legalidad es uno de los principios que estructuran el debido proceso, por lo tanto, es un derecho que de todas las personas tienen. En este sentido, "*Nadie podrá ser juzgado sino conforme a leyes preexistentes al acto que se le imputa*". Este precepto supone, que el legislador debe tener en cuenta lo siguiente: "(*i*) *definir de manera clara, concreta e inequívoca las conductas reprobadas, (ii) el señalar anticipadamente las respectivas sanciones, así como (iii) la definición de las autoridades competentes y (iv) el establecimiento de las reglas sustantivas y procesales aplicables, todo ello en aras de garantizar un debido proceso*".[251]

La Sentencia C-444/11, de la Corte Constitucional de Colombia, ha referido:

247 El Ágora, es precisamente la plaza pública griega, asimismo, es considerado como el "motor de la polis"

248 GAGARIN, Michael, *La ley griega se equivoca*, Cambridge, Cambridge University Press, 2008, p. 92 y p. 185.

249 MIR PUIG, Santiago, *Derecho Penal, "Parte general"*, Barcelona", Ed. Euros, 1998, p. 75 y 76.

250 MEZGER, Edmund, *Derecho penal "Parte General"*, trad. de Conrado A. Finzi, de la 6ª ed. Alemana de 1955, Buenos Aires, Din Editora, 1989, p. 40.

251 CORTE CONSTITUCIONAL DE COLOMBIA, Bogotá D.C., Expediente D-8350, Sentencia C-444/11, veinticinco (25) de mayo de dos mil once (2011).

*Esta Corporación ha señalado que en el Estado de Derecho el principio de legalidad se erige en principio rector del ejercicio del poder. En este sentido ha dicho esta Corporación que "no existe facultad, función o acto que puedan desarrollar los servidores públicos que no esté prescrito, definido o establecido en forma expresa, clara y precisa en la ley". En ese orden, en materia penal dicho principio comporta varios elementos que la doctrina especializada reconoce como "los principios legalistas que rigen el derecho penal", los cuales fueron recogidos en la sentencia antes citada de la siguiente manera: "...***nullum crimen sine praevia lege***: no puede considerarse delito el hecho que no ha sido expresa y previamente declarado como tal por la ley; ***nulla poena sine praevia lege***: esto es, no puede aplicarse pena alguna que no esté conminada por la ley anterior e indicada en ella; ***nemo iudex sine lege***: o sea que la ley penal sólo puede aplicarse por los órganos y jueces instituidos por la ley para esa función; ***nemo damnetur nisi per legale indicum***, es decir que nadie puede ser castigado sino en virtud de juicio legal".*

(...)

El principio de legalidad penal constituye una de las principales conquistas del constitucionalismo pues constituye una salvaguarda de la seguridad jurídica de los ciudadanos ya que les permite conocer previamente cuándo y por qué "motivos pueden ser objeto de penas ya sea privativas de la libertad o de otra índole evitando de esta forma toda clase de arbitrariedad o intervención indebida por parte de las autoridades penales respectivas". De esa manera, ese principio protege la libertad individual, controla la arbitrariedad judicial y asegura la igualdad de todas las personas ante el poder punitivo estatal. Por eso es natural que los tratados de derechos humanos y nuestra constitución lo incorporen expresamente cuando establecen que nadie puede ser juzgado sino conforme a leyes preexistentes al acto que se le imputa (...).

(...)

Esta reserva legal es entonces una importante garantía para los asociados. Pero no basta, pues si la decisión legislativa de penalizar una conducta puede ser aplicada a hechos ocurridos en el pasado, entonces el principio de legalidad no cumple su función garantista. Una consecuencia obvia del principio de legalidad es entonces la prohibición de la aplicación retroactiva de las leyes que crean delitos o aumentan las penas. Por ello esta Corporación había precisado que no sólo 'un hecho no puede considerarse delito ni ser objeto de sanción si no existe una ley que así lo señale' sino que además la norma sancionadora 'ineludiblemente debe ser anterior al hecho o comportamiento punible, es decir, previa o preexistente".

La prohibición de la retroactividad y la reserva legal no son sin embargo suficientes, pues si la ley penal puede ser aplicada por los jueces a conductas que

> *no se encuentran claramente definidas en la ley previa, entonces tampoco se protege la libertad jurídica de los ciudadanos, ni se controla la arbitrariedad de los funcionarios estatales, ni se asegura la igualdad de las personas ante la ley, ya que la determinación concreta de cuáles son los hechos punibles recae finalmente, ex post facto, en los jueces, quienes pueden además interpretar de manera muy diversa leyes que no son inequívocas. Por eso, la doctrina y la jurisprudencia, nacional e internacionales, han entendido que en materia penal, el principio de legalidad en sentido lato o reserva legal, esto es, que la ley debe definir previamente los hechos punibles, no es suficiente y debe ser complementado por un principio de legalidad en sentido estricto, también denominado como el principio de tipicidad o taxatividad, según el cual, las conductas punibles deben ser no sólo previamente sino taxativa e inequívocamente definidas por la ley, de suerte, que la labor del juez penal se limite a verificar si una conducta concreta se adecúa a la descripción abstracta realizada por la ley. Según esa concepción, que esta Corte prohija, sólo de esa manera, el principio de legalidad cumple verdaderamente su función garantista y democrática, pues sólo así protege la libertad de las personas y asegura la igualdad ante el poder punitivo estatal".*
>
> *(…)*
>
> *El principio de legalidad equivale a la traducción jurídica del principio democrático y se manifiesta más precisamente en la exigencia de lex previa y scripta. De esta forma, al garantizar el principio de legalidad se hacen efectivos los restantes elementos del debido proceso, entre ellos la publicidad, la defensa y el derecho contradicción. Desde esta perspectiva, interesa al juez constitucional que el legislador observe dichos elementos.*
>
> ***Desde ese punto de vista, la vigencia de la ley conlleva su "eficacia jurídica", entendida como obligatoriedad y oponibilidad, en tanto hace referencia "desde una perspectiva temporal o cronológica, a la generación de efectos jurídicos obligatorios por parte de la norma de la cual se predica; es decir, a su entrada en vigor". Entonces, cuando se fija la fecha de inicio de la vigencia de una ley se señala el momento a partir de la cual dicha normatividad empieza a surtir efectos, de la misma manera se alude al período de vigencia de una norma determinada para referirse al** lapso de tiempo durante el cual ésta habrá de surtir efectos jurídicos.*[252]

El principio de legalidad implica el fundamento o la base que resguarda a todos los ciudadanos para que se respeten sus derechos y se impongan sanciones

252 CORTE CONSTITUCIONAL DE COLOMBIA, Bogotá D.C., Expediente D-8350, Sentencia C-444/11, veinticinco (25) de mayo de dos mil once (2011).

solo por las conductas que el legislador haya calificado como punibles y que al ser delito conlleva una pena, esta característica se expresa en la obligación que asume el legislador con los ciudadanos para garantizar una vida sin riesgos o peligros. Este criterio, se sustenta en la expresión constitucional de la soberanía (Artículo 7 de la CPE), el mismo se ejerce de forma directa y delgada, es decir, ese mandato se ciñe en los fundamentos políticos y principios constitucionales que dotan de validez de los actos de las autoridades (en este caso, el Legislador) tendiente a prevenir y a reprimir las conductas delictivas, con políticas razonables. Es decir, el legislador, está obligado a establecer criterios o estándares mínimos bajo lógica positiva razonable al aplicar el lenguaje coercitivo tendiente a prevenir y a reprimir las conductas delictivas. Este tenor, se entenderá, como el fundamento jurídico en virtud del cual los ciudadanos y todos los poderes públicos están sometidos a las leyes.

El principio de legalidad como garantía constitucional, razona en que ningún hecho puede ser considerado delictivo si no existe una Ley que previamente lo declare así.

Al respecto, la SC 440/2003-R, 8 de abril, si bien el principio de legalidad significaba, en su configuración primigenia, "una garantía mediante la cual ningún hecho podía ser considerado delictivo si una ley no lo hubiera declarado así con anterioridad a su perpetración, ni podía imponerse pena alguna que no estuviese previamente establecida por la ley (...) sin embargo, debe precisarse que el contenido del principio, en su moderna configuración, que es la que expresa el art. 16.IV CPE , no se agota en la garantía penal descrita, sino que abarca otras dos garantías, a saber:[253]

a. Garantía jurisdiccional (*nulla poena sine juditio*); conforme a la cual, nadie será condenado a sanción alguna sin haber sido oído y juzgado conforme a las reglas del procedimiento penal y en virtud de sentencia firme pronunciada por autoridad competente. Garantía ésta que conforme a la jurisprudencia de este Tribunal es aplicable tanto al ámbito judicial como al administrativo (así, SSCC 128/2001-R, 347/2001-R y 378/2002-R, entre otros).[254]

b. Garantía de ejecución; conforme a la cual, la sanción penal (pena y/o medida de seguridad), debe cumplirse conforme al título ejecutivo de condena, dictado dentro del marco de una legislación determinada (ley y reglamentos); esas son las reglas que informan ese título ejecutivo y ese es el marco en el que se tiene que ejecutar la sanción penal; lo que significa que toda modificación en el quantum, modo o forma de cumplimiento

253 TRIBUNAL CONSTITUCIONAL PLURINACIONAL, Sentencia Constitucional Plurinacional 2159/2013, Bolivia (Sucre), 21 de noviembre de 2013.

254 Ibíd.

> de la pena que suponga agravación o restricción de derechos del condenado, es ilegal (...)".[255]

El principio de legalidad se encuentra previsto en el art. 116.II de la CPE cuando determina que "Cualquier sanción debe fundarse en una ley anterior al hecho punible", y en el art. 117.I, en su vertiente procesal, que determina que "ninguna persona puede ser condenada sin haber sido oída y juzgada en un debido proceso. Nadie sufrirá sanción penal que no haya sido impuesta por autoridad judicial competente en sentencia ejecutoriada".[256]

Ahora bien, de acuerdo a la SC 0034/2006, el principio de legalidad no se agota en el aforismo no hay crimen, no hay pena sin una ley (*Nullum crimen, nulla poena sine lege*), sino que, entre otras exigencias, la ley tiene que ser previa, de donde deriva el principio de irretroactividad de la ley penal desfavorable, en virtud del cual, la ley debe ser previa a la comisión del hecho; aclarándose, sin embargo, que la retroactividad es permitida cuando sea favorable al reo, conforme lo entendió la Sentencia citada, así como la SCP 0770/2012, entre otras.[257]

El principio de irretroactividad de la ley penal, se encuentra previsto, por una parte, en el art. 116.II de la CPE, que determina que: "*cualquier sanción debe fundarse en una ley anterior al hecho punible*"; por otra, en el art. 123 de la Norma Suprema, que señala: "La ley sólo dispone para lo venidero y no tendrá efecto retroactivo, excepto en materia laboral, cuando lo determine expresamente a favor de las trabajadoras y de los trabajadores; en materia penal, cuando beneficie a la imputado o al imputado; en materia de corrupción, para investigar, procesar y sancionar los delitos cometidos por los servidores públicos contra los intereses del Estado, y en el resto de los casos señalados por la Constitución"; última norma que, conforme se analizará, fue interpretada por la SCP 0770/2012.[258]

En suma, la jurisprudencia costarricense, Sentencia 1739-92, ha razonado en que: "El principio de legalidad en el estado de derecho postula una forma especial de vinculación de las autoridades e instituciones públicas al ordenamiento jurídico, a partir de su definición básica según la cual toda autoridad o institución pública lo es y solamente puede actuar en la medida en que se encuentre apoderada para hacerlo por el mismo ordenamiento, y normalmente a texto expreso -para las autoridades e instituciones públicas sólo está permitido lo que esté constitucional y legalmente autorizado en forma expresa, y todo lo que no les esté autorizado les está vedado-; así como sus dos corolarios más importantes, todavía dentro de un orden general: el principio de regulación mínima, que tiene especiales exigencias en materia procesal, y el de reserva de ley, que en este campos es casi absoluto." Se analizan los principios de intimación, imputación, inocencia, *in*

255 Ibíd.

256 Ibíd.

257 Ibíd.

258 Ibíd.

dubio pro reo, legitimidad de la prueba, inmediación de la prueba, identidad física del juzgador, publicidad del proceso, valoración razonable de la prueba, *pro sententia*, doble instancia.[259]

12.9. Principio del Non bis in ídem

12.9.1. Concepto

El principio non bis ídem, razona en doble significado: la primera, su aplicación impide que una persona sea sancionada o castigada dos veces por la misma infracción cuando exista identidad de sujeto, hecho y fundamento. Sobre la segunda, es un principio procesal en virtud del cual un mismo hecho no puede ser objeto de dos procesos distintos o, si se quiere, no pueden darse dos procedimientos con el mismo objeto.[260]

En tal sentido, clasificaremos el principio *non bis ídem* en dos subprincipios: material y procesal. Se entiende por el primero, a la prohibición existente respecto a la imposición de una doble sanción en aquellos casos en los que existe identidad de sujeto, hecho y fundamento. Por el segundo, hace referencia a la prohibición que existe en relación a que a un mismo sujeto se le someta a un doble procedimiento, respecto a una misma conducta, teniendo en cuenta todo lo relacionado con la cuestión de la cosa juzgada.[261]

El principio de *non bis in idem* se asienta sobre el principio de legalidad y taxatividad de las leyes penales, que revisten la seguridad jurídica.[262]

12.9.2. El principio de *non bis in ídem* como garantía del debido proceso

El principio *non bis in idem es uno de los principios fundamentales del derecho penal y del debido proceso, "garantía constitucional como convencional"*, el cual establece

259 CORTE SUPREMA DE JUSTICIA DE SAN JOSÉ DE COSTA RICA, Sala Constitucional, Expediente: 90-001587-0007-CO. Resolución N° 01739 – 1992, 01 de Julio del 1992 a las 11:45 a. m.

260 Cfr. TRAYTER JIMÉNEZ, Juan Manuel, ¿Sanción penal-sanción administrativa: el principio non bis in idem en la Jurisprudencia?, Poder Judicial, núm. 22, 1991, pág. 113. Citado por, MARTÍNEZ RODRÍGUEZ, José Antonio, El principio non bis in idem y la subordinación de la potestad sancionadora administrativa al orden jurisdiccional penal, Notas jurídicas, 2011. Ver en: https://noticias.juridicas.com/conocimiento/articulos-doctrinales/4617-el-principio-non-bis-in-idem-y-la-subordinacion-de-la-potestad-sancionadora-administrativa-al-orden-jurisdiccional-penal-/. (Última Consulta: 15 de mayo de 2021).

261 El principio non bis in idem de la ley penal, ver completo en: https://www.iberley.es/temas/principio-non-bis-in-idem-ley-penal-47561. (Última Consulta: 15 de mayo de 2021).

262 Ibíd.

que: está totalmente prohibido aplicar una doble sanción a un mismo sujeto por la comisión de los mismos hechos.

Este principio impone a los juzgadores a no sancionar repetidamente una misma conducta, esta conducta de los juzgadores es inadmisible en el ejercicio del *"ius puniendi"* del Estado. Asimismo, se debe considerar que las sanciones administrativas con duplicidad, están prohibidas. Toda vulneración flagrante y demostrada, concede a la víctima a la indemnización, reparación y resarcimiento de daños y perjuicios en forma pronta y oportuna.

12.9.3. Regla que regula el Non bis in idem

Al respecto, el Articulo 8. 4, de la CADH, establece que:

> *"El inculpado absuelto por una sentencia firme no podrá ser sometido a nuevo juicio por los mismos hechos".*

Asimismo, El Artículo 14. 7, del Pacto Internacional de Derechos Civiles y Políticos, establece que:

> *"Nadie podrá ser juzgado ni sancionado por un delito por el cual haya sido condenado o absuelto por una sentencia firme de acuerdo a la Ley y el procedimiento de cada país".*

En suma, el Articulo 117.II, de la Constitución Política de Bolivia, establece que:

> *"Nadie será procesado ni condenado más de una vez por el mismo hecho. (...)".*

12.9.4. Non bis in idem *en la sentencia de la Corte IDH*

Al respecto, MONTERO Y SALAZAR, analizan las siguientes jurisprudencias:

> *En cuanto al principio del Non bis in idem, se ha referido la Corte Interamericana a este en el Caso La Cantuta vs Perú, en el cual se denunció la desaparición y muerte de un profesor universitario y un grupo de estudiantes universitarios. En este proceso, se alegó por parte de la Comisión interamericana así como de los representantes de las víctimas que el Estado se había escudado en la figura de la cosa juzgada para no sancionar a los responsables de los hechos (ver párrafo 151), pues estos había sido juzgados en el fuero militar y lo que en este había ocurrido afectaba la investigación en el proceso, como señala el párrafo 150, in fine: "Es decir, que de alguna manera lo actuado en el fuero militar ha continuado obstaculizando la investigación y eventual enjuiciamiento y sanción de todos los responsables en el fuero común."*

Ante este alegato, la Corte se pronunció indicando en el párrafo 153 que "... recientemente la Corte precisó que el principio non bis in idem no resulta aplicable cuando el procedimiento que culmina con el sobreseimiento de la causa o la absolución del responsable de una violación a los derechos humanos, constitutiva de una infracción al derecho internacional, ha sustraído al acusado de su responsabilidad penal, o cuando el procedimiento no fue instruido independiente o imparcialmente de conformidad con las debidas garantías procesales. Una sentencia pronunciada en las circunstancias indicadas produce una cosa juzgada `aparente` o `fraudulenta`".

Además, en la sentencia en comentario, destaca el voto razonado del juez García Ramírez, quien señala que la Corte Interamericana se ha pronunciado tanto sobre la cosa juzgada (que implica la existencia de una sentencia eficaz) como en relación al principio ne bis in ídem (garantía que presupone la existencia de esa sentencia eficaz con autoridad de cosa juzgada material, prohibiendo un nuevo juicio sobre los hechos que ahí se detallan). Aclara (párrafos 10 y 11), que para que una sentencia sea eficaz, debe haber sido el producto de un debido proceso por lo que no pueden haber sentencia susceptible de permitir el alegato de principio de ne bis in idem, si no se han cumplido las condiciones del debido proceso, por lo que tanto el Derecho Internacional de los Derechos Humanos como el Derecho Penal Internacional se rehusan a dar valor a las decisiones de instancias domésticas que no han podido o no han querido hacer justicia. Concluye su razonamiento sobre el tema, señalando que esta perspectiva no implica la decadencia de la cosa juzgada ni la supresión del ne bis in idem, ni la afectación a la seguridad jurídica, ya que "... no se disputa la eficacia de la res judicata ni de la prohibición de segundo juicio cuando aquélla y éste se fincan en las disposiciones aplicables y no entrañan ni fraude ni abuso, sino garantía de un interés legítimo y amparo de un derecho bien establecido. No se combate, pues, la "santidad" de la cosa juzgada ni la firmeza del primer juicio –a título, entonces, de único juicio posible-, sino la ausencia de resolución legítima -esto es, legitimada a través de un debido proceso- a la que se atribuya eficacia de cosa juzgada e idoneidad para sustentar el ne bis in idem."

En el caso Lori Berenson vs. Perú, también se aborda el tema del principio de ne bis in ídem, pero señalando que no se violentó, pues aun cuando a la víctima se le pretendió juzgar inicialmente en el fuero militar, este declinó la competencia y se inhibió a favor del fuero militar. Se indica entonces en el párrafo 208, "...no habiéndose producido un pronunciamiento sobre el fondo en el fuero militar, no existe el supuesto de hecho imprescindible para declarar que se ha afectado el principio non bis in ídem." Vemos aquí como se evidencia la necesidad de que la sentencia que resuelva el asunto, contemple y decida sobre el aspecto factico para que así se pueda alegar esta garantía. [263]

---

263 MONTERO Diana y SALAZAR Alonso, Derecho de defensa en la jurisprudencia de la Corte interamericano de derechos humanos. 2013. Véase en: http://www.kerwa.ucr.ac.cr/handle/10669/81538. (última consulta: 03/04/2021).

12.10. Principio de publicidad de los procesos

Al respecto, debe considerarse que el debido proceso en sentido de legislación adjetiva, hace referencia a los principios y derechos que le son inherentes a las partes del proceso, sea jurisdiccional, sea administrativo, o sea corporativo particular.[264]

Al respecto, la SCP 0567/2012 de 20 de julio, del Tribunal Constitucional Plurinacional de Bolivia, ha establecido la siguiente doctrina jurisprudencial:

> *"La Constitución Política de Estado, define que la administración de justicia se fundamenta en los principios procesales de gratuidad,* ***publicidad****, transparencia, oralidad, celeridad, probidad, honestidad, legalidad, eficacia, eficiencia, accesibilidad, inmediatez, verdad material,* ***debido proceso*** *e igualdad de partes ante el juez, consecuentemente, el art. 115.II de la CPE señala: 'El Estado garantiza el derecho al* ***debido proceso****, a la defensa y a una justicia plural, pronta, oportuna, gratuita, transparente y sin dilaciones'. El art. 117.I de la Norma Suprema, por su parte establece: 'Ninguna persona puede ser condenada sin haber sido oída y juzgada previamente en un* ***debido proceso****...'.*[265]

El principio de publicidad es un elemento del debido proceso, el cual tiene por objeto la averiguación de la verdad y el control de la actividad de los jueces en el proceso como potestad de los litigantes, y de todas las personas que así lo requieran[266] conforme el umbral de la Constitución, asimismo, guarda relación con los principios de la transparencia e igualdad entre las partes dentro de un proceso judicial o administrativo.

En la esfera del debido proceso se identifica como uno de sus elementos el principio de publicidad de todo proceso sea judicial o administrativo, así las normas del art. 178.I y 180.I de la CPE, los proclaman como uno de los principios de la función de impartir justicia.[267]

Así, el Tribunal Constitucional de 1999 a 2011, respecto al principio de publicidad de los procesos, expresó en la SC 0999/2003-R de 16 de julio, la siguiente doctrina constitucional:

> *"La importancia del debido proceso está ligada a la búsqueda del orden justo. No es solamente poner en movimiento mecánico las reglas de procedimiento*

---

264 TRIBUNAL CONSTITUCIONAL PLURINACIONAL DE BOLIVIA, *Sentencia Constitucional Plurinacional* 0014/2013, Sucre, 3 de enero de 2013, del, p. 8.

265 *Ibíd.*

266 *Ibíd.*

267 *Ibíd.*

sino buscar un proceso justo, para lo cual hay que respetar los principios procesales de publicidad, inmediatez, libre apreciación de la prueba; los derechos fundamentales como el derecho a la defensa, a la igualdad, etc., derechos que por su carácter fundamental no pueden ser ignorados ni obviados bajo ningún justificativo o excusa por autoridad alguna, pues dichos mandatos constitucionales son la base de las normas adjetivas procesales en nuestro ordenamiento jurídico...".[268]

Luego, la SC 1106/2004-R de 14 de julio, desarrolló aún más la comprensión de la importancia del principio de publicidad, al exponer la siguiente doctrina constitucional:

"...entendiéndose el principio de publicidad como una garantía para el individuo sometido a juicio, que es parte en el proceso o víctima de ella, como instrumento de control de la actividad jurisdiccional y como una concepción de la democracia y el Estado de Derecho, es un principio informador de todo el ordenamiento jurídico y de los actos jurídicos. Sin publicidad, la Ley o el acto jurídico se reputa inexistente, no constituye un mero formalismo del que se puede prescindir por criterio del juzgador; es más en el proceso penal se hace más evidente, por tratarse del instrumento más peligroso de lesión de los derechos y libertades fundamentales, por esa razón, la exigencia de publicidad es mucho más radical en el proceso penal que en cualquier otro."[269]

Al respecto, el Articulo 3 de la Ley del Órgano Judicial, que dispone:

*"**Publicidad.** Los actos y decisiones de los tribunales y jueces son de acceso a cualquier persona que tiene derecho a informarse, salvo caso de reserva expresamente fundada en ley".*

En suma, la SCP 0014/2013, refiere que:

"... la comprensión teórica de la publicidad contenida en el diccionario jurídico, nos enseña que es el: "Principio fundamental del procedimiento moderno, opuesto al secreto inquisitorial, que establece como suprema garantía de los litigantes, de la averiguación de la verdad y de los fallos justos, que la instrucción de las causas, con ciertas reservas en lo penal, la práctica de la prueba, los alegatos y los fundamentos de las resoluciones, sean condicionados no solamente de las partes y de los que intervienen en los procesos, sino de todos en general".

268 *Ibíd.*

269 *Ibíd.*

De los antecedentes de doctrina jurisprudencial, así como las normas *constitucionales y legales expuestas, se concluye que el principio de publicidad de los procesos es un elemento del debido proceso que tiene trascendental importancia para garantizar la vigencia de la democracia y del estado de derecho, constituyéndose en un instrumento de control de la actividad de los jueces y de toda la actividad jurisdiccional, contribuyendo a que la función de impartir justicia se realice en el marco de los principios que la propia Constitución impone; y de otro lado, favorece también la búsqueda de una justicia de tipo material y el logro de los objetivos metajurídicos que a la justicia se le exige, para arribar al ideal supremo de otorgar a cada quien lo suyo conforme a su esfuerzo personal.*

Por todos esos postulados dogmáticos es que el debido proceso se nutre del principio de publicidad, el cual es la potestad de los litigantes y de todas las personas que así lo requieran, de acceder a los actuados procesales documentales, orales, grabaciones en cualquier soporte y en general archivos o actos de cualquier tipo, para tomar conocimiento directo o indirecto de tales hechos por sí mismo, sin tener la necesidad de demostrar interés personal directo o indirecto, sino solamente en ejercicio de la facultad de control de la democracia, del estado de derecho y de la calidad de la justicia; potestad que sólo puede ser restringida en determinados casos en resguardo de algún bien jurídico protegido constitucionalmente y en la debida proporcionalidad.[270]

12.11. Principio de igualdad de armas

El principio de igualdad de armas es un principio del debido proceso, por lo cual, este principio establece una real igualdad procesal en un juicio o litigio.

Es decir, que durante el proceso se puede apreciar que, la condición económica, y otros factores, de una de las partes, impide la igualdad en la defensa del juicio, esto se traduce en una verdadera desigualdad o desventaja que un sujeto del proceso puede tener. Es claro que, en el derecho administrativo se suele otorgar privilegios implícitos al Estado en su relación con los administrados, lo cual hace notar que existe siempre la condición más favorable al Estado frente al administrado, claro y evidente vulneración a los derechos fundamentales y garantías.

Las condiciones puedan ser iguales solo cuando se produce un mismo trato, las mismas condiciones procesales y respeto a las garantías constitucionales como convencionales. Se habla del respeto al principio de la Ley y la dignidad.

En tal sentido, se habla de principio de igualdad de armas, solo cuando se está en iguales condiciones de hacer valer sus derechos y defender sus intereses en

270 TRIBUNAL CONSTITUCIONAL PLURINACIONAL DE BOLIVIA, *Sentencia Constitucional Plurinacional* 0014/2013, Sucre, 3 de enero de 2013, pp. 10 y 11.

forma efectiva y en condiciones de igualdad procesal con otros justiciables. Para alcanzar sus objetivos, el proceso debe reconocer y resolver los factores de desigualdad real de quienes son llevados ante la justicia.[271]

Igualdad de armas, es la condición de respeto, protección y garantía de los derechos de un sujeto vulnerable ante la desigualdad del poder económico, social y e incluso político de otro sujeto en el proceso judicial o administrativo, es decir, cuando se habla de principio de igualdad de armas se habla de prohibición de discriminación y desigualdad.

Al respecto, el Sistema Interamericana de Derechos Humanos, "SIDH" ha establecido que el principio de igualdad de armas compone o integra del debido proceso legal y ha comenzado a delinear estándares con miras a su respeto y garantía.[272]

12.11.1. Principio de igualdad de armas en la jurisprudencia de la Corte Interamericana de Derechos Humanos y el Tribunal Europeo de Derechos Humanos

LA Corte Interamericana de Derechos Humanos, "Corte IDH", deja sentado con claridad el principio de igualdad de armas:

> *Esta estipulación deriva en parte de la propia naturaleza y funciones de las protecciones procesales, que en toda instancia deben estar regidas por el principio de justicia y en esencia deben estar destinadas a proteger, asegurar y afirmar el goce o el ejercicio de un derecho. Ello incluye reconocer y corregir toda desventaja real que las personas afectadas en los procedimientos puedan tener y observar en ello el principio de igualdad ante la ley y el corolario que prohíbe todo tipo de discriminación.*[273]

Al respecto, La jurisprudencia del Tribunal Europeo de Derechos Humanos, "TEDH", también entiende que el *principio de igualdad de armas es parte de la garantía del debido proceso y expresa reiteradamente, en relación con el carácter adversarial del proce-*

---

271 Comisión Interamericana de Derechos Humanos, *El acceso a la justicia como garantía de los derechos económicos, sociales y culturales. Estudio de los estándares fijados por el sistema interamericano de derechos humanos, Comisión Interamericana de Derechos Humanos.* OEA/Ser.L/V/II.129.Doc.4, 7 de septiembre 2007. ISBN 0-8270-5154-9.

272 Ídem.

273 *Cfr. Informe sobre Terrorismo y Derechos Humanos*, 22 de octubre (OEA/Ser.L/V/II.116), p. 240. Ver también en: Comisión Interamericana de Derechos Humanos, *El acceso a la justicia como garantía de los derechos económicos, sociales y culturales. Estudio de los estándares fijados por el sistema interamericano de derechos humanos, Comisión Interamericana de Derechos Humanos.* OEA/Ser.L/V/II.129.Doc.4, 7 de septiembre 2007. ISBN 0-8270-5154-9.

dimiento civil, que requiere un justo balance entre las partes, aun cuando una de ellas sea el propio Estado. En tal sentido ha afirmado que: "(t)odo el que es parte de tales procedimientos debe tener una oportunidad razonable de presentar su caso ante el tribunal en condiciones que no lo sitúen en desventaja sustancial *vis-a-vis su oponente*".[274]

En este orden, el TEDH entiende que:

"el principio incorpora la idea de "un justo balance" entre las partes. Así, el TEDH ha dicho que el principio de igualdad de armas equivale al derecho a presentar el caso ante un tribunal en igualdad de condiciones. De esta manera, en el caso *Foucher v. Francia*, la justicia francesa impidió a un particular el acceso a archivos criminales, y también le negó los pedidos de copias de los documentos allí contenidos. Por ende, el tribunal de apelación de la causa sólo se basó sobre informes oficiales para dictar sentencia. Ante esta situación, el Tribunal Europeo de Derechos Humanos entendió que: "(d) e acuerdo con el principio de igualdad de armas, como parte del concepto más amplio del debido proceso, cada parte debe tener la oportunidad de presentar su caso en condiciones que no lo sitúen en desventaja con respecto a su oponente."[275]

El TEDH también entendió que:

"la posibilidad de presentar alegatos y de contestarlos, debe ser equitativa para ambas partes de un litigio. En esta línea, en el caso *Ruiz Mateos v. España*, en el cual se procuraba la restitución de bienes expropiados por el Estado español, el abogado del Estado, adversario en el proceso civil, pudo presentar ante el Tribunal Constitucional de España observaciones escritas sobre la compatibilidad de la ley 7/1983 y el artículo 24.1 de la Constitución española, en tanto el particular no pudo hacerlo. A este último sólo se le consideró lo dicho en

274 TRIBUNAL EUROPEO DE DERECHOS HUMANOS, caso *Kaufman v. Bélgica*, N° 5362/72, 42 CD 145 (1972) y caso *Bendenoun v. Francia*, A 284, párrafo 52 (1994). Extraído de: Comisión Interamericana de Derechos Humanos, *El acceso a la justicia como garantía de los derechos económicos, sociales y culturales. Estudio de los estándares fijados por el sistema interamericano de derechos humanos, Comisión Interamericana de Derechos Humanos.* OEA/Ser.L/V/II.129.Doc.4, 7 de septiembre 2007. ISBN 0-8270-5154-9.

275 TRIBUNAL EUROPEO DE DERECHOS HUMANOS, caso *Foucher v. Francia*, fallo del 18 de marzo de 1998, considerando 34. Extraído de: Comisión Interamericana de Derechos Humanos, *El acceso a la justicia como garantía de los derechos económicos, sociales y culturales. Estudio de los estándares fijados por el sistema interamericano de derechos humanos, Comisión Interamericana de Derechos Humanos.* OEA/Ser.L/V/II.129.Doc.4, 7 de septiembre 2007. ISBN 0-8270-5154-9.

el escrito de demanda inicial. Ante esta situación, el TEDH entendió que "el principio de igualdad de armas representa un elemento de la noción más amplia de proceso equitativo, el cual engloba también el derecho fundamental al carácter contradictorio de la instancia". Y agrega más adelante: "...en el marco de un procedimiento relativo a un derecho civil y en el que son partes personas de ese círculo, se les debe garantizar, en principio, el libre acceso a las observaciones de las demás partes, y una verdadera posibilidad de comentarlas".[276]

En otros casos el TEDH afirmó que:

"el *derecho de las personas a impugnar los dictámenes que emanaban de órganos públicos que, de una u otra manera, dependían del Estado, que era al mismo tiempo parte de un proceso adversarial. Así, en el caso Bönisch*, el demandante es objeto de sanciones por contener sus productos sustancias peligrosas más allá de lo legalmente permitido. El Instituto para los Productos Alimenticios impulsa el proceso contra el señor Bönisch y a su vez su director ejerce el papel de perito. Según el tribunal, el perito actúa como testigo de cargo y, en consecuencia, el principio de igualdad de armas exige el equilibrio entre su audición y la de las personas que fueran oídas a petición de la defensa. Tal equilibrio no se da en el caso porque el perito jugaba un papel predominante. El TEDH dijo: "En principio, su audiencia durante la vista no es contraria al Convenio, pero el principio de igualdad de armas, consecuencia directa de la noción de proceso equitativo e ilustrada por el párrafo 3.d) del artículo 6, exigía el equilibrio entre esta audiencia y la de las personas que, a cualquier título, pudieran ser oídas a petición de la defensa". Agregó el TEDH: "El Tribunal considera, con la Comisión, que no se ha observado tal equilibrio en los dos procedimientos en cuestión: en primer lugar, el Director del Instituto fue nombrado perito (...) por lo cual tendría que desarrollar una función de asistencia neutra e imparcial al Tribunal (...) Varios datos ilustran el papel predominante que ha juzgado el Director. En calidad de perito podía asistir a toda la vista, plantear, con autorización del juez, preguntas al acusado y a los testigos y comentar sus declaraciones en el momento oportuno. Mientras tanto, el testigo designado por la

276 TRIBUNAL EUROPEO DE DERECHOS HUMANOS, caso *Ruiz Mateos v. España*, fallo del 23 de junio de 1993, considerandos 15, 61, 63 y 65. Extraído de: Comisión Interamericana de Derechos Humanos, *El acceso a la justicia como garantía de los derechos económicos, sociales y culturales. Estudio de los estándares fijados por el sistema interamericano de derechos humanos, Comisión Interamericana de Derechos Humanos.* OEA/Ser.L/V/II.129.Doc.4, 7 de septiembre 2007. ISBN 0-8270-5154-9.

defensa fue admitido a comparecer ante el tribunal sólo en momento de su testimonio, durante éste fue interrogado tanto por el juez como por el perito..."[277]

En este sentido, el derecho a impugnar dictámenes emitidos por órganos dependientes del Estado cuando éste es parte de un procedimiento adversarial ha sido establecido claramente por la jurisprudencia del TEDH en casos relacionados con la determinación de derechos sociales. En el caso *Lobo Machado v. Portugal, el denunciante era un ingeniero empleado por una compañía petrolera que fue nacionalizada por el Estado portugués en el año 1975. En 1980, el peticionante se jubiló. En 1986, inició una demanda ante el tribunal industrial alegando que, luego de jubilado, había sido clasificado erróneamente en un grado inferior a efectos de los beneficios de la seguridad social y, en consecuencia, solicitaba el pago de las sumas que consideraba se le debían. La demanda fue rechazada tanto en primera como en segunda instancia. El peticionante apeló a la Corte Suprema. En el año 1989, el Procurador General, en representación del Estado, emitió opinión ante la Corte Suprema sugiriendo que el caso había sido ya considerado y debía ser rechazado. El denunciante no había tenido la oportunidad de acceder a este dictamen ni contestar las consideraciones allí vertidas. La Corte Suprema finalmente rechazó la apelación. Durante las deliberaciones de la Corte, estaban presentes tres miembros de la Corte, un registrador y un miembro del departamento de la Procuración General. Ante la Comisión Europea y el TEDH, el peticionante denunció la violación del artículo 6.1 del CEDH y en lo que aquí interesa alegó que la Corte Suprema de Portugal permitió injustamente que durante las deliberaciones estuviera presente un miembro del departamento de la Procuración General al tiempo que se negó a que el denunciante respondiera las alegaciones efectuadas por ese organismo público. El TEDH expresó: "Teniendo en cuenta entonces el interés que estaba en juego para el denunciante en el proceso ante la Suprema Corte, la naturaleza de la opinión del Procurador General, por la que se sugirió el rechazo del caso y el hecho de que fue imposible para el Sr. Lobo Machado obtener una copia del dictamen y contestarlo con anterioridad a la emisión de la sentencia, se ha violado el derecho a un proceso judicial adversarial. Este derecho, significa, en principio, la oportunidad para las* partes ya sea en procesos civiles o penales, de tener conocimiento y alegar sobre toda la prueba producida y las consideraciones efectuadas, aunque sea por un miembro independiente del servicio legal nacional, que tenga por finalidad influenciar en la decisión de la Corte" Ver a este respecto, *Application* N° 15764/89, del 23 de febrero de 1996, párrafo 31. Por último, merece señalarse que en otros casos vinculados a la determinación de derechos sociales, el TEDH indicó que el principio de "igualdad de armas" requiere que las partes en los

277 TRIBUNAL EUROPEO DE DERECHOS HUMANOS, caso *Bönisch*, sentencia de 6 de mayo de 1985, considerando 32. Extraído de: Comisión Interamericana de Derechos Humanos, *El acceso a la justicia como garantía de los derechos económicos, sociales y culturales. Estudio de los estándares fijados por el sistema interamericano de derechos humanos, Comisión Interamericana de Derechos Humanos.* OEA/Ser.L/V/II.129.Doc.4, 7 de septiembre 2007. ISBN 0-8270-5154-9.

procedimientos judiciales puedan examinar a los testigos de la parte contraria, sean informadas de los fundamentos de las decisiones administrativas, puedan recurrirlas y se las faculte a impugnar dictámenes en términos equitativos.[278]

12.12. Derecho a la motivación y fundamentación de las sentencias

12.12.1. Motivación

12.12.1.1. *¿Qué es motivar?*

Al respecto, FERRER BELTRÁN refiere que:

Podemos distinguir dos grandes respuestas a esta pregunta, que corresponden, grosso modo, a las concepciones "psicologista" y "racionalista" de la motivación. La primera de ellas identifica a la motivación con la expresión lingüística de los motivos que han llevado a una decisión. La segunda, en cambio, entiende la motivación como justificación: una decisión motivada es, pues, una decisión que cuenta con razones que la justifican. Las dos concepciones cuentan con el apoyo lingüístico de la ambigüedad del término "motivar", que denota tanto la expresión de los motivos como de las razones de una decisión. Pero ambas cosas no deben ser confundidas (…).

Además, refiere que la motivación concebida como expresión de los motivos, las causas, de una decisión es un discurso lingüístico descriptivo. Como tal, no es capaz de justificar la decisión, puesto que la justificación pertenece al ámbito de lo normativo y no hay salto posible que permita fundar una conclusión normativa en un conjunto de premisas descriptivas. Con ellas podremos entender, como máximo, qué llevó al juez a decidir cómo decidió, pero no aportará nada a la justificación de su decisión. No es extraño pues que, en general, los realistas no hayan puesto el acento en la necesidad de que el juez motive sus decisiones, sino en que la sociología del derecho estudie los factores causales que llevan a esas decisiones (…).

La justificación del fallo, de la decisión contenida en la sentencia, dependerá ahora de las premisas formuladas en el propio documento judicial. Entre ellas, contaremos con premisas fácticas (relativas a los hechos del caso) y normativas (relativas a las normas aplicables). Y del conjunto de las premisas fácticas y normativas se obtendrá por derivación lógica el fallo de la

278 Ver en, TRIBUNAL EUROPEO DE DERECHOS HUMANOS,, *Caso X v. Austria*, N° 5362/72, 42 CD 145 (1972). V. Harris, D. J., O´Boyle, M. O. y Warbrick, C., cit., página 209; TEDH, caso *Heintrich v. Francia*, A 269-A, párrafo 56 (1994). Extraído de: Comisión Interamericana de Derechos Humanos, *El acceso a la justicia como garantía de los derechos económicos, sociales y culturales. Estudio de los estándares fijados por el sistema interamericano de derechos humanos, Comisión Interamericana de Derechos Humanos.* OEA/ Ser.L/V/II.129.Doc.4, 7 de septiembre 2007. ISBN 0-8270-5154-9.

sentencia. Una decisión, en este sentido, no estará justificada si no se deriva lógicamente de las premisas expresadas en el razonamiento.[279]

12.12.2. Motivación de las decisiones Judiciales

Los fallos judiciales deben contener expresiones lingüísticas razonables y sustentadas objetivamente sobre el caso concreto. La expresión judicial en sentido razonable y objetiva, establece premisas fácticas (relativas a los hechos del caso concreto) y normativas (relativas a las normas aplicables al caso concreto), y en algunos casos, jurisprudenciales. Por expresión jurisprudencial, se comprenderá, al lenguaje normativo que corresponde al poder judicial.

La motivación y fundamentación de las resoluciones judiciales y administrativas constituye un elemento del debido proceso, por lo cual, el juez o autoridad administrativa se encuentra constreñido a la Constitución, en función de resguardar los derechos fundamentales y garantías constitucionales, como convencionales.

Al respecto, la SCP 1234/2017-S1, infiere que:

"fundamentación y la motivación de una resolución que resuelva cualquier conflicto jurídico, no necesariamente implica que la exposición deba ser exagerada y abundante de consideraciones, citas legales y argumentos reiterativos, al contrario una debida motivación conlleva que la resolución sea concisa, clara e integre en todos los puntos demandados, donde la autoridad jurisdiccional o en su caso administrativa, exponga de forma clara las razones determinativas que justifican su decisión, exponiendo los hechos, realizando la fundamentación legal y citando las normas que sustentan la parte dispositiva de la resolución; en suma se exige que exista plena coherencia y concordancia entre la parte motivada y la parte dispositiva de un fallo'.[280]

En ese entendido, siguiendo la línea sentada por las SSCC 0871/2010-R y 1365/2005-R, citadas por la SC 2227/2010-R de 19 de noviembre, se señaló que:

'Es imperante además precisar que toda resolución ya sea jurisdiccional o administrativa, con la finalidad de garantizar el derecho a la motivación como elemento configurativo del debido proceso debe contener los siguientes aspectos a saber: a) Debe determinar con claridad los hechos atribuidos a las

---

279 FERRER BELTRÁN, Jordi, "Apuntes sobre el concepto de Motivación de las Decisiones Judiciales" ISONOMÍA No. 34, 2011, p. 88. Véase en: http://www.scielo.org.mx/pdf/is/n34/n34a4.pdf.

280 TRIBUNAL CONSTITUCIONAL PLURINACIONAL DE BOLIVIA, Sentencia Constitucional Plurinacional 1234/2017-S1, Sucre, 28 de diciembre de 2017, p. 10.

partes procesales, b) Debe contener una exposición clara de los aspectos fácticos pertinentes, c) Debe describir de manera expresa los supuestos de hecho contenidos en la norma jurídica aplicable al caso concreto, d) Debe describir de forma individualizada todos los medios de prueba aportados por las partes procesales, e) Debe valorar de manera concreta y explícita todos y cada uno de los medios probatorios producidos, asignándoles un valor probatorio específico a cada uno de ellos de forma motivada, f) Debe determinar el nexo de causalidad entre las denuncias o pretensiones de las partes procesales, el supuesto de hecho inserto en la norma aplicable, la valoración de las pruebas aportadas y la sanción o consecuencia jurídica emergente de la determinación del nexo de causalidad antes señalado'.[281]

De lo expresado concluimos que la fundamentación y la motivación en una resolución judicial o administrativa, constituye un deber ineludible de toda autoridad que conozca de un reclamo, solicitud o dicte una resolución resolviendo una situación jurídica, en tal razón estos fallos a más de estar debidamente motivadas tienen que tener un sustento jurídico; es decir que, deben estar fundamentadas en elementos de hecho y de derecho".[282]

Al respecto, La SCP 0712/2015-S3 de 3 de julio, señaló que:

"El debido proceso como derecho fundamental, contiene entre sus elementos constitutivos la obligatoriedad de la debida fundamentación y motivación de los fallos judiciales; los cuales, deben estar fundados en derecho, conforme lo señala Manuel Atienza: '...la motivación de las resoluciones judiciales se apoya en la necesidad de que el tribunal haga públicas las razones que le han conducido a fallar en uno u otro sentido, demostrando así que su decisión no es producto de la arbitrariedad, sino del correcto ejercicio de la función jurisdiccional que la ha sido encomendada, es decir, resolviendo el problema jurídico sometido a su conocimiento, precisamente, en aplicación del Derecho". [283]

En tal sentido, La SCP 1234/2017-S1, infiere que:

«La garantía del debido proceso, comprende entre uno de sus elementos la exigencia de la motivación de las resoluciones, lo que significa, que toda autoridad que conozca de un reclamo, solicitud o dicte una resolución resolviendo una situación jurídica, debe ineludiblemente exponer los motivos que sustentan su decisión, para lo cual, también es necesario que exponga los

---

281 **Ídem.**

282 **Ídem.**

283 TRIBUNAL CONSTITUCIONAL PLURINACIONAL DE BOLIVIA, Sentencia Constitucional Plurinacional 0782/2015-S3 Sucre, 22 de julio de 2015 p. 7.

hechos establecidos, si la problemática lo exige, de manera que el justiciable al momento de conocer la decisión del juzgador lea y comprenda la misma, pues la estructura de una resolución tanto en el fondo como en la forma, dejará pleno convencimiento a las partes de que se ha actuado no sólo de acuerdo a las normas sustantivas y procesales aplicables al caso, sino que también la decisión está regida por los principios y valores supremos rectores que rigen al juzgador, eliminándose cualquier interés y parcialidad, dando al administrado el pleno convencimiento de que no había otra forma de resolver los hechos juzgados sino de la forma en que se decidió. Al contrario, cuando aquella motivación no existe y se emite únicamente la conclusión a la que se ha arribado, son razonables las dudas del justiciable en sentido de que los hechos no fueron juzgados conforme a los principios y valores supremos, vale decir, no se le convence que ha actuado con apego a la justicia, por lo mismo se le abren los canales que la Ley Fundamental le otorga para que en búsqueda de la justicia, acuda a este Tribunal como contralor de la misma, a fin de que dentro del proceso se observen sus derechos y garantías fundamentales, y así pueda obtener una resolución que ordene la restitución de dichos derechos y garantías, así se ha entendido en varios fallos de este Tribunal, entre ellos, la SC 0752/2002-R de 25 de junio. Asimismo, cabe señalar que ***la motivación no implicará la exposición ampulosa de consideraciones y citas legales, sino que exige una estructura de forma y de fondo, pudiendo ser concisa, pero clara y satisfacer todos los puntos demandados, debiéndose expresar las convicciones determinativas que justifiquen razonablemente su decisión en cuyo caso las normas del debido proceso se tendrán por fielmente cumplidas; al contrario, cuando la resolución aun siendo extensa no traduce las razones o motivos por los cuales se toma una decisión, dichas normas se tendrán por vulneradas*** *» (SC 2023/2010-R de 9 de noviembre reiterada por la SC 1054/2011-R de 1 de julio).*[284]

En suma, la SCP 0799/2020-S4, explicó que:

"No basta la simple cita de preceptos legales, en una resolución para considerar motivada ésta, sino que es preciso que se expongan las argumentaciones pertinentes que conduzcan a establecer la decisión correspondiente". En este sentido, José María Asencio, refiriéndose a la motivación de la sentencia en la legislación española, manifiesta que: "en el relato fáctico no sólo debe incorporarse la narración de los hechos y la enumeración de las pruebas, sino también los motivos y razonamientos que han conducido al juez a dictar su fallo". "La motivación de la sentencia constituye un elemento intelectual, de contenido crítico, valorativo y lógico, que consiste en el conjunto de razona-

284 TRIBUNAL CONSTITUCIONAL PLURINACIONAL DE BOLIVIA, Sentencia Constitucional Plurinacional 1234/2017-S1, Sucre, 28 de diciembre de 2017, pp. 10 y 11.

mientos de hecho y de derecho en que el juez apoya su decisión (...) En definitiva, la motivación de la sentencia es la fuente principal del control sobre el modo de ejercer los jueces su poder jurisdiccional. Su finalidad es suministrar una garantía y evitar el exceso discrecional o la arbitrariedad, es decir, que el razonamiento carezca de todo fundamento o bien sea erróneo". "Ni la sentencia puede pronunciarse sobre materia distinta, ni puede dejar de hacerlo respecto de cualesquiera de las cuestiones que lo integran (citra o mínima, extra y ultra petita), en virtud de la mutatio libelli" La motivación de las resoluciones administrativas, es un deber ineludible del tribunal o autoridad de segunda instancia, que por delegación se le asigna la tarea de enmendar, cuando correspondiere las vulneraciones de derechos surgidas en el tribunal o autoridad de origen. La motivación de las resoluciones debe ser comprensible, puntual, concreta y en todos los casos lógica, incluyendo el análisis de todos los aspectos relacionados al asunto principal y de aquellos otros derivados del eje central en cuestión (mínima petita), correspondiendo efectuarse una relación de causalidad estrecha entre los hechos y la normativa inherente al caso específico. Toda autoridad administrativa que emita una resolución en segunda instancia, debe mínimamente exponer en la resolución: 1) Los hechos, citando las normas que sustentan la parte dispositiva de la resolución, efectuando la relación de causalidad entre los hechos y la norma aplicable; 2) Pronunciamiento sobre todos y cada uno de los aspectos impugnados en el recurso de alzada, actuando en mínima petita, considerando cada aspecto de manera puntual y expresa, desarrollando una valoración lógica de los puntos impugnados, efectuar lo contrario, elimina la parte fundamental de la resolución, lesionando efectivamente el debido proceso, derivando en el extremo inaceptable que los procesados no puedan conocer cuáles son las razones del fallo y cuál es la posición del tribunal de alzada en relación con los puntos impugnados.[285]

12.13. Derecho a la congruencia de las resoluciones

El derecho a la congruencia forma parte del debido proceso, es decir, es un elemento integrador del debido proceso, el cual, exige a los jueces la diligencia necesaria en cuanto al ***ámbito procesal.***

Al respecto, la SCP 1234/2017-S1, estableció que:

"... la congruencia de las resoluciones judiciales y administrativas, constituye otro elemento integrador del debido proceso, al respecto la SC 0358/2010-R de 22 de junio, señaló lo siguiente: '...la congruencia como principio característico del debido proceso, entendida en el ámbito procesal como la estricta correspondencia que debe existir entre lo peticionado y lo resuelto, en materia

285 TRIBUNAL CONSTITUCIONAL PLURINACIONAL DE BOLIVIA, Sentencia Constitucional Plurinacional 0799/2020-S4 Sucre, 1 de diciembre de 2020.

penal la congruencia se refiere estrictamente a que el imputado no podrá ser condenado por un hecho distinto al atribuido en la acusación o su ampliación; ahora bien, esa definición general, no es limitativa de la congruencia que debe tener toda resolución ya sea judicial o administrativa y que implica también la concordancia entre la parte considerativa y dispositiva, pero además esa concordancia debe mantenerse en todo su contenido, efectuando un razonamiento integral y armonizado entre los distintos considerandos y razonamientos emitidos por la resolución, esta concordancia de contenido de la resolución y su estricta correspondencia entre lo pedido, lo considerado y lo resuelto, conlleva a su vez la cita de las disposiciones legales que apoyan ese razonamiento que llevó a la determinación que se asume. En base a esos criterios se considera que quien administra justicia debe emitir fallos motivados, congruentes y pertinentes'. [286]

En el mismo sentido, (...) en la SCP 1083/2014 de 10 de junio, sostuvo que el principio de congruencia:

'...amerita una comprensión desde dos acepciones; primero, relativo a la congruencia externa, la cual se debe entender como el principio rector de toda determinación judicial, que exige la plena correspondencia o coincidencia entre el planteamiento de las partes (demanda, respuesta e impugnación y resolución) y lo resuelto por las autoridades judiciales, en definitiva, es una prohibición para el juzgador considerar aspectos ajenos a la controversia, limitando su consideración a cuestionamientos únicamente deducidos por las partes; y, segundo, la congruencia interna, referido a que, si la resolución es comprendida como una unidad congruente, en ella se debe cuidar un hilo conductor que le dote de orden y racionalidad, desde la parte considerativa de los hechos, la identificación de los agravios, la valoración de los mismos, la interpretación de las normas y los efectos de la parte dispositiva; es decir, se pretenden evitar que, en una misma resolución no existan consideraciones contradictorias entre sí o con el punto de la misma decisión'"[287]

12.14. Principio de "in dubio pro reo"

Al respecto, la jurisprudencia costarricense, Sentencia 01739-1992, ha razonado en que:

"Implica que la convicción del tribunal respecto de la culpabilidad del imputado debe superar cualquier duda razonable, de manera que cualquiera

---

286 TRIBUNAL CONSTITUCIONAL PLURINACIONAL DE BOLIVIA, Sentencia Constitucional Plurinacional 1234/2017-S1, Sucre, 28 de diciembre de 2017, p. 11.

287 **Ídem.**

que exista obliga a fallar a su favor. El respeto debido a este principio capital comporta, además, la obligación del juez de prepararse, y de todo el sistema judicial de ayudarlo a prepararse sicológica, espiritual y socialmente para mirar en el reo al ser humano en desgracia, merecedero, no sólo de justicia, sino también de comprensión y compasión".[288]

12.15. Derecho a la defensa

Al respecto, Cruz Barney, cita a Ferrajoli, el cual refiere que, "los problemas vinculados a la deontología forense y, más en general, al derecho a la defensa y a la figura del defensor, por raro que parezca, siempre han sido descuidados por la doctrina y la reflexión filosófica.[289]

El profesional en Derecho, es decir, el hombre con credencial de abogado, conforme establece la Ley de abogacía, es el único hombre o mujer versado en Derecho que puede ejercer defensa legal en un caso concreto, a quien se denominara, defensor.

La función del abogado, es precisamente, el asesoramiento legal, consejo legal, la dirección del proceso y la defensa en toda clase de procesos judiciales como administrativos, es decir, el defensor representa a su cliente cuando no este reservada por la Ley a otras profesiones. Los jueces y abogados: "son por igual órganos de la justicia que tienen encomendados dos momentos inseparables de la misma función".[290]

Cruz, refiere que, El derecho a la defensa tiene una íntima relación con la independencia y libertad del abogado, así como con la salvaguardia del secreto profesional. El ejercicio pleno de la abogacía garantiza una defensa eficaz de la persona y de los derechos.[291]

En tal sentido, como refiere Ramírez Roa:

El derecho a la defensa, entendido como el empleo de todos los medios legítimos y adecuados para ser oído y vencido en juicio de conformidad con la verdad-verdadera y no procesal para obtener una decisión favorable. De este derecho hacen parte, el derecho al tiempo y a los medios adecuados para la preparación de la defensa; los derechos a la asistencia de un abogado cuando

---

288 Cfr. CORTE SUPREMA DE JUSTICIA, DE SAN JOSÉ DE COSTA RICA, Expediente: 90-001587-0007-CO. Sala Constitucional, Resolución N° 01739 - 1992, 01 de Julio del 1992 a las 11:45 a. m.

289 CRUZ BARNEY, Oscar, *El secreto profesional del abogado en México*, Universidad Autónoma Nacional de México, Instituto de investigaciones Jurídicas, México, 2018, p, 1.

290 Ídem., p, 73.

291 Ídem., p, 17.

se requiera, a la igualdad ante la ley procesal, el derecho a la buena fe y a la lealtad de todas las personas que intervienen en el proceso.[292]

El Derecho a la defensa es un verdadero poder junto con el de la acción y la jurisdicción, para la válida realización, ello en razón de que estos poderes son los que dirigen la actividad de los sujetos procesales en todo el proceso, pero que tienen a su vez una existencia previa al mismo, ya que su fuente es de índole sustantiva constitucional,[293] a este efecto, debe ser aplicado en cualquier ámbito del proceso.

El Derecho fundamental a la defensa consiste en la posibilidad jurídica y material de ejercer la defensa de los derechos en juicio y ante las autoridades, de manera que se asegure la realización efectiva de los principios de igualdad de las partes y la contradicción. Asimismo, constituye un derecho ilimitado, por ser derecho fundamental absoluto. Justamente, la defensa de la persona en juicio y de sus derechos se concibe solamente a través de la intervención del abogado.[294]

La defensa adecuada, como refiere Cruz Barney, entraña una limitación al Estado, es decir, la defensa adecuada establece una prohibición al Estado en no entorpecer el ejercicio del derecho a la defensa del gobernado y un deber de actuar diligentemente, es decir, por ejemplo, al sindicado debe informársele el nombre del acusador, los datos que obren en la causa, brindarle la oportunidad de nombrar un defensor, no impedirle que se entreviste de manera privada con su defensor, y en general, no obstaculizar el ejercicio de las cargas procesales que le correspondan dentro del proceso penal para desvirtuar la actuación del Ministerio Publico.[295] En suma, el derecho a la defensa es una garantía constitucional, como convencional, que permite al acusado rechazar la acusación elucubrada por la parte acusadora cuando es una falacia.

Al respecto, De la Rosa Rodríguez, refiere que:

Se considera que una defensa adecuada y técnica para el acusado en un proceso penal es parte integrante del debido proceso. En este orden de ideas, si la defensa se ejerce de manera impropia y demostrando desconocimiento del procedimiento o sus obligaciones como defensor, el juez encargado de garan-

---

292 RAMÍREZ ROA, Luis Arturo, "Debido Proceso: Derecho Fundamental", pp. 11 al 42, en, AA. VV., *El Debido Proceso Como un Derecho Humano*, Instituto de Estudio e Investigación Jurídica (INEJ), Nicaragua, 2018.

293 VAZQUEZ ROSSI, Jorge Eduardo. (1996), La Defensa Penal, Tercera Edición. Rubinzal-Culzoni Editores. Argentina. 1996, P. 80.

294 CRUZ BARNEY, Oscar, *Defensa a la Defensa y Abogacía en México*, Universidad Autónoma Nacional de México, Instituto de investigaciones Jurídicas, México, 2015, p. 3.

295 Ídem., El secreto profesional del abogado en México, Óp. Cit. p, 74.

tizar una adecuada defensa estimará las violaciones en que ha incurrido, por lo que podrá prescindir de la presencia de un defensor y nombrar a otro que se ocupe de su cargo. Negarle a un imputado el derecho a la defensa técnica efectiva se ha reconocido en el mundo como violatorio del debido proceso.[296]

El Ministerio Publico, ni el propio juez, pueden tomar declaraciones sin la presencia del defensor, ese acto se encontraría viciado de nulidad por vulnerar el derecho a la defensa. Está prohibido que, el Policía, Ministerio Publico y juez o tribunal, intimide, presione y torture al sindicado, imputado, e incluso, al acusado para obtener alguna información, incluso la declaratoria de su culpabilidad. Asimismo, debe ser prohibido todo acto jurisdiccional que prive de libertad al acusado o acusada sin la presencia de su defensor, vulneraria el Derecho a la defensa y la presunción de inocencia.

En ese sentido, la jurisprudencia costarricense, Sentencia 1739-92, ha razonado en que: "El derecho irrestricto a comunicarse privadamente con su defensor, con la sola excepción de la incomunicación legalmente decretada -*conforme al artículo 44 de la Constitución (Costa Rica)*-, durante la cual, no obstante, no deben en ningún caso tener acceso a él la parte acusadora ni las autoridades de investigación, ni utilizarse en modo alguno el aislamiento para debilitar la resistencia física o moral del imputado ni para obtener de él pruebas o declaraciones, mientras en cambio, las restricciones necesarias que se impongan al acceso del acusado a su defensor, debe ser las mínimas indispensables para lograr el fin único de impedir que su comunicación se utilice para entorpecer la averiguación de la verdad, y siempre permitiéndole la garantía sucedánea del acceso a un defensor público, que, sin perjudicar aquéllos fines, vele permanentemente por la garantía de sus derechos; la concesión del tiempo y medios razonablemente necesarios para una adecuada preparación de la defensa, lo cual debe necesariamente valorarse en cada caso atendida su complejidad, volumen etc."[297]

12.15.1. Concepto

El Derecho a la Defensa es un derecho fundamental que constituye y forma parte del Debido Proceso a efectos de garantizar el ejercicio de emplear todos los argumentos, métodos y medios legítimos y pertinentes para ser oído a través de un profesional en Derecho dentro de un plazo razonable en un proceso justo en igualdad de las partes y de contradicción dirigidos por un juez o tribunal competente,

---

296 DE LA ROSA RODRÍGUEZ, Paola Iliana, El debido proceso, sus orígenes, su evolución y su reconocimiento en el nuevo sistema de justicia penal en México, Alter-Enfoques críticos, Año I, Núm. 2, Julio – Diciembre, 2010.

297 Cfr. CORTE SUPREMA DE JUSTICIA, DE SAN JOSÉ DE COSTA RICA, Expediente: 90-001587-0007-CO. Sala Constitucional, Resolución N° 01739 – 1992, 01 de Julio del 1992 a las 11:45 a. m.

independiente e imparcial, establecido con anterioridad por la Ley, y las garantías constitucionales establecido en el Estado Constitucional.

El derecho a la defensa es atribuido a todas las partes que intervienen en el proceso, y este debe ser respetado por la administración pública, como por los tribunales, jueces, fiscales y policías a efectos de quien está bajo el umbral del derecho a la defensa, pueda ser oída, defenderse y demostrar que la elucubración de la parte contraria es una falacia o responder ante la autoridad con dignidad.

Al respecto, Corte IDH. Caso *Ruano Torres y otros Vs. El Salvador*. Fondo, Reparaciones y Costas. Sentencia de 5 de octubre de 2015. Serie C No. 303.

> *El derecho a la defensa es un componente central del debido proceso que obliga al Estado a tratar al individuo en todo momento como un verdadero sujeto del proceso, en el más amplio sentido de este concepto, y no simplemente como objeto del mismo. El derecho a la defensa debe necesariamente poder ejercerse desde que se señala a una persona como posible autor o participe de un hecho punible y solo culmina cuando finaliza el proceso, incluyendo, en su caso, la etapa de ejecución de la pena. El derecho a la defensa se proyecta en dos facetas dentro del proceso penal: por un lado, a través de los propios actos del inculpado, siendo su exponente central la posibilidad de rendir una declaración libre sobre los hechos que se le atribuyen y, por el otro, por medio de la defensa técnica, ejercida por un profesional del Derecho, quien cumple la función de asesorar al investigado sobre sus deberes y derechos y ejecuta, inter alia, un control crítico y de legalidad en la producción de pruebas. La Convención Americana rodea de garantías especificas el ejercicio tanto del derecho de defensa material, por ejemplo a través del derecho a no ser obligado a declarar contra sí mismo (artículo 8.2.g) o las condiciones bajo las cuales una confesión pudiera ser válida (artículo 8.3), como de la defensa técnica, en los términos que se desarrollaran a continuación.*[298]

12.15.2. Derecho a la defensa y sus objetivos

El Derecho a la Defensa es un principio integrador del debido proceso que persigue los siguientes objetivos:

a. Que la persona que está siendo procesada penalmente debe ser informada y oída desde el inicio de la investigación para que las actuaciones sean válidas a efectos de frenar la arbitrariedad de la actuación penal.

b. La responsabilidad de aportar las pruebas objetivas en el proceso, a efectos de una valoración razonable y racionalmente permitido.

---

298 Cuadernillo de jurisprudencia de la corte interamericana de derechos humanos N° 12: *debido proceso*, p. 164.

c. Asegurar la efectiva realización de los principios procesales de contradicción e igualdad.[299]

d. Proteger los derechos del procesado, por cuanto mientras no haya sentencia en firme no será considerado como responsable del cargo que se le imputa[300].

e. El derecho de toda persona a ser oída con las debidas garantías y dentro de un plazo razonable por un juez o tribunal competente, independiente e imparcial, establecido con anterioridad por la ley.

Al respecto, de la diligencia del Abogado, *la Guía práctica; Deontología, Derechos, Deberes y régimen de responsabilidad del abogado, publicado por el Ilustre Colegio de Abogados de Madrid, el 2015,*[301] incluyo como obligaciones éticas derivadas de la independencia:

a) No aceptar un asunto, sino cualificamos para ello.

b) No interponer un proceso, sino es absolutamente necesario a la defensa.

c) No vulnerar la obligación del secreto profesional amparándose en la independencia.

d) Formación y especialización del abogado.

e) Equitativa distribución del tiempo.

f) Evitar la deslealtad al cliente anteponiendo intereses propios.

12.15.3. Independencia y libertad del abogado

El derecho a la defensa tiene que ver con la independencia y libertad del abogado, así como salvaguardar el secreto profesional. El ejercicio pleno de la abogacía garantiza una defensa eficaz de la persona y de los derechos. La independencia de la abogacía requiere de un estatuto jurídico privilegiado, de la confianza de la sociedad y de una actuación ética normada.[302]

Al respecto, Cruz, cita a Molielac, que señala:

---

299 GUAICHA RIVERA, Patricia Elizabeth, *El Derecho A La Defensa en el Proceso Penal Ecuatoriano,* Tesina, Universidad de Cuenca, Facultad de Jurisprudencia, Ciencias Políticas y Sociales Escuela de Derecho, Cuenca-Ecuador, 2010, p. 43.

300 *Ibídem.*

301 Guía Practica 2015, Deontología, derechos, deberes y régimen de responsabilidad del abogado, Madrid, Ilustre Colegio de Abogados de Madrid, pp. 19 y 20. Ver en, CRUZ BARNEY, Oscar, Ídem., p, 13.

302 CRUZ BARNEY, Oscar, Defensa a la Defensa y Abogacía en México, Óp. Cit., p. 10.

El abogado es, como el sacerdote, un confidente necesario; su profesión lo exige; debe el secreto, sin haberlo prometido y aun cuando el interesado quisiera revelarle de él, pues si hoy lo revelara, el confidente daría un significado al silencio que mañana guardada.[303]

Sin abogados asistidos del derecho a expresar libremente ante cualquier foro o instancia pública o privada y por cualquier medio licito, cuando estime oportuno en abono del interés cuya defensa tenga encomendada, dependiendo exclusivamente en tal empeño del buen fin de dicho interés, y a no sufrir persecución por ello, resulta imposible la realización de la justicia, pues cualquier limitación a la libertad e independencia del Abogado vulnera el derecho a la defensa y a la tutela judicial efectiva sobre los que descansa aquella. La libertad de defensa requiere de la libertad de expresión y actuación procesal del abogado.[304]

La libertad de Expresión de los abogados en la actuación procesal debe estar estrictamente garantizado, y este, debe ejercerlo sin restricción, y en las acusaciones que realice el abogado debe argumentar objetivamente sus límites y alcances (debe explicar la opinión vertida), pues, la libertad de expresión tiene límites, no es decir lo que se me ocurre y, más si este vulnera algún derecho fundamental de terceros.

12.15.4. Autodefensa

La autodefensa, es la intervención directa y personal del imputado o acusado en un caso concreto, el mismo que realiza actividades intelectuales enmarcadas a preservar su libertad: impedir la condena u obtener la mínima sanción penal posible. En tal sentido, la autodefensa es un derecho que tiene el imputado o acusado.[305]

Al respecto, Beltran, refiere que, existen tres tipos de autodefensa. La primera, establece la necesidad de nombrar un *Amicus Curiae* que en cierta medida preste servicios al Tribunal y al acusado. La segunda consiste en el nombramiento de un abogado sustituto que solamente actuara para defender al acusado cuando este no pueda hacerlo. Y la tercera, consiste en que el tribunal designe un abogado para que represente al acusado que quiera defenderse a sí mismo.[306]

12.15.5. Fundamento normativo del derecho a la defensa

El fundamento normativo del derecho a la defensa se encuentra en la Carta de las Naciones Unidas de 1945, la Declaración Universal de los Derechos del

303 Ídem., *El secreto profesional del abogado en México,* Óp. Cit., p, 17.

304 Ídem. p. 11.

305 BELTRAN MONTOLIU, Ana, *El derecho de defensa y a la asistencia letrada en el proceso penal ante la Corte Penal Internacional,* en Tesis Doctoral, Facultad de Ciencias Jurídicas y Económicas, Universidad Jaume I de Castellón, p. 82.

306 Ídem. p. 87.

Hombre de 1945. Asimismo, la Declaración Universal de los Derechos del Hombre de 1948 que en su Artículo 10 reza: "Toda persona tiene derecho, en condiciones de plena igualdad, a ser oída públicamente y con justicia por un tribunal independiente e imparcial, para la determinación de sus derechos y obligaciones o para el examen de c acusación contra ella en materia penal".

El Derecho a ejercer la defensa, sea personalmente o bien mediante un abogado debe ceñirse en Art. 8.2.d, 8.2.e de la Convención Americana de Derechos Humanos (Pacto de San José de Costa Rica). Artículo 8.2., durante el proceso, toda persona tiene derecho, en plena igualdad, a las siguientes garantías mínimas: (...)

a) derecho del inculpado de defenderse personalmente o de ser asistido por un defensor de su elección y de comunicarse libre y privadamente con su defensor;

b) derecho irrenunciable de ser asistido por un defensor proporcionado por el Estado, remunerado o no según la legislación interna, si el inculpado no se defendiere por sí mismo ni nombrare defensor dentro del plazo establecido por la ley; [...]

La Constitución Política del Estado, refiere en su Artículo 115. II. El Estado garantiza el derecho al debido proceso, a la defensa y a una justicia plural, pronta, oportuna, gratuita, transparente y sin dilaciones. Y la jurisdicción Indígena Originaria debe respetar el derecho a la defensa, así lo reza el Artículo 190. II. La jurisdicción indígena originaria campesina respeta el derecho a la vida, el derecho a la defensa y demás derechos y garantías establecidos en la presente Constitución.

Toda persona tiene derecho a una defensa justa, oportuna, gratuita, pública y con garantías, nadie puede privar de este derecho fundamentalísimo ni el propio Presidente del Estado. Así lo reza el Artículo 119. II. "Toda persona tiene derecho inviolable a la defensa. El Estado proporcionará a las personas denunciadas o imputadas una defensora o un defensor gratuito, en los casos en que éstas no cuenten con los recursos económicos necesarios".

12.15.6. Alcance del Derecho a la defensa

Al respecto, la SCP **0014/2018-S2**, señaló que:

El derecho a la defensa cumple en el proceso un papel particular, pues por una parte actúa en forma conjunta con las demás garantías; y por otra, es la garantía que hace operativas a todas las demás; por ello la inviolabilidad del derecho a la defensa, es la garantía fundamental con que cuenta el procesado, que se encuentra prevista en el art. 119.II de la CPE, que señala: "Toda persona tiene derecho inviolable a la defensa. El Estado proporcionará a las personas denunciadas o imputadas una defensora o un defensor gratuito, en los casos en que éstas no cuenten con los recursos económicos necesarios".

El derecho a la defensa tiene dos dimensiones; por una parte el derecho a la defensa técnica, a la que se halla vinculada la norma constitucional precitada; y por otra el derecho a la defensa material, que se concreta en el "derecho a ser oído" o "derecho a declarar en el proceso"; precisamente con relación a ésta última dimensión del derecho a la defensa, el art. 121 de la CPE consagra la garantía de la prohibición de la autoincriminación coaccionada cuando establece: "En materia penal, ninguna persona podrá ser obligada a declarar contra sí misma, ni contra sus parientes consanguíneos hasta el cuarto grado o los afines hasta el segundo grado..."; de manera tal, que la declaración que se obtenga ilícitamente vulnerando dicha garantía no puede fundar una sentencia condenatoria, puesto que la misma se halla viciada de nulidad por mandato del art. 114.II de la CPE que señala: "Las declaraciones, acciones u omisiones obtenidas o realizadas mediante el empleo de tortura, coacción, exacción o cualquier forma de violencia, son nulas de pleno derecho".

El desarrollo jurisprudencial respecto del derecho a la defensa en su dimensión material, que reconoce la facultad de defenderse por sí mismo y a intervenir en toda la actividad procesal; y en su dimensión técnica, consistente en el derecho irrenunciable de contar con la asistencia de un abogado, tiene su antecedente en la SC 1556/2002-R de 16 de diciembre16; criterio jurisprudencial que es confirmado en la SCP 0155/2012 de 14 de mayo17. Por su parte la SC 1534/2003-R de 30 de octubre18, establece que el derecho a la defensa comprende a su vez los derechos a ser escuchado, a presentar pruebas, a recurrir y a la observancia de los requisitos de cada instancia; entendimiento confirmado en la SC 0183/2010-R de 24 de mayo; por su parte, la SCP 0647/2012 de 2 de agosto, amplía el alcance del derecho a la defensa, estableciendo que el mismo comprende otros derechos, como son el contar con un tiempo razonable para preparar la defensa; a la comunicación privada con su defensor; a que el Estado le proporcione un defensor cuando carezca de medios económicos o nombrar un abogado particular; a acceder a las pruebas de cargo y a observarlas; a no declarar contra sí mismo ni contra sus parientes; y, a contar con traductor o intérprete. Finalmente, la SCP 0925/2012 de 22 de agosto19, establece que en caso que el imputado o el procesado en el ámbito administrativo hubiera sido obligado o inducido a declarar en su contra, dicha declaración no puede fundar ninguna decisión en su contra; y que si bien es cierto que dicha declaración no puede ser considerada como una fuente de prueba, empero la situación es diferente, cuando el imputado o procesado decide confesar su culpabilidad.

En síntesis, de la jurisprudencia glosada, se establece que como una manifestación del derecho a la defensa material, el imputado en el proceso penal o el procesado en el proceso disciplinario, goza de la garantía de la prohibición de la autoincriminación coaccionada o inducida; razón por la cual, la declaración obtenida contra dicha prohibición no puede fundar la condena.

En sentido contrario, la declaración otorgada libremente, puede ser valorada dentro del proceso, bajo la condición que junto a ella, exista otra prueba que fundamente la culpabilidad; pues de lo contrario, es decir, fundar la decisión condenatoria únicamente en la declaración, no solo implica una vulneración del derecho a la defensa, sino también a la presunción de inocencia.[307]

12.15.6.1. La defensa material y La defensa técnica

Al respecto, la SC 1556/2002-R de 16 de diciembre, refirió sobre el derecho a la defensa:

`...tiene dos dimensiones: ***a)*** *La* ***defensa material****: que reconoce a favor del imputado el derecho a defenderse por sí mismo y le faculta a intervenir en toda la actividad procesal -desde el primer acto del procedimiento-, de modo que siempre pueda realizar todos los actos que le posibiliten excluir o atenuar la reacción penal estatal; principio que está garantizado por la existencia del debate público y contradictorio; y,* ***b)*** *La* ***defensa técnica****, consiste en el derecho irrenunciable del imputado de contar con asistencia de un abogado desde el inicio del procedimiento hasta el final de la ejecución de la condena...´".*[308]

La jurisprudencia costarricense, Sentencia 1739-92, ha razonado en que: "El derecho de defensa debe ser no sólo formal, sino también material, es decir, ejercido de hecho, plena y eficazmente, lo cual implica además, como aspecto de singular importancia, el derecho a hacer uso de todos los recursos legales o razonables de defensa, sin exponerse a sanción ni censura algunas por ese ejercicio, así como la necesidad de garantizar al imputado y a su defensor respeto, al primero en virtud de su estado de inocencia hasta no haber sido condenado por sentencia firme, al segundo por su condición de instrumento legal y moral al servicio de la justicia, cualquiera que sea la causa que defienda, la persona del reo o la gravedad de los hechos que se le atribuyan".[309]

12.15.7. Inmunidad de los abogados

Los privilegios e inmunidades tienen como objetivo proteger la independencia del abogado, así como de aquellos que forman parte del equipo de defensa, a

---

307 Cfr. TRIBUNBAL CONSTITUCIONAL PLURINACIONAL DE BOLIVIA, Expediente: 18492-2017-37-AAC, Sentencia Constitucional Plurinacional 0014/2018-S2, de 28 de febrero de 2018.

308 Ídem.

309 CORTE SUPREMA DE JUSTICIA DE SAN JOSÉ DE COSTA RICA, Sala Constitucional, Expediente: 90-001587-0007-CO. Resolución N° 01739 – 1992, 01 de Julio del 1992 a las 11:45 a. m.

efectos de desempeñar sus funciones eficientemente tanto en los tribunales de justicia como en el ámbito administrativo.[310]

La justificación de estos privilegios e inmunidades se encuentra en la necesidad de garantizar el principio de igualdad de armas entre las partes.[311]

El derecho de la inviolabilidad de los papeles y documentos, cualquiera que sea su forma, y materiales relacionados con el desempeño de sus funciones, así, como el derecho a recibir y enviar papeles y documentos, cualquiera que sea su forma, con fines de comunicación en el ejercicio de sus funciones de abogado.[312]

La violación e intervención de las llamadas, el allanamiento y otros que constituyan el claro mensaje inquisitivo del Estado contra el abogado solo por prestar defensa legal, demuestra la franca violación al ejercicio legal y legítimo de la defensa, el funcionario que dispusiere tremendo atropello contra un abogado debe ser sujeto a responsabilidad y reparación de los daños cuando se demuestre que la decisión va contra la Ley y los principios éticos. Debe buscarse los medios y mecanismos más efectivos y menos represivos e inquisitivos cuando se presuma que el abogado es autor intelectual o material, o cómplice de un delito, seguimos sujetos a este principio de la presunción de la inocencia. Si no respetamos a un hombre que hace justicia a través del derecho (como los jueces, pero con matices distintos), imaginémonos que puede pasarle a un ciudadano.

12.15.8. Secreto profesional y la confidencialidad

El secreto profesional y la confidencialidad de las comunicaciones entre el abogado con su cliente tiene que ver con la confianza[313] y la honestidad.

El secreto profesional es un deber, consiste en el interés público, es decir, el deber de secreto profesional es una obligación de orden e interés público que, con fundamento moral y social, nace como consecuencia de un conocimiento adquirido por una persona, en razón o con motivo del ejercicio por la misma de la profesión cuya existencia y desempeño son necesarios a los miembros de la sociedad en un determinado estado de cultura, en virtud de la cual obligación el profesional no puede comunicar a otros aquel conocimiento.[314]

El objeto central del secreto profesional, se funda en la no vulneración a la información, documento, hecho, dato o conversación relativa a una actividad

---

310 BELTRAN MONTOLIU, Ana, *El derecho de defensa y a la asistencia letrada en el proceso penal ante la Corte Penal Internacional,* en Tesis Doctoral, Facultad de Ciencias Jurídicas y Económicas, Universidad Jaume I de Castellón, p. 82.

311 Ídem.

312 Ídem.

313 Ídem.

314 Ídem. p. 199.

propia del abogado, en el mero asesoramiento legal administrativo como en la defensa en los tribunales de justicia, el secreto profesional "considerada privilegiada", solamente se puede revelar a aquellas personas con las que trabajan y exclusivamente con la finalidad de hacer posible el ejercicio de sus funciones en la causa en cuestión.[315]

12.15.9. Derecho a los honorarios

El derecho de los abogados, es la percepción de los honorarios profesionales, este derecho, es un derecho fundamental que tiene relación con el derecho al trabajo y a la cancelación por los servicios profesionales.

Asimismo, se tiene prohibido que el abogado haga depender sus honorarios del resultado de la causa en la que interviene como defensor.[316]

En tal sentido, en el momento en el que se vaya a establecer un mandato de representación ante un caso concreto o las que se haya pactado, el abogado debe informar a su cliente por escrito de sus honorarios y de los criterios para fijarlos, la base del cálculo de los gastos, el sistema de facturación y su derecho a recibir una factura de los gastos.[317]

13. BREVE RESUMEN DE LA JURISPRUDENCIA BOLIVIANA RESPECTO AL DEBIDO PROCESO

Al respecto, la SCP 1234/2017-S1, manifiesta que:

> *"el debido proceso consiste en «...el derecho de toda persona a un proceso justo y equitativo en el que sus derechos se acomoden a lo establecido por disposiciones jurídicas generales aplicables a todos aquellos que se hallen en una situación similar (...) comprende el conjunto de requisitos que deben observarse en las instancias procesales, a fin de que las personas puedan defenderse adecuadamente ante cualquier tipo de acto emanado del Estado que pueda afectar sus derechos» (SSCC 0418/2000-R, 1276/2001-R y 0119/2003-R, entre otras).*
>
> *La trascendencia del debido proceso se encuentra en íntima vinculación con la realización del valor justicia en el procedimiento, así lo ha entendido este Tribunal cuando en la SC 0999/2003-R de 16 de julio, señalo que: «La importancia del debido proceso está ligada a la búsqueda del orden justo. No es solamente poner en movimiento mecánico las reglas de procedimiento sino buscar un proceso justo, para lo cual hay que respetar los principios pro-*

315 Ídem, p. 200.

316 Ídem.

317 Ídem.

cesales de publicidad, inmediatez, libre apreciación de la prueba; los derechos fundamentales como el derecho a la defensa, a la igualdad, etc., derechos que por su carácter fundamental no pueden ser ignorados ni obviados bajo ningún justificativo o excusa por autoridad alguna, pues dichos mandatos constitucionales son la base de las normas adjetivas procesales en nuestro ordenamiento jurídico, por ello los tribunales y jueces que administran justicia, entre sus obligaciones, tienen el deber de cuidar que los juicios se lleven sin vicios de nulidad, como también el de tomar medidas que aseguren la igualdad efectiva de las partes».

En similar sentido se ha pronunciado la reciente jurisprudencia de este Tribunal en las SSCC 0086/2010-R y 0223/2010-R, entre otras.

En el ámbito normativo, el debido proceso se manifiesta en una triple dimensión, pues por una parte, se encuentra reconocido como un derecho humano por instrumentos internacionales en la materia como el Pacto de San José de Costa Rica (art. 8) y el Pacto Internacional de Derechos Civiles y Políticos (art. 14), que conforme al art. 410.II de la CPE forman parte del bloque de constitucionalidad, y también se establece como un derecho en el art. 115.II de la misma norma; al mismo tiempo, a nivel constitucional, se le reconoce como derecho fundamental y como garantía jurisdiccional, configuración jurídica contemplada ya por el art. 16 de la CPEabrg, que se ha mantenido y precisado en el art. 117.I de la CPE que dispone: «Ninguna persona puede ser condenada sin haber sido oída y juzgada previamente en un debido proceso…».

(…)

En mérito a lo anteriormente desarrollado, y tomando en cuenta el nuevo entendimiento asumido por el Tribunal Constitucional mediante su jurisprudencia, es necesario concluir recalcando que este derecho fundamental no se satisface solamente con el cumplimiento mecánico de las reglas formales, sino que tiene una naturaleza protectora de fondo, es decir, que si bien es importante el tratar de que se logre el objetivo de llevar adelante un proceso sea este administrativo o judicial- sin errores formales, es aún más importante, si cabe el término, el velar por un orden justo, o mejor dicho en otras palabras, velar por la justicia material.

Este entendimiento consiste básicamente en el papel que debe desempeñar el juez o del tribunal colegiado que tiene por especial misión el administrar la jurisdicción constitucional, dentro de su tarea de velar por la protección de los derechos fundamentales reconocidos en la Constitución Política del Estado, por lo que tendrá casos especiales en los que se tendrán que evaluar el cumplimiento del debido proceso formal y material, en los que posiblemente, los hechos denunciados se acomoden dentro de las leyes y estatutos que normen este tipo de situaciones, es decir, que las autoridades demandadas hayan cumplido con la normativa aplicable al caso, entonces nos encontramos con un debido proceso formal, sin embargo, si del análisis se establece que dicha normativa es de por si restrictiva de los derechos de defensa, o vulnere la seguridad jurídica de la administración de justicia y de los propios accionantes, entonces el juzgador deberá conceder la tutela precautelando sobre todo el orden justo y el debido proceso material''[318].

En suma, la jurisprudencia del Tribunal Constitucional Plurinacional, en las SCP. 0640/2014, refiere que:

El debido proceso, se encuentra consagrado por el art. 115.II de la CPE, que señala que: "El Estado garantiza el derecho al debido proceso, a la defensa y a una justicia plural, pronta, oportuna, gratuita, transparente y sin dilaciones"; asimismo, el art. 117.I de la Norma Suprema, establece: "Ninguna persona puede ser condenada sin haber sido oída y juzgada previamente en un debido proceso", asumiendo en su naturaleza jurídica, un triple carácter, dado que está reconocido como derecho fundamental, garantía constitucional y un principio procesal. Al respecto, el Tribunal Constitucional Plurinacional, sentó el siguiente entendimiento: "...el derecho de toda persona a un proceso justo y equitativo en el que sus derechos se acomoden a lo establecido por disposiciones jurídicas generales aplicables a todos aquellos que se hallen en una situación similar (...) comprende el conjunto de requisitos que deben observarse en las instancias procesales, a fin de que las personas puedan defenderse adecuadamente ante cualquier tipo de acto emanado del Estado que pueda afectar sus derechos' (SSCC 0418/2000-R y 1276/2001-R). Asimismo, en la SC 0119/2003-R de 28 de enero, ha señalado que 'Se entiende que el derecho al debido proceso es de aplicación inmediata, vincula a todas las autoridades judiciales o administrativas y constituye una garantía de legalidad procesal que ha previsto el Constituyente para proteger la libertad, la seguridad jurídica y la fundamentación o motivación de las resoluciones judiciales..." (SCP 0949/2012 de 22 de agosto).

Sobre los elementos que componen el debido proceso, la SC 1145/2010-R de 27 de agosto, precisó: "La trascendencia del debido proceso se encuentra en su íntima vinculación con la realización del valor justicia en el procedimiento, así lo ha entendido este Tribunal cuando en la SC 0999/2003-R de 16 de julio, señaló que: 'La importancia del debido proceso está ligada a la búsqueda del orden justo. No es solamente poner en movimiento mecánico las reglas de procedimiento sino buscar un proceso justo, para lo cual hay que respetar los principios procesales de publicidad, inmediatez, libre apreciación de la prueba; los derechos fundamentales como el derecho a la defensa, a la igual-

318 Sentencia Constitucional Plurinacional 1234/2017-S1, Sucre, 28 de diciembre de 2017, del Tribunal Constitucional de Bolivia, pp. 7 al 9.

dad, etc., derechos que por su carácter fundamental no pueden ser ignorados ni obviados bajo ningún justificativo o excusa por autoridad alguna, pues dichos mandatos constitucionales son la base de las normas adjetivas procesales en nuestro ordenamiento jurídico, por ello los tribunales y jueces que administran justicia, entre sus obligaciones, tienen el deber de cuidar que los juicios se lleven sin vicios de nulidad, como también el de tomar medidas que aseguren la igualdad efectiva de las partes' (...) En consonancia con los tratados internacionales citados, a través de la jurisprudencia constitucional se ha establecido que los elementos que componen al debido proceso son el derecho a un proceso público; derecho al juez natural; derecho a la igualdad procesal de las partes; derecho a no declarar contra si mismo; garantía de presunción de inocencia; derecho a la comunicación previa de la acusación; derecho a la defensa material y técnica; concesión al inculpado del tiempo y los medios para su defensa; derecho a ser juzgado sin dilaciones indebidas; derecho a la congruencia entre acusación y condena; el principio del non bis in idem; derecho a la valoración razonable de la prueba; derecho a la motivación y congruencia de las decisiones (SSCC 0082/2001-R, 0157/2001-R, 0798/2001-R, 0925/2001-R, 1028/2001-R, 1009/2003-R, 1797/2003-R, 0101/2004-R, 0663/2004-R, 022/2006-R, entre otras); sin embargo, esta lista en el marco del principio de progresividad no es limitativa, sino más bien enunciativa, pues a ella se agregan otros elementos que hacen al debido proceso como garantía general y que derivan del desarrollo doctrinal y jurisprudencial de éste como medio para asegurar la realización del valor justicia, en ese sentido la Corte Interamericana de Derechos Humanos, en la Opinión Consultiva OC-16/99 de 1 de octubre de 1999, ha manifestado: 'En opinión de esta Corte, para que exista 'debido proceso legal' es preciso que un justiciable pueda hacer valer sus derechos y defender sus intereses en forma efectiva y en condiciones de igualdad procesal con otros justiciables. Al efecto, es útil recordar que el proceso es un medio para asegurar, en la mayor medida posible, la solución justa de una controversia. A ese fin atiende el conjunto de actos de diversas características generalmente reunidos bajo el concepto de debido proceso legal. El desarrollo histórico del proceso, consecuente con la protección del individuo y la realización de la justicia, ha traído consigo la incorporación de nuevos derechos procesales. (...) Es así como se ha establecido, en forma progresiva, el aparato de las garantías judiciales que recoge el artículo 14 del Pacto Internacional de Derechos Civiles y Políticos, al que pueden y deben agregarse, bajo el mismo concepto, otras garantías aportadas por diversos instrumentos del Derecho Internacional'. (...) Resumiendo, podemos decir que el debido proceso ha sufrido una transformación de un concepto abstracto que perseguía -la perfección- el pleno cumplimiento de los procedimientos, es decir que daba preeminencia a la justicia formal, a un ideal moderno que destaca su rol como única garantía fundamental para la protección de los derechos humanos. El debido proceso constitucional no se concreta en las afirmaciones positivizadas en normas legales codificadas, sino que se proyecta hacia los derechos, hacia los deberes jurisdiccionales que se han de preservar con la aspiración de conseguir un orden objetivo más justo, es decir, el debido proceso es el derecho a la justicia lograda a partir de un procedimiento que supere las grietas que otrora lo postergaban a una simple cobertura del derecho a la defensa en un proceso.

(...) Concluyendo este punto, se debe remarcar que, como se aprecia de las citas de los artículos 115.II y 117.I efectuadas anteriormente, la Constitución Política del Estado vigente en el marco de las tendencias actuales del Derecho Constitucional ha plasmado de manera expresa el reconocimiento del debido proceso; derecho; garantía; principio, respecto al que existe consenso en la doctrina y la jurisprudencia en cuanto al contenido e implicaciones referidos por la jurisprudencia glosada, la que por ello guarda estrecha congruencia con la anteriormente Ley Fundamental vigente y es plenamente aplicable, a pesar de haber sido desarrollada en el marco de la Constitución abrogada, resaltando que su carácter de derecho fundamental lo hace exigible ante cualquier procedimiento, sea público o privado" (Las negrillas nos pertenecen). Conforme a la jurisprudencia glosada, se advierte que el debido proceso, en cuanto a los elementos que conforman su contenido, no tiene un carácter limitativo, sino más bien enunciativo, tomando en cuenta que los derechos que proclama la Constitución Política del Estado son progresivos (art. 13.I de la CPE), ya que, en última instancia, lo que se busca imprimir con el respeto al debido proceso en sus tres ámbitos de aplicación, como derecho, garantía y principio, es plasmar el valor máximo del derecho que es la justicia, mismo que constituye el fin último de los procesos, ya sean judiciales o administrativos; en ese propósito, el Constituyente, reató a los jueces y tribunales que imparten justicia, la observancia de ciertos principios procesales y constitucionales, que no les está permitido apartarse arbitrariamente en sus actuaciones, sobre todo al momento de tomar decisiones. Uno de esos principios, es precisamente la seguridad jurídica, que si bien no es directamente tutelable por medio de la acción de amparo constitucional conforme a la línea de entendimiento sentada por este Tribunal; sin embargo, su inobservancia puede tener efectos perniciosos en la materialización del valor supremo de justicia, al que aspira la población en general y las personas involucradas en procesos judiciales y administrativos, que eventualmente pueden verse afectados y perjudicados cuando el juez se aparte del mismo, desnaturalizando los fines y alcances del debido proceso.[319]

319 TRIBUNAL CONSTITUCIONAL PLURINACIONAL DE BOLIVIA, Expediente: 04980-2013-10-AAC. Sentencia Constitucional Plurinacional 0640/2014, 25 de marzo de 2014.

LA SEGURIDAD JURÍDICA COMO PRINCIPIO RECTOR DEL ESTADO CONSTITUCIONAL DE DERECHO

1. INTROITO

En el Derecho Romano, la seguridad jurídica se conocía como un acto de afirmación de tal seguridad prescrito en el *ius civile*.[320]

En el 462 A.C., el Tribuno Terentilio Arsa propuso la elección de cinco hombres que labraran un código de leyes que reglamentara la administración de la justicia. Tras vencer la oposición de los patricios (la ejecución del proyecto duró ocho años), finalmente el nuevo Código "se grabó en Doce Tablas, que fueran expuestas en el Foro para que todos pudieran conocer las leyes".[321]

Al respecto, ALDANA HERRERA, refiere que:

> *(...) La Carta Magna inglesa de 1215, uno de los primeros textos en donde el proceso de positivación de las libertades fue resultado de la lucha entre el rey y la nobleza feudal, apoyada por eclesiásticos y mercaderes, con el fin de imponer límites a la arbitrariedad del monarca. "Al igual que en el caso de las 12 tablas, en la Carta Magna se sostuvo una lucha por la seguridad jurídica con el propósito de obligar al poder a reconocerse sujeto a ciertas restricciones en la dirección de los asuntos públicos".*
>
> *En la tradición contractualista (Hobbes, Puffendorf, Locke, Kant, etc.) se explica el origen de las instituciones políticas y jurídicas a partir de la exigencia de abandonar una situación en la que el hombre posee una ilimitada libertad, a una libertad limitada, pero protegida y garantizada. "La gran mayoría de contractualistas, concebirán el tránsito desde el estado de naturaleza a la*

---

320 ALDANA HERRERA, Neftaly, *La seguridad jurídica en la doctrina y en la jurisprudencia*, Universidad de San Carlos de Guatemala, Facultad De Ciencias Jurídicas y Sociales Escuela de Estudios de Postgrado Maestría, En tesis, Derecho Constitucional, Guatemala, 2017, p 24.

321 Ídem.

sociedad como la superación del ius incertum y su conversión en estado de seguridad". En el pacto social los sujetos contratantes sabrán a qué atenerse, les será posible calcular las consecuencias de sus actos y prever el beneficio del ejercicio de sus derechos ahora titulados. Rousseau, pese a su nostalgia por la simplicidad e inocencia del estado natural, reconoce que el cambio de la libertad natural en libertad civil regulada por la voluntad general, supone la transformación del individuo de animal estúpido y limitado, en un ser inteligente y humano. "Rousseau, que había responsabilizado a las leyes positivas de haber destruido la libertad natural, termina por reconocerles su función de garantía de la justicia y la libertad en la convivencia social". Debido a la influencia de la filosofía contractualista e iluminista, la seguridad jurídica se convirtió en presupuesto y función indispensable de los ordenamientos jurídicos en los Estados de derecho.

Existe, por error, la idea de que todo Derecho y todo Estado conforman por su mera existencia sistemas de seguridad jurídica, pero esta idea sociológica y empírica, no se compagina con la idea de un Estado de derecho, pues en su acepción estrictamente empírica, puede existir una seguridad impuesta a través de un Derecho que garantice coactiva e inexorablemente el cumplimiento de una legalidad inicua. "De hecho la manipulación de la seguridad jurídica por los despotismos de todo signo representa una constante histórica.[322]

2. LA EXPRESIÓN DE TOTALITARIOS Y ABSOLUTISTAS

La expresión; *"L'Etat, c'est moi"* (El Estado soy yo), "el pueblo soy yo", o, "el pueblo me quiere", son expresiones abiertamente realizadas por regímenes totalitarios y absolutistas, en manos de los totalitarios proliferó un completo despotismo, entendido como la centralización incontrolable del poder en un solo hombre u órgano público, en el cual, se atiende primero a las ambiciones del caudillo, en cuestiones políticas, jurídicas, económicas, raza y su culto desmedido por su personalidad,[323] el caudillo, es y será siempre "el" antes que el "pueblo".

Al respecto, JIMÉNEZ ASENSIO, cita a Hobbes, el cual refiere que:

"el hombre es un lobo para el hombre" (homo homini lupus). Así, afirmaba, por ejemplo, que «nada puede romperse más fácilmente que la palabra de un hombre» o que «todo hombre busca por naturaleza su propio beneficio y medro personal». Hume refería a que el hombre era habitualmente un bribón. Y Kant hacía hincapié en la intrínseca maldad humana, aportando como so-

322 Ídem.

323 Evo Morales llevo a hacer un museo en su honor en el Departamento de Oruro-Bolivia, precisamente en Orinoca, lugar donde había nacido, como Hugo Chávez lo había hecho en Venezuela, y otros.

lución a este problema la necesidad de establecer reglas, mediante las cuales se pueda gobernar incluso a «un pueblo de demonios».[324]

A efectos del mismo, se requiere de un elemento que limite y controle los desmedidos abusos del hombre investido de poder. La persona humana tiene derechos, deberes y garantías, estos deben ser respetados por el solo hecho de ser personas humanas, lo que configura en "la dignidad". En razón de lo descrito, el Estado Boliviano, y todo Estado adherido al Sistema Universal de Protección de los Derechos Humanos, tiene la obligación y el deber de hacer cumplir las reglas y principios que garantizan la protección de las personas. Los derechos y garantías deben reflejarse en normas conocidas por todos, hechas por los representantes de todos y aplicadas por jueces independientes del poder político y económico para evitar conflictos y dar a cada uno lo suyo.[325]

El hombre, dentro de un Estado Democrático necesita vivir en una sociedad justa, ordenada y libre, en razón de Derecho, el Estado debe generar normas de convivencia igualitaria y equitativa, a efectos de garantizar los derechos fundamentales, libertades, deberes y garantías. A esto le llamaremos la construcción o forjar la "seguridad jurídica". La construcción en sentido de generar normas positivas, que debe ir más allá de lo que establece el Estado de Derecho, el fiel cumplimiento a la Ley pasa a ser en un simple espectador, si esta norma no contiene las suficientes garantías y derechos en sentido de igualdad. El Derecho es la realización de la justicia, certeza, previsibilidad, la libertad misma en su esencia,[326] esta idea debe consistir en fortalecer el Estado Constitucional de Derecho a través la seguridad jurídica.

DANIEL OSCAR RUIZ, refiere que,

"(...) en la defensa de la seguridad jurídica, el Poder Judicial debe desempeñar un papel fundamental, y para ello es menester aplicar la justicia del derecho y no la justicia del poder. La seguridad jurídica no solo implica perfeccionar las leyes, sino también garantizar a su efectivo cumplimiento. Ello supone asegurar la independencia del poder judicial, el poder por excelencia, único reducto donde hacer valer los derechos y que no debe ser usado para difamar enemigos o para salvar amigos. La justicia no debe ser una justicia del poder sino una justicia de la Ley; es decir, todos debemos ser iguales ante la Ley y tener el mismo tratamiento. La justicia no puede estar en la especulación política ni sujeta a los cambios de humor de una sociedad, ni a los criterios de la justicia medita; debe tener la tranquilidad de espíritu para

---

324 Cfr. JIMÉNEZ ASENSIO, Rafael, *Los Frenos del Poder. Separación de poderes y control de las instituciones*, Marcial Pons, Madrid-España, 2016, p. 15.

325 OSCAR RUIZ, Daniel, *La seguridad Jurídica*, en TRUEBA BUENFIL, Fernando, *Deontología*, Colegio de Notarios del Estado de México, 2011, p. 93.

326 Ídem.

poder actuar conforme a un sistema jurídico, que es la garantía de la sociedad organizada. El mero hecho de ser iguales ante la Ley ya implicaría seguridad jurídica; no obstante, en la realidad concreta esto no ocurre".[327]

3. BREVE DESARROLLO JURISPRUDENCIAL SOBRE EL PRINCIPIO DE LA SEGURIDAD JURÍDICA EMITIDO POR EL TRIBUNAL CONSTITUCIONAL PLURINACIONAL DE BOLIVIA

Al respecto, la Sentencia Constitucional Plurinacional "SCP", 0003/2013 de 3 de enero, afirmó que: "En [la] teoría constitucional, los principios de rango constitucional, son postulados directrices que hacen posible su aplicación en todos los ámbitos de la vida jurídica, configurándose por tanto como elementos guías de interpretación, con la misión de fundamentar el orden jurídico, supliendo así los vacíos existentes en el sistema jurídico".

El "Derecho fundamental de la seguridad jurídica inherente a toda persona, es un Derecho de aplicación inmediata", así se estuvo modulando en la jurisprudencia, del Tribunal Constitucional, hasta que el Tribunal Constitucional Plurinacional "TCP", en sus Sentencias Constitucionales; 0092/2010-R, 096/2010-R, 0158/2010-R, 0197/2010-R, 202/2010 y 2324/2010-R, entre otras, estableció una nueva línea jurisprudencial, determinando que la seguridad jurídica ya no se concibe como un derecho sino como un "principio constitucional"; puesto que, a entender del TCP, con la vigencia de la nueva CPE, la seguridad jurídica, no se encuentra consagrada como derecho fundamental, sino como "principio" que sustenta la potestad de impartir justicia emanada de pueblo, tal como señala el Art. 178 de la Constitución Política del Estado.

Asimismo, la "SCP" No. 0092/2010-R de 4 de mayo (2010), afirmó que: "El accionante invoca la seguridad jurídica, como un derecho fundamental conculcado, al efecto la CPEabrg en su art. 7 inc. a) establecía que toda persona tiene derecho entre otros a "la seguridad", a partir de lo cual el Tribunal Constitucional en su jurisprudencia estableció el "derecho a la seguridad jurídica" como uno fundamental. Al presente, la seguridad jurídica ya no se encuentra como derecho fundamental, en el nuevo texto constitucional se constituye como principio que sustenta la potestad de administrar justicia (art. 178 de la CPE), por lo que no puede hallar protección por vía de la acción de amparo constitucional, instituido para reestablecer derechos reconocidos por la Constitución Política del Estado".

La "SCP" No. 0096/2010-R de 4 de mayo, precisó: "Sobre la seguridad jurídica, invocada en su momento por la accionante, como 'derecho fundamental', cabe señalar que, si bien la Constitución Política del Estado abrogada,

327 Ídem, p. 94 y 95.

en el catálogo de derechos fundamentales contenidos en su art. 7 inc. a), establecía que toda persona tiene el derecho: 'A la vida, la salud y la seguridad', a partir de lo cual, la jurisprudencia del Tribunal Constitucional estableció la consagración del 'derecho a la seguridad jurídica' como derecho fundamental, y en su mérito, ante la constatación de su vulneración, en repetidas ocasiones otorgó la tutela del amparo. No obstante, al presente, y en vigencia de la Constitución Política del Estado promulgada el 7 de febrero de 2009, la seguridad jurídica, no se encuentra consagrada como derecho fundamental, sino como un principio que sustenta la potestad de impartir justicia emanada del pueblo (art. 178 de la CPE); y por otro lado, como un principio articulador de la economía plural en el modelo económico boliviano (art. 306.III de la CPE). Esta característica actual, es coincidente con lo establecido por otra Constitución y Tribunal Constitucional, tal el caso de España que en su Constitución en el art. 9.3, establece a la seguridad jurídica como principio, y en su jurisprudencia, a través de la STC 3/2002 de 14 de enero, ha señalado que: 'la seguridad jurídica es un principio general del ordenamiento jurídico y un mandato dirigido a los poderes públicos que no configura, sin embargo, derecho fundamental alguno a favor de los ciudadanos que pueda interesarse en el proceso constitucional de amparo'.

La "SCP" No. 0158/2010-R, 17 de mayo de (2010), afirmó que: En cuanto al "derecho a la seguridad jurídica" que el accionante considera vulnerado, este Tribunal Constitucional a través de la SC 096/2010-R de 4 de mayo, ha dejado establecido que "la seguridad jurídica" es un principio, y al ser un principio, no puede ser tutelado por el recurso o acción de amparo constitucional que tiene por finalidad proteger derechos fundamentales -no principios-, reconocidos por la Constitución, las normas internacionales de derechos humanos reconocidos y/o ratificados por el país (que conforman el bloque de constitucionalidad) y las leyes; sin embargo, por su reconocimiento constitucional, no puede ser inobservado por las autoridades jurisdiccionales y/o administrativas, a momento de conocer y resolver un caso concreto sometido a su competencia, por tanto es de inexcusable cumplimiento.

La "SCP" No. 2324/2010-R Sucre, 19 de noviembre de (2010), afirmó que: "en la SC 0096/2010-R de 4 de mayo: "Sobre la seguridad jurídica, invocada en su momento por la accionante, como 'derecho fundamental`, cabe señalar que, si bien la Constitución Política del Estado abrogada, en el catálogo de derechos fundamentales contenidos en su art. 7 inc. a), establecía que toda persona tiene el derecho: A la vida, la salud y la seguridad, a partir de lo cual, la jurisprudencia del Tribunal Constitucional estableció la consagración del 'derecho a la seguridad jurídica' como derecho fundamental, y en su mérito, ante la constatación de su vulneración, en repetidas ocasiones otorgó la tutela del amparo. No obstante, al presente, y en vigencia de la Constitución Polí-

tica del Estado promulgada el 7 de febrero de 2009, la seguridad jurídica, no se encuentra consagrada como derecho fundamental, sino como un principio que sustenta la potestad de impartir justicia emanada del pueblo (art. 178 de la CPE); y por otro lado, como un principio articulador de la economía plural en el modelo económico boliviano (art. 306.III de la CPE). Esta característica actual, es coincidente con lo establecido por otra Constitución y el Tribunal Constitucional, tal es el caso de España que en su Constitución en el art. 9.3, establece a la seguridad jurídica como principio, y en su jurisprudencia, a través de la STC 3/2002 de 14 de enero, ha señalado que: "la seguridad jurídica es un principio general del ordenamiento jurídico y un mandato dirigido a los poderes públicos que no configura, sin embargo, derecho fundamental alguno a favor de los ciudadanos que pueda interesarse en el proceso constitucional de amparo.

(...) 'la seguridad jurídica' al ser un principio, no puede ser tutelado por el recurso o acción de amparo constitucional que tiene por finalidad proteger derechos fundamentales -no principios-, reconocidos por la Constitución, las normas internacionales de derechos humanos reconocidos y/o ratificados por el país (que conforman el bloque de constitucionalidad) y las leyes; sin embargo, por su reconocimiento constitucional, no puede ser inobservado por las autoridades jurisdiccionales y/o administrativas, a momento de conocer y resolver un caso concreto sometido a su competencia, por tanto, es de inexcusable cumplimiento.

La "SCP" No. 70/2010-R de 3 de mayo (2010) afirmó que: "la seguridad jurídica como principio emergente y dentro de un Estado de Derecho, implica la protección constitucional de la actuación arbitraria estatal; por lo tanto, la relación Estado-ciudadano (a) debe sujetarse a reglas claras, precisas y determinadas, en especial a las leyes, que deben desarrollar los mandatos de la Constitución Política del Estado, buscando en su contenido la materialización de los derechos y garantías fundamentales previstos en la Ley Fundamental, es decir, que sea previsible para la sociedad la actuación estatal; este entendimiento está acorde con el nuevo texto constitucional, que en su art. 178 dispone que la potestad de impartir justicia emana del pueblo boliviano y se sustenta, entre otros, en los principios de independencia, imparcialidad, seguridad jurídica, probidad y celeridad".

La "SCP" No. 0197/2010-R, 24 de mayo de (2010) afirmó que: "El recurrente a tiempo de interponer su recurso de amparo constitucional, como se denominaba entonces, invocó como vulnerados, sus derechos a la seguridad jurídica y debido proceso.

Sobre **la seguridad jurídica**, *invocada en su momento por el accionante, como "derecho fundamental", cabe señalar que, si bien la Constitución Política del Estado abrogada, en el catálogo de derechos fundamentales con-*

tenidos en su art. 7 inc. a), establecía que toda persona tiene el derecho: "A la vida, la salud y la **seguridad"**, *a partir de lo cual, la jurisprudencia del Tribunal Constitucional estableció la consagración del "derecho a la seguridad jurídica" como derecho fundamental, y en su mérito, ante la constatación de su vulneración, en repetidas ocasiones otorgó la tutela del amparo. No obstante, al presente, y en vigencia de la Constitución Política del Estado promulgada el 7 de febrero de 2009, la* **seguridad jurídica, no se encuentra consagrada como derecho fundamental**, *sino como un* **principio que sustenta la potestad de impartir justicia emanada del pueblo** *(art. 178 de la CPE); y por otro lado, como un principio articulador de la economía plural en el modelo económico boliviano (art. 306.III de la CPE). Esta característica actual, es coincidente con lo establecido por otra Constitución y Tribunal Constitucional, tal el caso de España que en su Constitución en el art. 9.3, establece a la seguridad jurídica como principio, y en su jurisprudencia, a través de la STC 3/2002 de 14 de enero, ha señalado que: "la seguridad jurídica es un principio general del ordenamiento jurídico y un mandato dirigido a los poderes públicos que no configura; sin embargo, derecho fundamental alguno a favor de los ciudadanos que pueda interesarse en el proceso constitucional de amparo".*

La "SCP" No. 1202/2012 de 6 de septiembre de (2012) afirmó que: "En relación al principio de seguridad jurídica, el Tribunal Constitucional Plurinacional en la SCP 0053/2012 de 9 de abril, ha señalado: "En el nuevo orden constitucional, la seguridad jurídica no está instituida como derecho, sino como principio rector de los actos de la jurisdicción judicial o administrativa, tal es así, que el art. 178 de la CPE promulgada el 7 de febrero de 2009, lo establece como un principio que sustenta la potestad de impartir justicia emanada del pueblo, principio general del ordenamiento jurídico y mandato dirigido a los poderes públicos, que no configura derecho fundamental alguno a favor de los ciudadanos que pueda ser tutelado por la acción de amparo constitucional, que por su naturaleza tiene la finalidad de proteger derechos fundamentales y no principios reconocidos en la Norma Fundamental".

La "SCP" No. 0064/2015, 21 de julio de (2015) afirmó que: "La seguridad jurídica es concebida por el art. 178.I de la CPE, como un principio sobre el cual se sustenta la potestad de impartir justicia; si bien, se encuentra dentro del Título III respecto del Órgano Judicial y Tribunal Constitucional Plurinacional y Segunda Parte relativa a la Estructura y Organización Funcional del Estado, de ningún modo implica que sea un principio limitado únicamente a la actividad jurisdiccional, sino que se hace extensivo a todos los actos de la vida jurídica. Al respecto, la SCP 0003/2013 de 3 de enero, afirmó: "En teoría constitucional, los principios de rango constitucional, son postulados directrices que hacen posible su aplicación en todos los ámbitos de la vida jurídica, configurándose por tanto como elementos guías de interpretación, con la misión de fundamentar el orden jurídico, supliendo así los vacíos existentes en el sistema jurídico. Lo precedentemente expuesto, hace evidente la triple faceta que configura a los principios, los cuales tienen tres funciones específicas: a) Una interpretativa; b) Una fundamentadora del orden social; y, c) Una supletoria".

La "SCP" No. 0795/2017-S1, 27 de julio de (2017) afirmó que: "La SC 0096/2010-R de 4 de mayo, precisó: "Sobre la seguridad jurídica, invocada en su momento por la accionante, como 'derecho fundamental', cabe señalar que, si bien la Constitución Política del Estado abrogada, en el catálogo de derechos fundamentales contenidos en su art. 7 inc. a), establecía que toda persona tiene el derecho: 'A la vida, la salud y la seguridad', a partir de lo cual, la jurisprudencia del Tribunal Constitucional estableció la consagración del 'derecho a la seguridad jurídica' como derecho fundamental, y en su mérito, ante la constatación de su vulneración, en repetidas ocasiones otorgó la tutela del amparo. No obstante, al presente, y en vigencia de la Constitución Política del Estado promulgada el 7 de febrero de 2009, la seguridad jurídica, no se encuentra consagrada como derecho fundamental, sino como un principio que sustenta la potestad de impartir justicia emanada del pueblo (art. 178 de la CPE); y por otro lado, como un principio articulador de la economía plural en el modelo económico boliviano (art. 306.III de la CPE). Esta característica actual, es coincidente con lo establecido por otra Constitución y Tribunal Constitucional, tal el caso de España que en su Constitución en el art. 9.3, establece a la seguridad jurídica como principio, y en su jurisprudencia, a través de la STC 3/2002 de 14 de enero, ha señalado que: 'la seguridad jurídica es un principio general del ordenamiento jurídico y un mandato dirigido a los poderes públicos que no configura, sin embargo, derecho fundamental alguno a favor de los ciudadanos que pueda interesarse en el proceso constitucional de amparo'. En consecuencia, y volviendo a la realidad jurídica nacional actual, se debe tener claramente establecido que 'la seguridad jurídica' al ser un principio, no puede ser tutelado por el recurso o acción de amparo constitucional que tiene por finalidad proteger derechos fundamentales -no principios-, reconocidos por la Constitución, las normas internacionales de derechos humanos reconocidos y/o ratificados por el país (que conforman el bloque de constitucionalidad) y las leyes; sin embargo, por su reconocimiento constitucional, no puede ser inobservado por las autoridades jurisdiccionales y/o administrativas, a momento de conocer y resolver un caso concreto sometido a su competencia, por tanto es de inexcusable cumplimiento. De tal manera que cuando se viola un derecho fundamental en esa instancia procesal sea judicial o administrativa, deviene en la inobservancia a este principio de orden general y procesal, es decir, es un efecto o consecuencia; más sin embargo ello no implica que sea tutelable, precisamente y como se tiene explicado, por no ser un derecho autónomo, como sostuvo la pasada jurisprudencia de este Tribunal. Por ello, cuando se exigía la tutela en su generalidad se lo hacía unido a otros derechos como lógica consecuencia, no así de manera independiente. Al respecto, en un entendimiento coherente con el presente razonamiento, este Tribunal en la SC 70/2010-R de 3 de mayo, señaló que: la seguridad jurídica como principio emergente y dentro de un Estado de Derecho, implica la protección constitucional de la actuación arbitraria estatal; por lo tanto, la relación Estado-ciudadano (a) debe sujetarse a reglas claras, precisas y determinadas, en especial a las leyes, que deben desarrollar los mandatos de la Constitución Política del Estado, buscando en su contenido la materialización de los derechos y garantías fundamentales previstos en la Ley Fundamental, es decir, que sea previsible para la sociedad la actuación estatal; este entendimiento está acorde con el nuevo texto constitucional, que en su art. 178 dispone que la potestad de impartir justicia emana del pueblo boliviano y se sustenta, entre otros, en los principios de independencia, imparcialidad, seguridad jurídica, probidad y celeridad'".

Asimismo, dado que el Estado Social y Democrático de Derecho, solamente estará asegurado, en la medida en la cual el ejercicio de la jurisdicción ordinaria, respete los postulados de un debido proceso, por tanto, estos aspectos inequívocamente se encuentran directamente vinculados con la seguridad jurídica, que no solamente debe ser concebida como un principio, sino también como un valor de rango supremo, postulado a partir del cual, el Estado, en la medida en la cual asegure la certidumbre, consolidará la paz social y cumplirá con este fin esencial plasmado en el art. 10 de la CPE".

En suma, la "SCP" No. 0498/2018-S1, 12 de septiembre afirmó que: "(...) el principio de seguridad jurídica, es uno de los principios fundamentales componentes del marco constitucional como legal, que sustancialmente permite el conocimiento antelado de las reglas de orden jurídico que rigen una determinada conducta o relación, y la confianza en la observancia y respeto de las consecuencias derivadas de la aplicación de una norma -constitucional o legal- válida y vigente, teniendo su sustento en la predictibilidad de estas situaciones, que entre diversas acepciones doctrinales puede ser concebida como: "Un valor estrechamente ligado a los Estados de derecho que se concretan en exigencias objetivas de corrección estructural (formulación adecuada de las normas en el ordenamiento jurídico) y corrección funcional (cumplimiento del derecho por sus destinatarios y especialmente por los órganos de su aplicación). Junto con esa dimensión objetiva, la seguridad jurídica se presenta, en su acepción subjetiva, encarnada por la certeza del derecho, como la proyección en las situaciones personales de las garantías estructurales y funcionales..."

En este sentido, la seguridad jurídica, permite a partir de la sumisión a reglas jurídicas preestablecidas, la confianza y fortaleza de las relaciones jurídicas en pro de la armonía social, Así, este Órgano especializado de control de constitucionalidad, a través de la SCP 1925/2012 de 12 de octubre, sostuvo respecto al principio de seguridad jurídica que: «De acuerdo al nuevo orden constitucional, ha sido definido como: "...un principio rector del ordenamiento jurídico y que emana del Estado de Derecho, conforme lo señala la doctrina: 'La seguridad jurídica debe hacer previsible la actuación estatal para el particular, tal actuación debe estar sujeta a reglas fijas. La limitación del poder estatal por tales reglas; es decir, leyes, cuya observancia es vigilada por la justicia, es contenido especial del principio de estado de derecho' (Torsten Stein. Seguridad Jurídica y Desarrollo Económico. FKA). En efecto, la seguridad jurídica como principio emergente y dentro de un Estado de Derecho, implica la protección constitucional de la actuación arbitraria estatal; por lo tanto, la relación Estado-ciudadano (a) debe sujetarse a reglas claras, precisas y determinadas, en especial a las leyes, que deben desarrollar los mandatos de la Constitución Política del Estado, buscando en su contenido la materialización de los derechos y garantías fundamentales previstos en la Ley Fundamental; es decir, que sea previsible para la sociedad la actuación estatal..." (SC 0070/2010-R de 3 de mayo)».

4. CONSTITUCIONALIZACIÓN DEL ORDENAMIENTO JURÍDICO: EL PRINCIPIO DE SEGURIDAD JURÍDICA

4.1. La Constitucionalización

El lenguaje de la "constitucionalización del ordenamiento jurídico" se debe entender al proceso de transformación de un ordenamiento jurídico, al término del cual, el ordenamiento en cuestión resulta totalmente "impregnado" por la Constitución. Un ordenamiento jurídico constitucionalizado se caracteriza por una Constitución extremadamente invasora, entrometida, capaz de condicionar tanto la legislación como la jurisprudencia y el estilo doctrinal, la acción de los actores políticos, así como las relaciones sociales.[328]

La Constitución, rígida y garantista, como parámetro normativo superior que decide la validez de las demás normas jurídicas en el Estado Constitucional de Derecho, se compone de "conceptos" que conforman criterios alusivos a un estándar constitutivo y valorativo que corresponde a los destinatarios "autorizados" la aplicación particular del mismo, y en casos especiales la interpretación, este estándar valorativo, tiene un fuerte vínculo positivo de protección (regla), el cual es

328 GUASTINI, Riccardo, *Estudios de teoría constitucional*, Universidad Nacional Autónoma de México, Instituto de Investigaciones Jurídicas, México, 2007, p. 153.

inherente a la persona "digno de proteger", como a los órganos de poder democráticamente constituidos. En suma, la Constitución establecerá fuertemente, frenos, límites y vínculos al poder político, a efectos de proteger la independencia de los poderes, derechos fundamentales, principios, libertades y garantías como el Estado Constitucional del "Deber ser".

La Constitución no solo crea instituciones, órganos o procedimientos, no solamente tienen una dimensión constitutiva, sino que ante todo tienen una dimensión valorativa, en el sentido de reconocer estados de cosas como valiosos y merecedores de ser promocionados y protegidos[329].

La seguridad jurídica tiene que ver con el control y separación de los poderes, reglas claras y precisas, libertades y las garantías: estos elementos son el objeto central de la seguridad jurídica. En tal sentido, por seguridad jurídica debe entenderse a la protección y garantía que ejerce el Estado Constitucional de Derecho.

El Estado esta solamente sometido a la Constitución, como, el Estado Constitucional está sometido al Derecho, cuya actividad de los Órganos de poder están limitados, controlados, regulados y son responsables conforme el umbral de la Constitución. La limitación del poder, el control jurídico, la regulación de las actividades del poder, la responsabilidad por las funciones, derechos, deberes y garantías se encuentran en el concepto de Estado Constitucional de Derecho en estricto respeto a la dignidad humana, libertad y la democracia.

4.2. Principio de seguridad jurídica

La formación del concepto de la seguridad jurídica en la teoría del derecho y la filosofía del derecho, no ha sido la consecuencia de una elaboración lógica sino el resultado de las conquistas políticas de la sociedad,[330] a afectos de alcanzar la libertad.[331]

La seguridad jurídica es suma de certeza y legalidad, jerarquía y publicidad normativa, irretroactividad de lo no favorable e interdicción de la arbitrariedad.[332]

HOBBES, citado por ARRÁZOLA JARAMILLO, refiere que:

---

329 AGUILO REGLA, Josep, *La Constitución del Estado Constitucional*, Palestra-Temis, Bogotá, 2004, p. 44.

330 PÉREZ LUÑO, Antonio E., La seguridad jurídica: una garantía del derecho y la justicia, boletín de la facultad de derecho, núm. 15, 2000, pp. 25 a 35.

331 PÉREZ LUÑO, Antonio Enrique. *El derecho y la justicia.* Editorial Trotta. Madrid. 2000. p. 481.

332 ARRÁZOLA JARAMILLO, Fernando, El concepto de seguridad jurídica, elementos y amenazas ante la crisis de la ley como fuente del derecho, Universidad de los Andes - Facultad de Derecho, Revista de Derecho Público No. 32 - ISSN 1909-7778, (Enero-Junio 2014), p. 6.

La seguridad jurídica era entendida como la seguridad del propio derecho, es decir, la seguridad acerca del contenido de las normas que lo componen y de su correcto funcionamiento. Una vez constituido el Estado de acuerdo con las cláusulas del pacto social, la seguridad jurídica ocupa el lugar del máximo valor o ideal regulativo de la actividad estatal, una posición normativa suprema que deriva de la alta consideración atribuida al derecho, en tanto instrumento principal de garantía de los fines del pacto social.[333]

La seguridad jurídica como concepto, no solo importa a los filósofos del Derecho, sino también, importa a los juristas del Derecho. hablar de seguridad jurídica es estar consciente de la relevancia de vivir en el umbral del imperio de la Ley, una Ley que brinde seguridad a todos aquellos que residimos en el Estado Constitucional de Derecho y Democrático.

La seguridad jurídica es un principio que representa a la autoridad del Derecho. La palabra seguridad proviene de *securitas*, la cual deriva del adjetivo *securus* (de secura) que significa, estar seguros de algo y libre de cuidados. En tal sentido, la Seguridad Jurídica es la certeza que tiene el individuo de la permanencia de su situación jurídica y no será modificada sino por procedimientos regulares y conductos establecidos de manera previa y clara por el derecho.[334]

La seguridad jurídica representa la certeza del conocimiento de todo lo previsto como: obligación, prohibido y permitido, estos tres criterios están prescritos por una regla o norma jurídica (Ley), las personas deben conocer sus derechos, deberes, obligaciones y garantías establecidas por normas jurídicas claras y precisas, esto, en un proceso judicial o administrativo, esta norma jurídica, debe ser aplicado objetivamente. En suma, la seguridad jurídica refleja certidumbre y previsibilidad a la persona a la hora de ejercer sus derechos y obligaciones frente a los actos del Estado.

La seguridad jurídica, de manera genérica, es una consecuencia del Estado en donde impera la Ley estableciendo las reglas de juego a las cuales deberá adecuarse la conducta del hombre para que ellos no sufran consecuencias lesivas para sus intereses,[335] se habla precisamente de reglas que deben ser claras y precisas y estas reglas deben estar sujetas a una Ley de rango más alto "Constitución".

La seguridad jurídica, se sustenta en dos pilares fundamentales, la primera, se centra en la observación impecable que realiza el legislativo como el operativo

333 Ídem.

334 LÓPEZ OLIVA, José O., "La Consagración del Principio de Seguridad Jurídica como consecuencia de la Revolución Francesa de 1789", Revista Prolegómenos, Derechos y Valores, 2011 - II, pp. 121 - 134.

335 BADENI, Gregorio, *Tratado de Derecho Constitucional,* Tomo II, La Ley, Buenos Aires-Argentina, 2010, p. 747.

bajo el umbral de la supremacía de la Constitución, la segunda, refiere a la codificación especializada por materias.[336]

La Constitución, es infalible e implacable, limita la potestad y función de los Poderes creativos o generadores de Derecho, estos deben estar bajo el paraguas de la Constitución a la hora de la creación del Derecho, si estos, contradijeran a la Constitución, son nulos de pleno Derecho. La ley debe recitar exactamente lo que dice la constitución, debe ser clara, precisa y justa.

El Estado Democrático esta solamente sometido a la Constitución, como, el Estado Constitucional de Derecho está sometido al Derecho, cuya actividad de los Órganos de Poder están regulados y controlados por la Constitución y la Ley, el control jurídico, la regulación de las actividades del Poder, limitación del poder, garantías, deberes y derechos se encuentran en el concepto de Estado Constitucional de Derecho, en estricto respeto a la persona humana, derechos fundamentales y garantías.

Los poderes políticos, se encentran limitados, independientes y responsables por sus funciones, el Poder Legislativo (Asamblea Legislativa Plurinacional) estará solamente sometido a la Constitución en cuanto a los poderes: Judicial y Ejecutivo deben estar sometidos al imperio de la Ley y al Derecho, suena razonable cuando los dos últimos poderes están solamente sometidos a la Ley, cuando el poder legislativo crea normas jurídicas que expresen literalmente los enunciados lingüísticos de la constitución positiva.

La seguridad jurídica tiene que ver con el control y separación de los poderes (límites al poder), Derechos fundamentales y las garantías establecidas en la Constitución y la Ley, este elemento es objeto central de la seguridad jurídica. En tal sentido, por seguridad jurídica debe entenderse a la protección y garantía que ejerce el Estado Constitucional de Derecho.

El principio de seguridad jurídica establece la estabilidad y la rectitud de las normas jurídicas, la calidad técnica en su creación y aplicabilidad del Derecho (Ley) vigente en casos concretos *"denota la certeza del Derecho"* en las decisiones administrativas o judiciales. La seguridad jurídica debe garantizar el "futuro jurídico", en sentido de aplicación en los casos concretos "derechos y deberes" por un tiempo razonable, sin distinción alguna.

En Bolivia, antes de la promulgación de la Constitución Política del Estado, del año 2009, el Tribunal Constitucional basándose en el Art. 7 inc. a)., de la Constitución "abrogada" establecía el derecho fundamental de toda persona a la seguridad jurídica, teniendo como elemento central la aplicación objetiva de la ley.

---

336 GARCÍA DE ENTERRIA, Eduardo, *Justicia y Seguridad jurídica en un mundo de leyes desbocadas*, Madrid, Cuadernos Cívitas. 1999.

En tal sentido, a partir de la promulgación de la Constitución Política del Estado "CPE", del año 2009, la "seguridad jurídica" es considerado un "Principio" que sustenta la potestad de impartir justicia, así se estableció en su:

"Artículo 178.
I. *La potestad de impartir justicia emana del pueblo boliviano y se sustenta en los principios de independencia, imparcialidad, **seguridad jurídica,** publicidad, probidad, celeridad, gratuidad, pluralismo jurídico, interculturalidad, equidad, servicio a la sociedad, participación ciudadana, armonía social y respeto a los derechos. [...]".*

Asimismo, el Artículo 3.8., de la Ley del Tribunal Constitucional Plurinacional "LTCP" (Ley Nro.: 027 de 6 de julio de 2010"), reza:

"**Artículo 3.**
8. ***Seguridad jurídica.*** *Es la aplicación objetiva de la ley, de tal modo que las personas conozcan sus derechos, garantías y obligaciones, y tengan la certidumbre y previsibilidad de todos los actos de los órganos del Estado."*

La seguridad jurídica es concebida por el Art. 178.I de la CPE, como un principio sobre el cual se sustenta la potestad de impartir justicia; si bien se encuentra dentro del Título III respecto del Órgano Judicial y Tribunal Constitucional Plurinacional, de ningún modo implica que sea un principio limitado únicamente a la actividad jurisdiccional, sino que se hace extensivo a todos los actos de la vida jurídica.[337]

La seguridad jurídica se sustenta en la potestad de impartir justicia, el cual, se configura como principio rector del Estado Constitucional de Derecho. Todos los actos que emergen a la vida jurídica se sustentan en el principio de la seguridad jurídica.

Un Estado Constitucional que ha establecido la seguridad jurídica en su Constitución rígida, declara de manera expresa que no está de acuerdo con la arbitrariedad del Estado en sentido de "abuso del Derecho".

Se ha establecido que, no existe nada más claro, preciso y justo que una Ley que recita los Derechos, deberes, principios y garantías de una Constitución rígida y garantista. Garantista en sentido de protección a los Derechos fundamentales y rígida en sentido de muy difícil modificación.

---

337 Al respecto, es preciso determinar que "La economía plural se articula en las diferentes formas de organización económica sobre el principio de seguridad jurídica", así lo ha señalado los Artículos 306.III. y el 311.II.5., de la "CPE".

4.3. La crisis de la ley y la seguridad jurídica

Eduardo García de Enterría, explica que por "crisis de la ley", debe comprenderse a un factor de inseguridad jurídica.[338]

Por inseguridad jurídica se entenderá a aquel Estado Constitucional de Derecho que entra en crisis, por la desvalorización como consecuencia de una *"inflación desmedida de leyes"* desarrolladas a su vez por múltiples normas reglamentarias que las complementan o aclaran. Estas normas o reglamentos se encuentran "en estado de perpetua ebullición y de cambio frenético".[339]

Al respecto, ARRÁZOLA JARAMILLO, refiere que:

> *Para Carnelutti, citado por Kemelmaier de Carlucci, la crisis de la ley se ha producido por fenómenos similares, entre los cuales menciona no solamente el excesivo número de leyes, sino también el permanente cambio en estas y el hecho de que la gente ya no respeta las normas legales. Lo peor, agrega, "es que tampoco la acatan quienes son responsables de su interpretación, aplicación y ejecución". Sin embargo, para Carnelutti la crisis de la ley tiene otra causa de la que no se habla tanto: la mala calidad de las leyes como consecuencia de que estas "se hacen en los parlamentos, y hoy los parlamentos, más todavía con el sufragio universal, no se componen únicamente de juristas".*[340]

El excesivo número de leyes que se ha producido en los Estados modernos, como sus leyes reglamentarias, ha ocasionado una *"inflación desmedida de leyes"* que ocasiona inseguridad jurídica, esta figura deja en indefensión a las personas (administrados), la razón radica en que, los administrados no identifican que norma aplicar al caso concreto por la *inflación desmedida de leyes*, siendo que el Estado (administración pública) aplica las normas que le son más favorables asumiendo la justa y racional aplicación, siendo que las normas jurídicas son sistemas de protección de los derechos fundamentales de los administrados (personas naturales y jurídicas), y un límite al poder político.

4.4. Principio de legalidad y seguridad jurídica

Al respecto, la Sentencia del Tribunal Constitucional Español, la seguridad jurídica en relación con el principio de legalidad, es la suma de la certeza y la lega-

---

338 GARCÍA DE ENTERRIA, Eduardo, Óp. Cit.

339 ARRÁZOLA JARAMILLO, Fernando, El concepto de seguridad jurídica, elementos y amenazas ante la crisis de la ley como fuente del derecho, Universidad de los Andes - Facultad de Derecho, Revista de Derecho Público No. 32 - ISSN 1909-7778. (Enero-Junio 2014).

340 Ídem.

lidad, jerarquía y publicidad normativa, irretroactividad de lo no favorable e interdicción de la Arbitrariedad.[341]

El principio de legalidad y el de seguridad jurídica comparten la misma finalidad, la finalidad es la de dotar al administrado de "poder", a qué atenerse, lo que comprende la existencia de una ley previa que regula las acciones dentro de Estado Constitucional.[342] En tal sentido, el principio de legalidad y seguridad jurídica configuran el lenguaje de certeza y previsibilidad de la Ley. La certeza, implica la exigencia de que el Estado determine la conducta que está prohibida[343] y lo que sí está permitido. En cuanto a la previsibilidad de la Ley, el Estado le transmite información de lo que está prohibido y permito al administrado (personas) por medios simples y sencillos para su conocimiento, con anterioridad y posterior a la promulgación.

341 GUTIERREZ ALBENTOSA, Joan Manel, *Legalidad y seguridad jurídica en la jurisdicción de menores: Especial consideración del quebramiento de la pena juvenil no privativa de libertad,* Universitat Autónoma de Barcelona. Tesis Doctoral, Bellaterra (Cerdanyola del Valles), 2016, p. 72.

342 GUTIERREZ ALBENTOSA, Joan Manel (2016), Óp. Cit. p. 73.

343 Ídem, Cit. p. 74.

BIBLIOGRAFÍA[344]

1. AGUDELO RAMÍREZ, Martín, *Filosofía del Derecho Procesal*, Segunda Edición, Leyer, Bogotá-Colombia, 2006.

2. AGUILO REGLA, Josep, *La Constitución del Estado Constitucional*, Palestra-Temis, Bogotá-Colombia, 2004.

3. AGUILAR GARCIA, Ana Dulce, *Presunción de inocencia*, Comisión Nacional de los Derechos Humanos, México, 2005.

4. ALCALA-ZAMORA Y CASTILLO, Niceto, *Etapas procesales de la Literatura española*, Buenos Aires, 1961.

5. ALDANA HERRERA, Neftaly, *La seguridad jurídica en la doctrina y en la jurisprudencia*, Universidad de San Carlos de Guatemala, Facultad De Ciencias Jurídicas y Sociales Escuela de Estudios de Postgrado Maestría, En Derecho Constitucional, Guatemala, 2017.

6. ÁLVAREZ GONZÁLEZ, Jesús Carlos, *La sana crítica y la argumentación del estado constitucional moderno en la sentencia del nuevo código nacional de procedimientos penales,* Tesis Doctoral, Universidad Autónoma de Nuevo León Facultad de Derecho y Criminología, 2016.

7. ALVARENGA VÁSQUEZ, José Salomón, *Aplicación ética de la Sana Critica en la Valoración de la Prueba en el Proceso Civil y Mercantil salvadoreño*, en Tesis, para obtener el grado de maestro judicial, Universidad del Salvador, Facultad de Jurisprudencia, San Salvador, 2017.

8. ALSINA, Hugo, *Tratado Teórico Practico de Derecho Procesal Civil y Comercial,* Segunda Edición, Tomo I, (Parte General), Ediar Soc. Anon. Editores, Buenos Aires- Argentina, 1956.

344 En el presente libro, las citas bibliográficas de las Jurisprudencias del Tribunal Constitucional Plurinacional de Bolivia, Tribunales Constitucionales extranjeras, Corte Interamericana de Derechos Humanos y el Tribunal Europeo de Derechos Humanos, y otros, las fuentes bibliográficas se indican solo en las *Notas de pie*.

9. ANCESCHI, A., *La violenza familiare: aspetti penali, civil e criminologici,* Torino: G. Giappichelli. 2009.

10. ASDRÚBAL RODRÍGUEZ-SERPA, Ferney, y otros, "De la valoración racional de la prueba en la verdad procesal a la teoría de la probabilidad preponderante, JURÍDICAS CUC, vol. 14 no. 1, Enero - Diciembre. 2018. Véase completo en: DOI: http://dx.doi.org/10.17981/juridcuc.14.1.2018.12.

11. ARRÁZOLA JARAMILLO, Fernando, El concepto de seguridad jurídica, elementos y amenazas ante la crisis de la ley como fuente del derecho, Universidad de los Andes - Facultad de Derecho, Revista de Derecho Público No. 32 - ISSN 1909-7778. Enero-Junio 2014.

12. ARENAS LÓPEZ, Mailin y RAMÍREZ BEJERANO Egil Emilio, La argumentación jurídica en la sentencia, en Contribuciones a las Ciencias Sociales, octubre. 2009. Véase en: www.eumed.net/rev/cccss/06/alrb.htm.

13. ATIENZA, Manuel, "Cómo evaluar las argumentaciones judiciales", Diánoia, volumen LVI, número 67 (noviembre) 2011.

14. BADENI, Gregorio, *Tratado de Derecho Constitucional,* Tomo II, La Ley, Buenos Aires- Argentina. 2010.

15. BARRIOS GONZALEZ, Boris, *Teoría de la sana critica,* Panamá. 2006.

16. BECCARIA, Cesare, *De los delitos y las penas,* Trad. Francisco Tomas y Valiente, Madrid. 1982.

17. BENFELD, Johann, Los orígenes del concepto de "sana critica", Revista de estudios históricos- jurídicos, Sección historia de los dogmas jurídicos, XXXV, Valparaíso. 2013.

18. BELTRÁN MONTOLIU, Ana, *El derecho de defensa y a la asistencia letrada en el proceso penal ante la Corte Penal Internacional,* en Tesis Doctoral, Facultad de Ciencias Jurídicas y Económicas, Universidad Jaume I de Castellón.

19. BOLAÑOS SALAZAR, Elard Ricardo y UGAZ MARQUINA Rosemary Stephani, El plazo razonable como garantía del debido proceso "Análisis comparativo de los estándares actuales en el Sistema Interamericano y en el TC peruano", Gaceta Constitucional (Perú), Tomo 104, agosto 2016, ISSN 1997-8812.

20. BUITRAGO BARRERA, Yuly Shirley, El maltrato hacia el hombre: una problemática invisible en Iberoamérica, Universidad Cooperativa de Colombia Facultad de Psicología Programa de Psicología Bucaramanga. 2016.

21. CABANELLAS DE LAS CUEVAS, Guillermo, *Diccionario Jurídico Elemental,* Heliastica, Argentina, Decimonovena edición. 2008.

22. CALABRESE, E, "La Violencia en el hogar" Leviatán, Revista de hechos e ideas, II Época, N°. 69 Madrid, España. 1997.

23. CASTAÑARES Wenceslao, "La prueba y la probabilidad retórica", CiC. No. 433-52 Servicio de Publicaciones UCM. 1999.

24. CASIQUE, LC (2004). *Violencia perpetrada por companheiros íntimos* às *mulheres em Celaya,* Tese [Doutorado]. Ribeirão Preto (SP): Escola de Enfermagem de Ribeirão Preto (SP): USP.

25. CARNELUTTI, Francisco, *Sistema de Derecho Procesal Civil.* Trad. de Niceto Alcalá-Zamora y Castillo y Santiago Sentís Melendo. Buenos Aires, Editorial Uteha Argentina. 1944.

26. CARAVANTES, José de Vicente, *Tratado Histórico, Crítico Filosófico de los Procedimientos Judiciales en Materia Civil, Según la Nueva Ley de Enjuiciamiento Civil,* Madrid, Imprenta de Gaspar y Roig, Editores. 1856.

27. COUTURE, E., *Fundamentos de derecho procesal civil.* 3ª edición, Buenos Aires: Depalma. 1958.

28. COUTURE Eduardo, *Teoría General del Proceso,* Ediciones Despalma, Buenos Aires. 1977.

29. COUTURE, Eduardo, *Estudios de Derecho Procesal Civil,* Tomo I. II y III, EDIAR S.A. EDITORES, Buenos Aires, 1948.

30. CUNO CRUZ, Humberto Luis Razón, racionalidad y razonabilidad. ¿qué los identifica y diferencia?, Rev. Trib. Reg. Trab. 3ª Reg., Belo Horizonte, 2010.

31. CUSI ALANOCA, José Luis, *"Aproximaciones a la política Criminológica".* En, José Luis Cusi Alanoca "Director", *Panorama Internacional sobre Justicia Penal, "Una aproximación desde el lenguaje Convencional y Constitucional",* Ediciones Nueva Jurídica, Colombia. 2020.

32. CLARIÁ OLMEDO, Jorge A., *Derecho Procesal Penal,* Tomo III, Rubinzal-Culzoni Editores, Buenos Aires-Argentina. 1998.

33. CLEMENTE DÍAZ, Miguel, Psicología Aplicada a la Labor Judicial. Programa de Formación Inicial para Jueces. Escuela de Capacitación Judicial. Consejo Nacional de la Judicatura de El Salvador. ISBN 978 -99923-881-4-3, 2008.

34. CRUZ BARNEY, Oscar, *El secreto profesional del abogado en México,* Universidad Autónoma Nacional de México, Instituto de investigaciones Jurídicas, México. 2018.

35. CRUZ BARNEY, Oscar, *Defensa a la Defensa y Abogacía en México,* Universidad Autónoma Nacional de México, Instituto de investigaciones Jurídicas, México. 2015.

36. DAVID, Pedro R., *Sociología Jurídica,* Editorial Astrea, Buenos Aires - Argentina. 1980.

37. DE LA ROSA RODRÍGUEZ, Paola Iliana, El debido proceso, sus orígenes, su evolución y su reconocimiento en el nuevo sistema de justicia penal en México, Alter-Enfoques críticos, Año I, Núm. 2, Julio – Diciembre, 2010.

38. DE LA OLIVA SANTOS, A.; ARAGONESES MARTÍNEZ, y Otros, Derecho procesal penal. 8° edición. Madrid: Editorial Universitaria Ramón Areces. 2007.

39. ESCRICHE, Joaquín, *Diccionario Razonado de Legislación y Jurisprudencia,* Librería de Ch. Bouret (Paris), México. 1885.

40. EYZAGUIRRE, Jaime, *Historia del Derecho, El Saber y la Cultura,* Décimo Séptima Edición. 1967.

41. FERRER BELTRÁN, Jordi, "Apuntes sobre el concepto de Motivación de las Decisiones Judiciales" ISONOMÍA No. 34, 2011. Véase en: http://www.scielo.org.mx/pdf/is/n34/n34a4.pdf.

42. FERRAJOLI, Luigi, *Derecho y razón: teoría del garantismo* penal, 5ª edición, Trotta, Madrid. 2001.

43. FROMM, Erich, *El arte de amar,* Paidós Studio, Traducción de Noemí Rosenblatt, España. 1959.

44. GARCÍA DE ENTERRIA, Eduardo, *Justicia y seguridad jurídica en un mundo de leyes desbocadas,* Madrid, Cuadernos Cívitas. 1999.

45. GARCÍA RAMÍREZ, Sergio, *Los derechos humanos y la jurisdicción interamericana,* Universidad Nacional Autónoma de México (UNAM), México. 2002.

46. GARCÍA-MORENO C, Heise LL., *Violência perpetrada por parceiros íntimos. In: World Health Organization.* "World Report on violence and Health". Genebra": OMS. 2002.

47. GAGARIN, Michael, *La ley griega se equivoca,* Cambridge, Cambridge University Press, 2008.

48. GONZÁLEZ BERBESÍ, Oscar Mauricio, *Garantía del "plazo razonable" en el derecho penal colombiano, a la luz de la aplicación de la ley de "justicia y paz",* Tesis Magister en Derecho, Universidad Nacional de Colombia, "Facultad de Derecho". 2014.

49. GORJÓN BARRANCO, M. C., *La respuesta penal frente al género. Una revisión crítica de la violencia habitual y de género.* Tesis doctoral dirigida por Gómez de la Torre, I. B. Salamanca: Universidad de Salamanca. 2010.

50. GUAICHA RIVERA, Patricia Elizabeth, *El Derecho A La Defensa en el Proceso Penal Ecuatoriano,* Tesina, Universidad de Cuenca, Facultad de Jurisprudencia, Ciencias Políticas y Sociales Escuela de Derecho, Cuenca-Ecuador. 2010.

51. GUASTINI, Ricardo, *Estudios de teoría constitucional,* Universidad Nacional Autónoma de México, Instituto de Investigaciones Jurídicas, México. 2007.

52. GUTIERREZ ALBENTOSA, Joan Manel, *Legalidad y seguridad jurídica en la jurisdicción de menores: Especial consideración del quebramiento de la pena juvenil*

no privativa de libertad, Universitat Autónoma de Barcelona. Tesis Doctoral, Bellaterra (Cerdanyola del Valles). 2016.

53. HERRERA CARBUCCIA, Manuel Ramón, La sentencia, Gaceta Laboral, 14(1), 2008. 133-156. Recuperado en 08 de mayo de 2021, de http://ve.scielo.org/scielo.php?script0=sci_arttext&pid=S1315-85972008000100006&lng=es&tIing=es.

54. HERRERO, Carmen, «Los conocimientos de la psicología más allá de la prueba pericial», en Quaestio facti, 2: 363-408. Madrid: Marcial Pons Ediciones Jurídicas y Sociales. 2021. DOI: http://dx.doi.org/10.33115/udg_bib/qf.i2.22533.

55. HERRERA PÉREZ, Jairo Enrique, *"El debido proceso como norma de ius cogens: logros y debates pendientes en la Corte Interamericana de Derechos Humanos"*, en, CANALES CORTÉS, Luis Alberto y otros, *El Debido Proceso Como un Derecho Humano*, Instituto de Estudio e Investigación Jurídica (INEJ), Nicaragua. 2018.

56. HERNÁNDEZ ACEVEDO, José Efraín. «La presunción de inocencia». Programa IV: Derecho y Fe, 2008. http://www.abogadonotariopr.com/images/Derecho%20y%20Fe%20IV.pdf.

57. HIGA SILVA, César, El derecho a la Presunción de Inocencia desde un punto de vista constitucional, Derecho & Sociedad, Asociación Civil 40, Perú. 2013.

58. ISOLA, Alfredo E., El juez natural, competente e imparcial, Institutas, Revista de Derecho Procesal, Número 3 - Octubre 2015, 27-10-2015, Cita: IJ-LXXVIII-28, véase en: https://ar.lejister.com/pop.php?option=articulo&Hash=8db34a68c155852e5563343429c77684&from_section=relacionados.

59. JIMÉNEZ ASENSIO, Rafael, *Los Frenos del Poder. Separación de poderes y control de las instituciones,* Marcial Pons, Madrid-España. 2016.

60. KALINOWSKI, Georges. *Introducción a la lógica jurídica,* Trad. Juan A. Casaubon, EUDEBA-editorial Universitaria de Buenos Aires. 1973.

61. LASO CORDERO, Jaime, "Lógica y sana crítica", Revista Chilena de Derecho, vol. 36, No. 1. 2009.

62. LIMARDO A., «Repensando las máximas de experiencia», en Quaestio facti, 2: Madrid: Marcial Pons Ediciones Jurídicas y Sociales. 2020, DOI: http://dx.doi.org/10.33115/udg_bib/qf.i2.22464.

63. LÓPEZ OLIVA, José O., "La Consagración del Principio de Seguridad Jurídica como consecuencia de la Revolución Francesa de 1789", Revista Prolegómenos, Derechos y Valores, 2011 – II.

64. MALDONADO MUÑOZ, Mauricio, "El principio de razonabilidad y su aplicación al estudio de validez de las normas jurídicas", Ius Humani. Revista de Derecho Vol. 3, ISSN: 1390-440X –ISSN: 1390-7794. 2012/2013.

65. MEZGER, Edmund, *Derecho penal "Parte General"*, trad. de Conrado A. Finzi, de la 6ª ed. Alemana de 1955, Buenos Aires, Din Editora. 1989.

66. MIR PUIG, Santiago, *Derecho Penal, "Parte general"*, Barcelona - España, Ed. Euros. 1998.

67. MOMMSEN, Teodoro, *El Derecho Penal Romano,* trad. Pedro Dorado, editorial Temis, Bogotá. 1991.

68. MONTESQUIEU, *Del Espíritu de las leyes,* Ediciones Libertador, Argentina. 2011.

69. MONTERO Diana y SALAZAR Alonso, "Derecho de defensa en la jurisprudencia de la Corte interamericano de derechos humanos". 2013. Véase en: http://www.kerwa.ucr.ac.cr/handle/10669/81538.

70. MORRIS Charles G. y MAISTO Albert A., *Introducción a la Psicología,* Pearson Educación, Duodécima Edición México. 2005.

71. NIETO PAREJO, Maite, No revictimizar a la víctima. ¿Qué es la doble victimización en los procesos judiciales?, en, Cenit Psicólogos Moratalaz. Publicado En febrero 18, 2018. ver en: https://cenitpsicologos.com/no-revictimizar-a-la-victima-que-es-la-doble-victimizacion-en-los-procesos-judiciales/.

72. NIEVA FENOLL, Jordi, La razón de ser de la presunción de inocencia, InDret, Barcelona, enero 2016. Véase en: http://www.indret.com/pdf/1203_es.pdf.

73. OSCAR RUIZ, Daniel, *La seguridad Jurídica,* en TRUEBA BUENFIL, Fernando, *Deontología,* Colegio de Notarios del Estado de México. 2011.

74. OTEIZA Eduardo y MOSMANN Victoria M., *Violencia de Genero: Vías procesales para mitigar sus efectos en argentina (Instrumentos para evitar la revictimización),* pp. 280 a 294, en BUSTAMANTE RUA, Mónica María y otros, *Homenaje a Michele Taruffo un Jurista del futuro. El legado Taruffo para Latinoamérica,* Fondo editorial "IUE", Colombia. 2021.

75. PASTOR, Daniel R., "Acerca del derecho fundamental al Plazo Razonable de duración del proceso penal", Revista de Estudios de la Justicia "REJ" (N° 4), Facultad de Derecho, Universidad de Chile. 2004.

76. PÉREZ LUÑO, Antonio E., La seguridad jurídica: una garantía del derecho y la justicia, boletín de la facultad de derecho, núm. 15. 2000.

77. PÉREZ LUÑO, Antonio Enrique. *El derecho y la justicia.* Editorial Trotta. Madrid. 2000.

78. QUISPE FARFÁN, Fany Soledad, Presumirse inocente, sentirse libre y amparado: momentos claves para defender la presunción de inocencia, Anuario de Derecho Penal, Perú, 2004. Véase en: http://perso.unifr.ch/derechopenal/assets/files/anuario/an_2004_09.pdf.

79. RAMÍREZ ROA, Luis Arturo, *"Debido Proceso: Derecho Fundamental"*, en, CANALES CORTÉS, Luis Alberto y otros, *El Debido Proceso Como un Derecho Humano,* Instituto de Estudio e Investigación Jurídica (INEJ), Nicaragua. 2018.

80. SALGADO CÓRDOVA, Eulalia, *Limitaciones del sistema legal y de libre valoración probatoria para obtener la verdad procesal*, en tesis de Maestría, Universidad Católica de Santiago de Guayaquil, Ecuador. 2019.

81. SAN MARTÍN HERNÁNDEZ, María Ignacia, *El control de la sana critica a través del recurso de casación.* Tesis, Universidad Andrés Bello Facultad De Derecho, Santiago de Chile. 2013. Véase completo en: https://studylib.es/doc/5558266/visualizar---guardar---home-e-tesis.

82. SALMÓN Elizabeth y BLANCO Cristina, *El derecho al debido proceso en la jurisprudencia de la Corte Interamericana de Derechos Humanos,* Instituto de Democracia y Derechos Humanos de la Pontificia Universidad Católica del Perú (IDEHPUCP), Lima-Perú. 2012.

83. SENTIS MELENDO, Santiago, *La Prueba,* Buenos Aires-Argentina, Ed. EJEA. 1979.

84. SERPA RODRÍGUEZ, Ferney, y TUIRÁN GUTIÉRREZ Juan Pablo, "La Valoración Racional de La Prueba", Jurídicas CUC 7 (1). 2011. Véase completo en: https://dialnet.unirioja.es/descarga/articulo/4919245.pdf

85. SILVA DUARTE, Federico, El Principio de Razonabilidad como límite del Poder Público, cita online: PY/DOC/16/2014.

86. STEIN, Friedrich, *El conocimiento privado del juez,* traducción de Andrés de la Oliva Santos, Editorial Temis, Bogotá. 1988.

87. STUMER, Andrew, *La Presunción de Inocencia. "Perspectiva desde el Derecho probatorio y los derechos humanos"*, Marcial Pons, Madrid. 2018.

88. Cfr. TARUFFO, Michele, *La verdad y prueba dentro el proceso*, en FERRER BELTRÁN, Jordi, TARUFFO, Michele y otros, *Teoría de la prueba,* Tribunal Constitucional Plurinacional de Bolivia, Sucre - Bolivia. 2018.

89. TARUFFO, M., La justicia civil: ¿opción residual o alternativa posible?, en Corrupción y Estado de Derecho. El papel de la jurisdicción, Andrés Ibáñez, P. (editor), Trotta, Madrid. 1996.

90. TARUFFO, Michele, Conocimiento científico y estándares de prueba judicial, en Rev. Jueces para la democracia, Información y Debate, núm. 52, marzo de 2005.

91. TARUFFO, Michele, *La prueba de los hechos*, Madrid, Editorial Trotta. 2002.

92. TALERICO, María Eugenia y BIANCARDÍ, Agustín, Juez competente en la investigación del lavado de activos, Revista Iustitia (Argentina), Número 2, Septiembre 2018, 14-09-2018, Cita: IJ-DXXXVIII- 406, véase completo en: https://ar.lejister.com/pop.php?option=articulo&Hash=1b4d18d58a0bb637cdf5c1421722207c&from_section=relacionados.

93. TRAYTER JIMÉNEZ, Juan Manuel, ¿Sanción penal-sanción administrativa: el principio non bis in idem en la Jurisprudencia?, Poder Judicial, núm. 22, 1991.

94. VAZQUEZ ROSSI, Jorge Eduardo, *La Defensa Penal*, Tercera Edición. Rubinzal-Culzoni Editores. Argentina. 1996.

95. VESCOVI, Enrique, *Teoría General del Proceso*, Editorial Temis, Bogotá-Colombia. 1984.

96. WRÓBLEWSKI, Jerzy, *Constitución y Teoría General de la Interpretación Jurídica*, Civitas, Madrid-España, 2002.

Sana crítica, la garantía del debido proceso constitucional y seguridad jurídica. Una aproximación al lenguaje del sistema de protección de los derechos fundamentales
de
José Luis Cusi Alanoca
se imprimió en la República Argentina en
mayo de 2022.

www.ingramcontent.com/pod-product-compliance
Lightning Source LLC
LaVergne TN
LVHW082238051026
849532LV00012B/4022
* 9 7 8 9 5 6 4 0 7 1 6 6 4 *